John Coleman

L'Institut Tavistock
des relations humaines

Façonner le déclin moral, spirituel, culturel,
politique et économique des
États-Unis d'Amérique

OMNIA VERITAS®

John Coleman

John Coleman est un auteur britannique et un ancien membre du Secret Intelligence Service. Coleman a produit diverses analyses concernant le Club de Rome, la Giorgio Cini Foundation, le Forbes Global 2000, le Interreligious Peace Colloquium, le Tavistock Institute, la noblesse noire ainsi que d'autres organisations qui se rapprochent de la thématique du Nouvel Ordre Mondial.

L'Institut Tavistock des relations humaines
Façonner le déclin moral, spirituel, culturel, politique et économique des États-Unis d'Amérique

The Tavistock Institute of Human Relations: Shaping the Moral, Spiritual, Cultural, Political, and Economic Decline of the United States of America

Traduit de l'anglais et publié par Omnia Veritas Limited

© Omnia Veritas Ltd – 2022

⊘MNIA VERITAS®

www.omnia-veritas.com

Le Tavistock Institute for Human Relations a eu un effet profond sur les politiques morales, spirituelles, culturelles, politiques et économiques des États-Unis d'Amérique et de la Grande-Bretagne. Il a été en première ligne de l'attaque contre la Constitution américaine. Aucun groupe n'a produit plus de propagande pour inciter les États-Unis à participer à la Première Guerre mondiale à une époque où la majorité du peuple américain s'y opposait.

Les mêmes tactiques ont été utilisées par les spécialistes des sciences sociales de Tavistock pour faire entrer les États-Unis dans la Seconde Guerre mondiale, la Corée, le Vietnam, la Serbie et les deux guerres contre l'Irak. Tavistock a commencé en tant qu'organisation de création et de diffusion de propagande à Wellington House, à Londres, à l'approche de la Première Guerre mondiale, ce que Toynbee appelait "ce trou noir de la désinformation". À une autre occasion, Toynbee a qualifié la Wellington House de "fabrique de mensonges". Après des débuts quelque peu rudimentaires, la Wellington House est devenue le Tavistock Institute et a façonné le destin de l'Allemagne, de la Russie, de la Grande-Bretagne et des États-Unis d'une manière très controversée. Les peuples de ces nations ne savaient pas qu'ils subissaient un "lavage de cerveau". L'origine du "contrôle de l'esprit", du "conditionnement directionnel intérieur" et du "lavage de cerveau" de masse est expliquée dans un livre facile à comprendre et écrit avec une grande autorité.

La chute des dynasties catholiques, la révolution bolchevique, la Première et la Seconde Guerre mondiale qui ont vu la destruction d'anciennes alliances et frontières, les convulsions de la religion, le déclin de la morale, la destruction de la vie familiale, la faillite des processus économique et politique, la décadence dans la musique et l'art peuvent tous être attribués à l'endoctrinement de masse (lavage de cerveau de masse) pratiqué par les scientifiques des sciences sociales de l'Institut Tavistock. Parmi les membres de la faculté de Tavistock figurait Edward Bernays, le neveu de Sigmund Freud. On dit que Herr Goebbels, ministre de la Propagande du Troisième Reich allemand, utilisait les méthodes conçues par Bernays ainsi que celles de Willy Munzenberg, dont la carrière extraordinaire est évoquée dans cet ouvrage sur le passé, le présent et l'avenir. Sans Tavistock, il n'y aurait pas eu la Première et la Deuxième Guerre mondiale, ni la révolution bolchevique, ni les guerres de Corée, du Vietnam, de Serbie et d'Irak. Sans Tavistock, les États-Unis ne seraient pas en train de se précipiter sur la voie de la dissolution et de l'effondrement.

Remerciements

Mon immense gratitude pour l'aide, les encouragements et les longues heures de travail, les critiques avisées et les encouragements sur ce livre que ma femme Lena et notre fils John ont fournis à chaque étape de sa préparation, y compris les suggestions pour la conception de la couverture, la recherche et la lecture des sources.

Toute ma reconnaissance va également à Dana Farnes pour son infatigable travail informatique et son assistance technique ; envers Ann Louise Gittleman et James Templeton, qui m'ont encouragé à écrire ce livre et ne m'ont laissé aucun répit jusqu'à ce que je le commence ; envers Renee et Grant Magan pour avoir fait le travail quotidien, me laissant libre de me concentrer sur l'écriture. Je remercie aussi tout particulièrement le Dr Kinne McCabe et Mike Granston dont le soutien fidèle et constant a été un facteur clé pour me permettre de terminer ce travail.

Avant-propos

L e Tavistock Institute of Human Relations était inconnu du peuple des États-Unis avant que le Dr Coleman ne révèle son existence dans sa monographie intitulée *The Tavistock Institute of Human Relations: Britain's Control of the United States*. Jusqu'alors, le Tavistock avait réussi à conserver secret son rôle dans l'élaboration des affaires des États-Unis, de leur gouvernement et de leur population depuis ses débuts à Londres, en 1913, à Wellington House.

Après la parution de l'article original du Dr. Coleman exposant cette organisation ultra-secrète, d'autres personnes se sont manifestées en revendiquant la paternité de l'article, mais sans pouvoir l'étayer.

Le Tavistock Institute a commencé comme une organisation de création et de diffusion de propagande, dont le siège se trouvait à Wellington House, dans le but de créer un organe de propagande capable de briser la forte résistance du public à la guerre imminente entre la Grande-Bretagne et l'Allemagne.

Le projet a été confié aux lords Rothmere et Northcliffe et leur mandat était de créer une structure capable de manipuler l'opinion publique et de diriger cette opinion fabriquée sur la voie souhaitée pour soutenir une déclaration de guerre de la Grande-Bretagne contre l'Allemagne.

Le financement était assuré par la famille royale britannique et, plus tard, par les Rothschild, auxquels Lord Northcliffe est lié par le mariage. Arnold Toynbee est choisi comme directeur des études sur l'avenir. Deux Américains, Walter Lippmann et Edward Bernays, sont nommés pour s'occuper de la manipulation de l'opinion publique américaine en vue de l'entrée des États-Unis dans la Première Guerre mondiale, et pour informer et diriger le président Woodrow Wilson.

À partir d'un début quelque peu rudimentaire à Wellington House, s'est développée une structure redoutablement efficace qui allait façonner le destin de l'Allemagne, de la Grande-Bretagne et plus particulièrement des États-Unis d'une manière hautement sophistiquée pour manipuler et créer l'opinion publique, ce qui est communément appelé le "lavage de cerveau de masse".

Au cours de son histoire, Tavistock a gagné en taille et en ambition, lorsqu'en 1937, il a été décidé d'utiliser comme modèle l'œuvre monumentale de l'auteur allemand Oswald Spengler, *Untergange des Abenlandes* (*Le déclin de l'Occident*).

Auparavant, les membres du conseil d'administration de la Wellington House, Rothmere, Northcliffe, Lippmann et Bernays, avaient lu et proposé comme guide les écrits de Correa Moylan Walsh, en particulier le livre *The Climax of Civilization* (1917) comme correspondant étroitement aux conditions qui devaient être créées avant l'avènement d'un Nouvel Ordre Mondial dans un Gouvernement Mondial Unique.

Dans cette entreprise, les membres du conseil d'administration ont consulté la famille royale britannique et obtenu l'approbation des "Olympiens" (le noyau dur du Comité des 300) pour formuler une stratégie. Le financement a été assuré par la monarchie, les Rothschild, le groupe Milner et les trusts de la famille Rockefeller.

En 1936, l'œuvre monumentale de Spengler avait attiré l'attention de ce qui était devenu le Tavistock Institute. En vue de changer et de remodeler l'opinion publique pour la deuxième fois en moins de douze ans, par consentement unanime du conseil d'administration, le livre imposant de Spengler a été adopté comme plan directeur d'un nouveau modèle de travail pour provoquer le déclin et la nécessaire chute de la civilisation occidentale pour créer et établir un Nouvel Ordre Mondial au sein d'un Gouvernement Mondial Unique.

Spengler considérait qu'il était inévitable que des éléments étrangers soient introduits en nombre croissant dans la civilisation occidentale et que l'Occident ne parvienne pas à expulser ces formes allogènes, scellant ainsi son destin, une société dont les croyances intérieures et les convictions solides seraient en contradiction avec sa profession extérieure et, par conséquent, la civilisation occidentale se dissoudrait à l'instar des anciennes civilisations de la Grèce et de Rome.

La pensée de Tavistock était que Spengler avait endoctriné la civilisation occidentale pour qu'à l'instar de la civilisation romaine, elle expulse les éléments étrangers dissolvants. La perte génétique qui s'est abattue sur l'Europe — et en particulier sur la Scandinavie, l'Angleterre, l'Allemagne, la France — (les races germaniques anglo-saxonnes, nordiques et alpines), qui a commencé juste avant la Seconde Guerre mondiale, est déjà si importante qu'elle dépasse toute attente, et se poursuit à un rythme alarmant sous la direction experte des gestionnaires de Tavistock.

Ce qui était un cas très rare est devenu un événement courant, un homme noir marié à une femme blanche ou vice-versa.

Les deux guerres mondiales ont coûté à la nation allemande près d'un quart de sa population. La plupart des énergies intellectuelles de la nation allemande ont été détournées vers les canaux de la guerre pour défendre la patrie, au détriment de la science, des arts, de la littérature, de la musique et du progrès culturel, spirituel et moral de la nation. On peut dire la même chose de la nation britannique. L'incendie allumé par les Britanniques sous la direction de Tavistock a mis le feu à toute l'Europe et a causé des dommages incalculables selon le plan de Tavistock qui correspondait aux prédictions de Spengler.

Les civilisations classique et occidentale sont les deux seules à pouvoir apporter une renaissance moderne au monde. Elles ont prospéré et progressé aussi longtemps que ces civilisations sont restées sous le contrôle des races anglo-saxonnes, nordiques, alpines et germaniques. La beauté inégalée de leur littérature, de leur art, de leurs classiques, l'avancement spirituel et moral du sexe féminin avec un très grand degré de protection correspondant, était ce qui distinguait les civilisations occidentales et classiques des autres.

C'est ce bastion que Spengler voyait de plus en plus attaqué et la pensée de Tavistock suivait des voies parallèles, mais avec un objectif totalement différent. Tavistock voyait dans cette civilisation une pierre d'achoppement pour l'avènement d'un Nouvel Ordre Mondial, tout comme l'accent mis sur la protection et l'élévation du sexe féminin à une place de grand respect et d'honneur.

Ainsi, l'idée maîtresse de Tavistock était de "démocratiser" l'Occident en s'attaquant à la féminité et aux fondements raciaux, moraux, spirituels et religieux sur lesquels repose la civilisation occidentale.

Comme Spengler l'a suggéré, les Grecs et les Romains se sont consacrés à l'avancement social, religieux, moral et spirituel et à la préservation de la féminité et ils ont réussi aussi longtemps qu'ils ont eu le contrôle et qu'ils ont pu arranger les choses de façon à ce que le gouvernement soit géré par un nombre limité de citoyens responsables soutenus par la population en général, tous étant de la même race pure et non adultérée. Les planificateurs de Tavistock ont vu que le moyen de rompre l'équilibre de la civilisation occidentale était de forcer des changements indésirables dans la race en transférant le contrôle des méritants aux non-méritants, à la manière des anciens dirigeants romains qui ont été supplantés par leurs anciens esclaves et les étrangers qu'ils avaient autorisés à venir habiter parmi eux.

En 1937, Tavistock avait parcouru un long chemin depuis ses débuts à Wellington House et la campagne de propagande réussie qui avait transformé le public britannique, fortement opposé à la guerre en 1913, en participants volontaires grâce aux arts de la manipulation et à la coopération volontaire des médias d'information.

Cette technique a été appliquée de l'autre côté de l'Atlantique en 1916 afin de manipuler le peuple américain pour qu'il soutienne la guerre en Europe. Malgré le fait que la grande majorité, y compris au moins 50 sénateurs américains, était catégoriquement opposée à ce que les États-Unis soient entraînés dans ce qu'ils percevaient comme étant essentiellement une querelle entre la Grande-Bretagne et la France d'une part, et l'Allemagne d'autre part, en grande partie sur le commerce et l'économie, les conspirateurs n'ont pas été découragés. C'est à ce moment-là que Wellington House a introduit le mot "isolationnistes" comme description péjorative des Américains qui s'opposaient à la participation des États-Unis à la guerre. L'utilisation de ces mots et expressions a proliféré sous l'effet des scientifiques experts du lavage de cerveau des sciences sociales de Tavistock. Des termes comme "changement de régime", "dommages collatéraux" sont devenus des termes courants.

Avec le plan Tavistock modifié pour s'adapter aux conditions américaines, Bernays et Lippmann ont amené le président Woodrow Wilson à mettre en place les toutes premières techniques de méthodologie pour sonder (fabriquer) la soi-disant opinion publique créée par la propagande émanant de Tavistock. Ils ont également appris à Wilson à mettre en place un corps secret de "managers" pour gérer l'effort de guerre et un corps de "conseillers" pour aider le Président dans ses prises de décision. La commission Creel a été le premier organe de faiseurs d'opinions de ce type à être créé aux États-Unis.

Woodrow Wilson a été le premier président américain à se déclarer publiquement en faveur de la création d'un Nouvel Ordre Mondial au sein d'un Gouvernement Mondial Unique de type socialiste. Son acceptation remarquable du Nouvel Ordre Mondial est décrite dans son livre *The New Freedom*.

On dit "son" livre, mais en fait, il a été écrit par le socialiste William B. Hayle. Wilson dénonce le capitalisme. "Il est contraire à l'homme ordinaire et il a apporté la stagnation à notre économie", écrit Wilson.

Pourtant, à l'époque, l'économie américaine connaissait une

prospérité et une expansion industrielle comme elle n'en avait jamais connu dans son histoire :

> "Nous sommes en présence d'une révolution — pas une révolution sanglante, l'Amérique n'est pas faite pour verser le sang — mais une révolution silencieuse, par laquelle l'Amérique insistera pour retrouver la pratique de ces idéaux qu'elle a toujours défendus, consistant à former un gouvernement dévoué à la défense de l'intérêt général. Nous sommes à la veille d'une époque où la vie systématique du pays sera soutenue ou du moins complétée en tout point par l'activité du gouvernement. Et maintenant nous devons déterminer quelle sorte d'activité gouvernementale ce sera ; si, en premier lieu, elle est dirigée par le gouvernement lui-même, ou si elle est indirecte, par l'intermédiaire d'instruments qui se sont déjà constitués et qui sont prêts à remplacer le gouvernement."

Alors que les États-Unis sont encore une puissance neutre sous la présidence de Wilson, Wellington House déverse une cadence de mensonges au sujet de l'Allemagne et de la menace supposée qu'elle représente pour l'Amérique.

Nous nous souvenons de la déclaration de Bakounine en 1814, qui correspondait si bien à la propagande scandaleuse dont Wilson s'est servi pour étayer ses arguments :

> "Le mensonge par la diplomatie : La diplomatie n'a pas d'autre mission. Chaque fois qu'un État veut déclarer la guerre à un autre État, il commence par lancer un manifeste adressé non seulement à ses propres sujets mais aussi au monde entier.

> Dans ce manifeste, elle déclare que le droit et la justice sont de son côté et s'efforce de prouver qu'elle est animée par l'amour de la paix et de l'humanité (et de la démocratie), et que, imprégnée de sentiments généreux et pacifiques, elle a longtemps souffert en silence jusqu'à ce que l'iniquité croissante de son ennemi l'oblige à brandir son épée.

> En même temps, elle jure que, dédaigneuse de toute conquête matérielle et ne cherchant aucun accroissement de territoire, elle mettra fin à cette guerre dès que la justice sera rétablie. Et son antagoniste répond par un manifeste semblable, dans lequel, naturellement, le droit, la justice, l'humanité et tous les sentiments généreux se trouvent respectivement de son côté. Ces

manifestes mutuellement opposés sont écrits avec la même éloquence, ils respirent la même juste indignation, et l'un est tout aussi sincère que l'autre, c'est-à-dire qu'ils sont tous deux effrontés dans leurs mensonges, et qu'il n'y a que les sots qui s'y laissent tromper. Les personnes sensées, tous ceux qui ont quelque expérience politique ne prennent même pas la peine de lire de telles déclarations."

Les proclamations du président Wilson juste avant qu'il ne se rende au Congrès pour demander une déclaration de guerre constitutionnelle incarnent chacun des sentiments de Bakounine.

Il "mentait par diplomatie" et utilisait la propagande grossière fabriquée à Wellington House pour enflammer le public américain par des récits d'atrocités commises par l'armée allemande dans sa marche à travers la Belgique en 1914. Comme nous allons le découvrir, il s'agissait, pour l'essentiel, d'un gigantesque mensonge passé pour une vérité grâce aux manœuvres propagandistes de Tavistock.

Je me souviens avoir feuilleté une grande pile de vieux journaux au British Museum, où j'ai passé cinq ans à faire des recherches approfondies. Les journaux couvraient les années 1912 à 1920. Je me souviens avoir pensé à l'époque : "N'est-il pas étonnant que la ruée vers le gouvernement totalitaire socialiste du Nouvel Ordre Mondial soit menée par les États-Unis, censés être un bastion de la liberté ?"

Puis il m'est apparu avec une grande clarté que le Comité des 300 place ses gens à tous les échelons aux États-Unis, dans la banque, l'industrie, le commerce, la défense, le Département d'État et même à la Maison-Blanche, sans parler du club d'élite appelé Sénat des États-Unis, qui, à mon avis, n'est qu'un forum pour pousser à l'instauration d'un Nouvel Ordre Mondial.

J'ai alors réalisé que l'explosion de propagande du président Wilson contre l'Allemagne et le Kaiser (en fait le produit des agents Rothschild Lords Northcliffe et Rothmere, et de l'usine de propagande de Wellington House) n'était pas très différente de la "situation inventée" de Pearl Harbor, l'"incident" du golfe du Tonkin et, en regardant en arrière, je ne vois aucune différence entre les mensonges de propagande sur la brutalité des soldats allemands qui auraient coupé les bras et les jambes de petits enfants belges en 1914, et les méthodes utilisées pour que le peuple américain soit dupé et dopé pour permettre à l'administration Bush d'envahir l'Irak. Alors qu'en 1914, c'était le Kaiser qui était une "brute sauvage", un "meurtrier impitoyable", un "monstre", le "boucher de Berlin", en 2002, c'était le président Hussein qui était tout cela et bien plus encore, y compris le "boucher de Bagdad" ! Pauvre Amérique dupée, trompée, dupée, complice, confiante ! Quand apprendras-tu un jour ?

En 1917, Woodrow Wilson a fait passer à toute vitesse le programme du Nouvel Ordre Mondial à la Chambre et au Sénat, et le président Bush a fait passer à la même vitesse le programme du Nouvel Ordre Mondial pour l'Irak à la Chambre et au Sénat en 2002 sans débat, par un exercice de pouvoir arbitraire et une violation flagrante de la Constitution américaine pour laquelle le peuple américain paie un prix énorme. Mais le peuple américain souffre d'un choc traumatique induit par le Tavistock Institute of Human Relations et il se trouve dans un état de somnambulisme et sans leadership réel.

Ils ne savent pas quel est le prix et ne se soucient pas de le découvrir. Le Comité des 300 continue de diriger les États-Unis, tout comme il l'a fait sous les présidences de Wilson et de Roosevelt, tandis que le peuple américain était distrait par "du pain et des jeux", sauf qu'aujourd'hui, c'est le baseball, le football, les productions sans fin d'Hollywood et la sécurité sociale. Rien n'a changé.

Les États-Unis, harcelés, chassés, poussés et bousculés, sont sur la voie rapide du nouvel ordre mondial, propulsés par les républicains radicaux du parti de la guerre qui ont été repris par les scientifiques du Tavistock Institute for Human Relations.

Tout récemment, un abonné m'a demandé "où trouver l'Institut Tavistock". Ma réponse a été : "Regardez autour du Sénat américain, de la Chambre des représentants, de la Maison-Blanche, du Département d'État, du Département de la Défense, de Wall Street, de Fox T.V. (Faux T.V.) et vous verrez leurs agents de changement dans chacun de ces endroits."

Le président Wilson a été le premier président américain à "gérer" la guerre par l'intermédiaire d'un comité civil guidé et dirigé par les Bernays et Lippmann de Wellington House, dont nous avons déjà parlé.

Le succès retentissant de Wellington House et son énorme influence sur le cours de l'histoire américaine ont commencé avant cela, en 1913. Wilson avait passé près d'un an à démanteler les tarifs commerciaux protecteurs qui avaient empêché les marchés intérieurs américains d'être submergés par le "libre-échange", qui consistait essentiellement à permettre aux produits britanniques bon marché fabriqués par une main-d'œuvre sous-payée en Inde d'inonder le marché américain. Le 12 octobre 1913, Wilson signe le projet de loi qui marque le début de la fin de l'unique classe moyenne américaine, longtemps la cible des socialistes fabiens. Le projet de loi était décrit comme une mesure visant à "ajuster les tarifs douaniers", mais il aurait été plus juste de le décrire comme un projet de loi visant à "détruire les tarifs douaniers".

Le pouvoir caché de Wellington House était tel que la grande majorité du peuple américain a accepté ce mensonge, sans savoir ou sans réaliser qu'il sonnait le glas du commerce américain et qu'il conduisait à l'ALENA, au GATT et à l'accord de libre-échange nord-américain, ainsi qu'à la création de l'Organisation mondiale du commerce (OMC). Plus étonnante encore est l'acceptation de la loi fédérale sur l'impôt sur le revenu, adoptée le 5 septembre 1913, pour remplacer les tarifs commerciaux comme source de revenus du gouvernement fédéral. L'impôt sur le revenu est une doctrine marxiste qui ne figure pas dans la Constitution des États-Unis, pas plus d'ailleurs que la Banque de la Réserve fédérale. Wilson a qualifié ses deux coups contre la Constitution de "combat pour le peuple et pour la liberté des affaires" et a déclaré qu'il était fier d'avoir pris "part à l'achèvement d'une grande entreprise...". La loi sur la réserve fédérale, expliquée par Wilson comme "la reconstruction du système bancaire et monétaire de la nation", a été adoptée à la hâte grâce à un flot de propagande émanant de Wellington House, juste à temps pour les hostilités qui ont déclenché l'horreur de la Première Guerre mondiale.

La plupart des historiens s'accordent à dire que sans l'adoption du Federal Reserve Bank Act, Lord Grey n'aurait pas pu déclencher cette terrible conflagration.

Le langage trompeur de la loi sur la réserve fédérale était sous la direction de Bernays et Lippman qui ont créé une "Ligue nationale des citoyens" avec le célèbre Samuel Untermeyer comme président, pour promouvoir la banque de la réserve fédérale, qui a obtenu le contrôle de l'argent et de la monnaie du peuple et l'a transféré à un monopole privé sans le consentement de la victime.

L'un des éléments historiques les plus intéressants entourant l'imposition de la mesure d'esclavage financier étranger est qu'avant d'être envoyée à Wilson pour sa signature, une copie a été remise au sinistre colonel Edward Mandel House en tant que représentant de Wellington House et de l'oligarchie britannique représentée par le banquier J. P. Morgan, lui-même agent des Rothschild de Londres et de Paris.

Quant au peuple américain, au nom duquel cette mesure désastreuse a été instituée, il n'avait pas la moindre idée de la façon dont il avait été trompé et totalement dupé. On leur a attaché au cou un instrument d'esclavage sans que les victimes s'en rendent compte.

La méthodologie de Wellington House était à son apogée lorsque Wilson a été coaché sur la manière de persuader le Congrès de déclarer la guerre à l'Allemagne, alors qu'il avait été élu sur la promesse solennelle de maintenir l'Amérique en dehors de la guerre qui faisait alors rage en Europe, un grand triomphe pour le nouvel art de la formation de l'opinion publique. C'était justement cela — les questions du sondage étaient nuancées de telle sorte que les réponses reflétaient les opinions du public, et non leur compréhension des questions ni leur entendement des processus de la science politique.

Une recherche et une lecture approfondies des archives du Congrès de 1910 à 1920 par cet auteur ont montré très clairement que si Wilson n'avait pas signé l'inique projet de loi de "réforme monétaire" le 23 décembre 1913, le gouvernement secret parallèle qui contrôle les États-Unis prédit par H.G. Wells n'aurait pas été en mesure d'engager les vastes ressources des États-Unis dans la guerre en Europe.

La Maison Morgan, représentant les "Olympiens" du Comité des 300, et son tout puissant réseau financier de la City de Londres, a joué un rôle de premier plan dans la création des "Banques de la Réserve Fédérale des États-Unis", qui n'étaient ni "fédérales" ni "banques", mais un monopole privé générateur d'argent attaché au cou du peuple américain, dont l'argent était désormais libre d'être volé à une échelle inimaginable, faisant de lui l'esclave du Nouvel Ordre Mondial au sein du futur Gouvernement Mondial Unique. La Grande Dépression des années 1930 a été la deuxième facture catastrophique majeure que le peuple américain a dû payer, la première étant la Première Guerre mondiale. (Voir Annexe)

Ceux qui lisent ce livre comme une première introduction au Nouvel Ordre Mondial à l'intérieur d'un Gouvernement Mondial Unique seront sceptiques ; mais considérez qu'un personnage aussi important que le grand Sir Harold Mackinder n'a pas caché ses convictions quant à sa venue.

Plus que cela, il a laissé entendre qu'il pourrait s'agir d'une dictature. Sir Harold avait un CV impressionnant, puisqu'il avait été professeur de géographie à l'université de Londres, directeur de la London School of Economics de 1903 à 1908 et membre du Parlement de 1910 à 1922. Il était également un proche collaborateur d'Arnold Toynbee, l'une des figures de proue de la Wellington House. Il avait correctement prédit un noyau d'événements géopolitiques surprenants, dont beaucoup se sont effectivement réalisés.

Une de ces "prophéties" était la fondation de deux Allemagnes, la République sociale-démocrate d'Allemagne et la République fédérale d'Allemagne. Les critiques ont suggéré qu'il avait obtenu ces informations de Toynbee ; qu'il s'agissait simplement de la planification à long terme du Comité des 300 dont Toynbee avait connaissance.

Après Wellington House, Toynbee est passé au Royal Institute for International Affairs (RIIA), puis à l'université de Londres où il a occupé la chaire d'histoire internationale. Dans son livre intitulé *America and World Revolution*, il déclare

> "Si nous voulons éviter le suicide collectif, nous devons créer notre État mondial rapidement et cela signifie probablement que nous devons l'avoir sous une forme non démocratique pour commencer. Nous devrons commencer à construire un État mondial dès maintenant, selon le meilleur modèle possible pour l'instant."

Toynbee poursuit sans détour en disant que cette "dictature mondiale" devra supplanter "les États nationaux locaux qui jonchent la carte géopolitique actuelle".

Le nouvel État mondial devait être mis en place sur la base d'un contrôle mental de masse et d'une propagande qui le rendrait acceptable. J'ai expliqué dans mon livre *Le Comité des 300*,[1] que Bernays a "dénoncé" les sondages dans ses livres de 1923 et 1928, *Propaganda*, et *Crystallizing Public Opinion*.

Ceci a été suivi par le consentement de l'ingénierie :

> L'auto-préservation, l'ambition, la fierté, la faim, l'amour de la famille et des enfants, le patriotisme, l'imitation, le désir d'être un leader, l'amour du jeu — ces motivations et d'autres sont les matières premières psychologiques dont tout leader doit tenir compte dans ses efforts pour gagner le public à son point de vue... Pour conserver leur assurance, la plupart des gens ont besoin d'être certains que tout ce qu'ils croient à propos de quelque chose est vrai.

Ces ouvrages révélateurs sont examinés et il convient d'ajouter

---

[1] Publié par Omnia Veritas Limited.

qu'en les rédigeant, la hiérarchie de Tavistock s'est apparemment sentie suffisamment en sécurité pour jubiler de son contrôle accompli sur les États-Unis et la Grande-Bretagne, qui s'était transformé en une conspiration ouverte selon les termes suggérés pour la première fois par H.G. Wells.

Avec l'avènement de la Wellington House, financée par la monarchie britannique et plus tard par Rockefeller, Rothschild et les États-Unis, la civilisation occidentale est entrée dans la première phase d'un plan qui prévoyait un gouvernement secret pour diriger le monde, à savoir le Comité des 300.

L'Institut Tavistock des relations humaines en est l'émanation. Comme ce livre ne porte pas sur le Comité des 300, nous suggérons aux lecteurs de se procurer des exemplaires du premier et du deuxième livre, *Le Comité des 300.*[2]

Le plan soigneusement structuré des "300" a été suivi à la lettre et aujourd'hui, alors que nous arrivons à la fin de l'année 2005, il est assez facile pour les personnes bien informées de retracer le parcours de la civilisation occidentale et de marquer sa progression jusqu'au point où nous sommes aujourd'hui. À tout le moins, ce livre est une tentative de le faire.

---

[2] *La hiérarchie des conspirateurs, histoire du comité des 300,* Omnia Veritas Ltd, www.omnia-veritas.com.

CHAPITRE 1

Fonder le premier institut de lavage de cerveau au monde

Depuis ses débuts modestes mais d'une importance vitale à la Wellington House, l'Institut Tavistock pour les relations humaines s'est rapidement développé pour devenir le premier institut de "lavage de cerveau" top secret du monde. Il convient d'expliquer comment cette progression rapide a été accomplie.

La science moderne de la manipulation de masse de l'opinion publique est née à Wellington House, à Londres, sous la direction de Lord Northcliffe et Lord Rothmere.

La monarchie britannique, Lord Rothschild et les Rockefeller étaient responsables du financement de l'entreprise. Les documents que nous avons eu le privilège d'examiner montrent que l'objectif de ceux qui travaillaient à la Wellington House était de faire changer l'opinion du peuple britannique, qui était catégoriquement opposé à la guerre avec l'Allemagne, une tâche redoutable qui était accomplie en "faisant l'opinion" par le biais de sondages. L'équipe était composée d'Arnold Toynbee, futur directeur d'études au Royal Institute of International Affairs (RIIA), des lords Norhcliffe et des Américains Walter Lippmann et Edward Bernays.

Bernays est né à Vienne le 22 novembre 1891. Neveu de Sigmund Freud, le père de la psychanalyse, il est considéré par beaucoup comme "le père des relations publiques", bien que ce titre appartienne à Willy Munzenberg. Bernays a été le premier à utiliser la psychologie et d'autres sciences sociales pour façonner et former l'opinion publique, de sorte que le public pense que ces opinions fabriquées sont les siennes propres.

"Si nous comprenons le mécanisme et les motivations de l'esprit de groupe, il est désormais possible de contrôler et de régenter les masses selon notre volonté sans qu'elles le sachent" postulait Bernays. Il appelait cette technique "l'ingénierie du consentement". L'une de ses techniques les plus connues pour atteindre cet objectif était l'utilisation indirecte de ce qu'il appelait des autorités tierces pour façonner les opinions souhaitées : "Si vous pouvez influencer les dirigeants, avec ou sans leur coopération consciente, vous influencez automatiquement le groupe qu'ils influencent. Cette technique, il l'appelle la "fabrication de l'opinion".

Peut-être pouvons-nous maintenant commencer à comprendre comment Wilson, Roosevelt, Clinton, Bush père et fils ont pu si facilement entraîner les États-Unis dans des guerres désastreuses dans lesquelles leur peuple n'aurait jamais dû être impliqué.

Les participants britanniques et américains ont concentré leurs efforts sur des techniques non encore expérimentées, afin de mobiliser le soutien à la guerre qui se profilait à l'horizon.

Comme indiqué précédemment, le peuple britannique ne voulait pas la guerre, et l'a dit, mais Toynbee, Lippmann et Bernays comptaient changer cela en appliquant des techniques conçues pour manipuler l'opinion publique par le biais de sondages. Nous passons ici en revue les méthodes qui ont été conçues et exécutées pour amener la Grande-Bretagne et les États-Unis à entrer dans la Première Guerre mondiale, ainsi que les techniques qui ont été mises en pratique entre les deux guerres mondiales et au-delà. Comme nous le verrons, la propagande devait jouer un rôle majeur.

L'un des principaux objectifs de Tavistock était de parvenir à la dégradation de la femme. Tavistock reconnaissait que Jésus-Christ avait apporté à la féminité une nouvelle place respectable dans l'ordre de la civilisation, qui n'existait pas avant sa venue.

Après le ministère du Christ, la femme a acquis des égards et une place élevée dans la société, absents des civilisations pré-chrétiennes. Bien sûr, on peut soutenir qu'un tel statut élevé existait dans les empires grec et romain, et cela serait vrai dans une certaine mesure, mais encore trop éloigné du statut où la femme s'est retrouvée dans la société post-chrétienne.

Tavistock a cherché à changer cela et le processus a commencé immédiatement après la Première Guerre mondiale. L'Église orthodoxe orientale, que les princes rus (vikings) de Moscou ont ramenée de Constantinople, vénérait et respectait la féminité, et leur expérience avec les Khazars, qu'ils ont ensuite vaincus et chassés de Russie, les a rendus déterminés à protéger la féminité en Russie.

Fondateur de la dynastie des Romanov, Michel Romanov était le descendant d'une famille noble qui avait défendu la Russie sur la base d'un pays chrétien. À partir de 1613, les Romanov ont cherché à ennoblir la Russie et à l'imprégner d'un grand esprit de chrétienté, ce qui signifiait également la protection et l'honneur de la femme russe.

Les nobles de Moscou, sous la direction du prince Dimitri Donskoï, ont gagné la haine incessante des Rothschild pour la Russie en raison de la défaite et de l'expulsion par Donskoï des hordes khazares qui habitaient les régions inférieures de la Volga. Cette nation guerrière barbare, d'origine indo-turque mystérieuse, avait adopté la religion judaïque par décret du roi Bulant après que cette religion ait été approuvée par le grand devin-magicien-sorcier khazars, David el-Roi.

C'est le drapeau personnel d'El Roi, aujourd'hui appelé "étoile de David", qui est devenu le drapeau officiel de la nation khazare lorsqu'elle s'est installée en Pologne après avoir été chassée de Russie.

Le drapeau a par la suite été adopté par les sionistes comme étendard et est encore appelé par erreur "étoile de David". Les chrétiens font l'erreur de le relier par confusion au roi David de l'Ancien Testament, alors qu'il n'y a en fait aucun rapport entre les deux.

28 |

La haine contre la Russie s'est aggravée en 1612 lorsque la dynastie Romanov a envoyé une armée russe contre la Pologne, reprenant de grandes parties de la Pologne qui avaient autrefois appartenu à la Russie.

Le principal architecte de l'inimitié envers la Russie était la dynastie Rothschild et c'est cette haine brûlante que Tavistock a utilisée et canalisée dans son plan de destruction de la civilisation occidentale.

La première occasion créée par Tavistock s'est présentée en 1905 avec l'attaque de la marine japonaise qui a complètement surpris la flotte russe. L'exercice militaire a été financé par Jacob Schiff, le banquier de Wall Street, qui était lié à Rothschild.

La défaite de la flotte russe à Port Arthur, lors d'une attaque-surprise, marque le début de la morosité qui va s'abattre sur l'Europe chrétienne. La Standard Oil Group de Rockefeller, dirigé par Tavistock et avec l'aide des "300", organise la guerre russo-japonaise. L'argent utilisé pour financer l'opération provenait de Jacob Schiff, mais était en fait fourni par le Rockefeller General Education Board, dont le but affiché était de financer l'éducation des Noirs. Toute la propagande et la publicité du conseil étaient rédigées et conçues par les spécialistes des sciences sociales de Tavistock, qui s'appelait alors "Wellington House".

En 1941, une autre organisation de façade des Rockefeller, l'Institute for Pacific Relations (IPR), a versé des sommes importantes à son homologue japonais à Tokyo. L'argent était ensuite acheminé à un membre de la famille impériale par Richard Sorge, un maître-espion russe, dans le but d'inciter le Japon à attaquer les États-Unis à Pearl Harbor. Là encore, Tavistock est à l'origine de toutes les publications de l'IPR.

Bien qu'elle ne soit pas encore évidente, comme Spengler devait le mentionner dans son œuvre monumentale, publiée en 1936, elle marque le début de la fin de l'ordre ancien. Contrairement à la plupart des récits historiques de l'establishment, la révolution "russe" n'était pas du tout une révolution russe, mais une idéologie étrangère soutenue principalement par le Comité des 300 et son bras armé, l'Institut Tavistock, qui a été violemment imposée à une famille Romanov surprise, non préparée et consternée.

Il s'agissait d'une guerre politique, d'une guerre de bas étage et d'une guerre psychologique dans laquelle Tavistock était devenu très compétent.

Comme Winston Churchill l'a fait remarquer : "Ils ont transporté Lénine dans un camion scellé, comme un bacille de la peste, depuis la Suisse jusqu'en Russie", puis, une fois établis, "Lénine et Trotsky ont pris la Russie par les cheveux".

On a beaucoup écrit (mais presque toujours en passant, comme s'il s'agissait d'un simple post-scriptum à l'histoire) sur le "wagon plombé", le "wagon scellé", le "train scellé" qui a transporté Lénine et ses révolutionnaires bolcheviks en toute sécurité au milieu de l'Europe déchirée par la guerre et les a déposés en Russie, où ils ont commencé leur révolution bolchevique importée, appelée à tort "révolution russe".

Les documents que l'auteur a eu le privilège d'étudier à Wellington House et ce qui a été révélé dans les documents d'Arnold Toynbee et les papiers privés de Bruce Lockhart, ont conduit à la conclusion que sans Toynbee, Bruce Lockhart des services secrets britanniques du MI6 et sans la complicité d'au moins cinq nations européennes, ostensiblement loyales et amies de la Cour de Saint-Pétersbourg, l'impitoyable révolution bolchevique n'aurait pas eu lieu.

Comme ce compte rendu doit nécessairement se limiter à la participation de Tavistock à l'affaire, il ne sera pas aussi complet que nous l'aurions souhaité. Selon les documents privés de Milner, ses assistants, par l'intermédiaire de Tavistock, ont contacté un collègue socialiste, Fritz Platten. (Milner était un socialiste fabien de premier plan, même s'il méprisait Sydney et Beatrice Webb). C'est Platten qui a planifié la logistique du voyage et l'a supervisé jusqu'à l'arrivée des révolutionnaires à Petrograd.

Cela a été confirmé et corroboré par les archives de la Guillaumestrasse, dont nous avons pu consulter la majorité, ces dossiers étant ouverts à certaines personnes qualifiées pour les consulter. Ils concordent assez bien avec le récit de Bruce Lockhart dans ses papiers privés ainsi qu'avec ce que Lord Alfred Milner avait à dire sur l'affaire sournoise qui a trahi la Russie. Il apparaît que Milner avait de nombreux contacts parmi les expatriés bolcheviques, dont Lénine. C'est à Lord Milner que Lénine s'adresse lorsqu'il a besoin d'argent pour la révolution. Armé d'une lettre d'introduction de Platten, Lénine rencontre Lord Milner et expose son plan pour le renversement des Romanov et de la Russie chrétienne.

Milner accepte à condition qu'il puisse envoyer son agent Bruce Lockhart du MI6 pour superviser les affaires courantes et faire un rapport sur Lénine.

Lord Rothschild et les Rockefeller ont exigé d'être autorisés à envoyer Sydney Reilly en Russie pour superviser le transfert des ressources naturelles de la Russie et des roubles d'or détenus par la Banque centrale vers Londres. Lénine, et plus tard Trotsky ont donné leur accord.

Pour sceller l'accord, Lord Milner, au nom des Rothschild, a donné à Lénine 60 millions de livres en souverains d'or, tandis que les Rockefeller ont contribué pour environ 40 millions de dollars.

Les pays complices de l'affaire du "wagon plombé" étaient la Grande-Bretagne, l'Allemagne, la Finlande, la Suisse et la Suède. Bien que les États-Unis n'aient pas été directement impliqués, ils devaient être au courant de ce qui se passait. Après tout, sur ordre du président Wilson, un passeport américain tout neuf a été délivré à Léon Trotsky (dont le vrai nom était Lev Bronstein) pour qu'il puisse voyager en paix, bien que Trotsky ne soit pas citoyen américain.

Lénine et ses compatriotes disposaient d'un wagon privé bien aménagé, fourni par les hauts fonctionnaires du gouvernement allemand et toujours fermé à clé en vertu d'accords avec les gares situées le long de la ligne. Platten était le responsable et il a établi les règles du voyage, dont certaines sont répertoriées dans les dossiers de la Guillaumestrasse :

> ➢ La voiture devait rester fermée pendant tout le voyage.

> ➢ Personne ne pouvait monter dans la voiture sans la permission de Platten.

> ➢ Le train aurait un statut territorial supplémentaire. Aucun passeport ne devait être demandé aux frontières.

> ➢ Les billets seront achetés au prix normal.

> ➢ Aucun "problème de sécurité" ne doit être soulevé par l'armée ou la police d'un pays en route.

Selon les dossiers de la Guillaumestrasse, le voyage a été autorisé et approuvé par le général Ludendorff et le Kaiser Guillaume. Ludendorff est allé jusqu'à dire que si la Suède refusait de laisser passer les bolcheviks, il leur garantirait le passage en Russie par les lignes allemandes ! Il s'avère que le gouvernement suédois ne souleva aucune objection, pas plus que le gouvernement finlandais.

L'un des révolutionnaires notables, qui a rejoint le train à son arrivée à la frontière allemande avec la Suisse, était Radek, qui allait jouer un rôle de premier plan dans la sanglante révolution bolchevique. Il y a aussi eu des moments plus légers. Les Dossiers de la Guillaumestrasse décrivent comment le wagon a raté sa locomotive à Francfort, ce qui a entraîné un va-et-vient pendant environ 8 heures.

Le parti a quitté le confort de son wagon dans la ville baltique allemande de Sasnitz où le gouvernement allemand leur a accordé un "logement décent". Le gouvernement suédois leur a gentiment offert le transport par ferry jusqu'à Malmö, d'où ils ont navigué jusqu'à Stockholm, où un "bel" hébergement attendait le parti bolchevique pour une nuit d'escale, avant de se rendre à la frontière finlandaise.

C'est là que l'intrépide Platten a quitté le groupe plein d'entrain et que le dernier voyage en Russie s'est effectué en train jusqu'à Petrograd. Ainsi, un voyage épique qui a commencé à Zurich, en Suisse, s'est terminé à Petrograd. Lénine était arrivé sur place et la Russie était sur le point de s'effondrer. Et pendant tout ce temps, Bernays et Lippmann et leurs associés à la Wellington House (Tavistock) ont maintenu un flux constant de propagande de lavage de cerveau qui, on peut le conclure sans risque, a dupé une grande partie du monde.

CHAPITRE 2

L'Europe tombe du précipice

A près la Première Guerre mondiale et la fin de la révolution bolchevique, l'Europe a été forcée de changer selon le schéma voulu par Tavistock. Lorsque, grâce à la Première Guerre mondiale provoquée par les Britanniques, l'Europe a sombré du précipice vers la fin de son monde, ou peut-être serait-il plus approprié de dire qu'elle s'est traînée comme un zombie jusqu'à ce que les derniers représentants de son passé révolu disparaissent dans les ténèbres de l'abîme, les changements forcés sont devenus très apparents.

Il ne s'agit pas d'un livre sur la Première Guerre mondiale en tant que telle. Des centaines de milliers d'analyses ont été écrites sur les causes et les effets de la plus grande tragédie qui ait jamais frappé l'humanité, et pourtant elle n'a pas été traitée de manière adéquate et ne le sera probablement jamais. Il y a une chose sur laquelle de nombreux écrivains — moi y compris — sont d'accord.

La guerre a été déclenchée par la Grande-Bretagne par pure haine de la progression rapide de l'Allemagne vers une puissance économique majeure en concurrence avec la Grande-Bretagne, et Lord Edward Grey a été le principal architecte de la guerre.

Le fait qu'elle soit impopulaire et non approuvée par une grande majorité du peuple britannique a nécessité des "mesures spéciales", un nouveau ministère pour relever le défi. En substance, c'est la raison pour laquelle Wellington House a vu le jour.

Après des débuts si modestes, il est devenu le gargantuesque

Tavistock Institute of Human Relations, en 2005, la première institution de lavage de cerveau au monde exerçant une influence occulte des plus sinistres. Il faudra l'affronter et le mettre hors d'état de nuire si les États-Unis veulent survivre en tant que République constitutionnelle avec une forme républicaine de gouvernement garantie aux 50 États, selon l'opinion d'un certain nombre de membres du Sénat américain, qui ont été consultés lors de la préparation de ce livre, mais qui ont demandé à ne pas être nommés.

Les conséquences de la Première Guerre mondiale et les tentatives infructueuses de créer une Société des Nations n'ont fait qu'accentuer le fossé entre l'ancienne civilisation occidentale et la nouvelle. Le désastre économique de l'Allemagne d'après-guerre a plané comme la fumée d'un bûcher funéraire sur la culture occidentale, ajoutant au climat lugubre, triste et effrayant qui a commencé dans les années 1920.

Les historiens s'accordent à dire que tous les combattants ont subi des ravages économiques à des degrés divers, même si la Russie a été quelque peu épargnée, pour être détruite par les bolcheviks, tandis que l'Allemagne et l'Autriche ont été les plus durement touchées. Une étrange sorte de gaieté forcée s'est abattue sur l'Europe des années 1920 (dans laquelle j'inclus la Grande-Bretagne) et sur les États-Unis. On l'attribue à la "jeunesse rebelle" et au fait que les gens en ont généralement "marre de la guerre et de la politique". En fait, les gens réagissaient à la pénétration à longue portée et au conditionnement intérieur des maîtres de Tavistock.

Entre la fin de la Première Guerre mondiale et 1935, ils étaient tout aussi choqués que les troupes qui avaient survécu à l'enfer des tranchées où les balles et les obus volaient tout autour d'eux, sauf que maintenant, ce sont les balles et les obus économiques et les vastes changements dans les mœurs sociales qui engourdissaient leurs sens.

Mais le résultat final du "traitement" était le même. Les gens ont jeté la discrétion aux vents et la pourriture morale qui s'est mise en marche en 1918, se poursuit et prend de l'ampleur. Dans cet état de gaieté forcée, personne n'a vu venir le crash économique mondial et la dépression mondiale qui s'en est suivie.

La plupart des historiens s'accordent à dire que cette situation était artificielle et nous sommes amenés à croire que Tavistock a joué un rôle dans les campagnes publicitaires fiévreuses des différentes factions de cette période. À l'appui de notre affirmation selon laquelle le krach et la dépression étaient des événements artificiels. Voir l'annexe des événements.

Spengler a prédit ce qui allait arriver et il s'avère que ses prédictions étaient étonnamment exactes. La "société décadente" et les "femmes libres", caractérisées par les attitudes de "garçonnes" et les hommes de l'ombre ont exigé et obtenu une diminution de la pudeur féminine qui s'est traduite par des ourlets plus hauts, des cheveux coupés au carré et un maquillage excessif, des femmes fumant et buvant en public. Alors que l'argent devenait plus difficile à trouver et que les files d'attente pour la soupe populaire et le chômage s'allongeaient, les jupes raccourcissaient, tandis que les écrits de Sinclair Lewis, F. Scott Fitzgerald, James Joyce et D. H. Lawrence suscitaient l'étonnement, les derniers spectacles de Broadway et les numéros des boîtes de nuit révélaient plus que jamais les charmes cachés des femmes et les exposaient au grand jour.

En 1919, les créateurs de mode ont noté dans le magazine *New Yorker* que "les ourlets de cette année sont à 15 cm du sol et très audacieux".

CHAPITRE 3

Comment les "temps" ont changé

Mais ce n'était que le début. En 1935, avec l'arrivée au pouvoir d'Hitler, garantie par les conditions impossibles imposées à l'Allemagne à Versailles, les ourlets montent également jusqu'à la hauteur vertigineuse des genoux, sauf en Allemagne, où Hitler exigeait de la pudeur de la part des femmes allemandes et l'obtenait, ainsi qu'un respect sain, ce qui ne convenait pas au programme de Tavistock.

Les gens qui s'arrêtent pour réfléchir disent qu'ils détestent la façon dont "les temps changent", mais ce qu'ils ne savent pas et ne peuvent pas savoir, c'est que les temps sont faits pour changer selon une formule Tavistock soigneusement élaborée. Partout ailleurs en Europe et en Amérique, la révolte est en marche, la fièvre de l'"émancipation" se répand.

Aux États-Unis, ce sont les idoles du cinéma muet qui ont ouvert la voie, mais cela ne correspond pas à ce qui se passe en Europe, où l'on s'adonne à tous les "plaisirs", y compris l'homosexualité, longtemps cachée dans les ténèbres et jamais mentionnée dans la bonne société.

L'homosexualité est apparue aux côtés du lesbianisme pour provoquer le dégoût et, semble-t-il, pour offenser délibérément ceux qui s'attachaient encore à l'ordre ancien.

L'étude de cette aberration a montré que l'homosexualité et le lesbianisme se sont répandus non pas en raison de désirs intérieurs ou latents, mais pour "choquer" le vieil establishment et ses codes rigides de bonne morale. La musique a elle aussi souffert et s'est transformée en jazz et autres formes "décadentes".

Tavistock était maintenant dans la phase la plus cruciale du développement de son plan qui demandait que la féminité soit réduite à un niveau de moralité et de comportement d'une outrance sans égale dans l'histoire. Les nations étaient dans un état d'engourdissement, "choquées" par les changements radicaux qui leur étaient imposés et qui semblaient impossibles à arrêter, dans lesquels une absence totale de pudeur féminine se reflétait dans des attitudes comportementales apprises qui faisaient ressembler les années 1920 et 1930 à un congrès d'institutrices du dimanche. Rien ne pouvait arrêter la "révolution sexuelle" qui a balayé le monde à cette époque et la dégradation planifiée de la féminité qui l'accompagnait.

Certaines voix se sont fait entendre, notamment celles de G.K. Chesterton et d'Oswald Spengler, mais cela n'a pas suffi à contrer l'assaut lancé par l'Institut Tavistock qui avait en fait "déclaré la guerre à la civilisation occidentale". Les effets de la "pénétration à longue portée et du conditionnement directionnel interne" sont partout observables. La faillite morale, spirituelle, raciale, économique, culturelle et intellectuelle dans laquelle nous nous trouvons aujourd'hui n'est pas un phénomène social ou le résultat de quelque chose d'abstrait ou de sociologique qui serait simplement "arrivé". Elle est plutôt le résultat d'un programme Tavistock soigneusement planifié.

Ce que nous voyons n'est pas accidentel, ni une aberration de l'histoire. Il s'agit plutôt du produit final d'une crise sociale et morale délibérément induite, qui se manifeste partout et dans des personnages tels que Mick Jagger, Oprah Winfrey, Britney Spears, les émissions de télévision de "télé-réalité", la "musique" qui semble être un amalgame de tous les instincts primaires, Fox News (Faux News), les films presque pornographiques dans les salles de cinéma grand public, la publicité dans laquelle la modestie et la décence sont jetées aux oubliettes, le comportement bruyant et grossier dans les lieux publics, en particulier dans les restaurants américains ; Katie Curic et une foule d'autres personnes occupant des positions de premier plan dans la société.

Toutes ces personnes ont été formées pour parler d'une voix dure, monotone et grinçante, sans aucune cadence, comme si elles parlaient à travers des mâchoires serrées, d'une manière dure, stridente et désagréable pour les oreilles. Alors que les lecteurs de journaux télévisés et les "présentateurs" avaient toujours été des hommes, il n'y avait soudain plus qu'une douzaine d'hommes sur le terrain.

Nous le voyons dans les "stars" de l'industrie cinématographique qui produisent des films d'un niveau culturel de plus en plus bas. Nous le voyons également dans la glorification des mariages interraciaux, du divorce sur demande, de l'avortement et des comportements homosexuels et lesbiens flagrants, dans la perte des croyances religieuses et de la vie familiale de la civilisation occidentale. Des "stars" telles qu'Ellen DeGeneres, qui n'ont absolument aucun talent ni aucune valeur culturelle à offrir, sont présentées comme des modèles pour des jeunes filles impressionnables qui défilent de plus en plus souvent en exposant jusqu'à 75% de leur corps. Nous le voyons dans l'augmentation massive de la toxicomanie et de toutes sortes de maux sociaux, comme l'adoption par le Canada d'une "loi" rendant légal le "mariage" homosexuel et lesbien sous le couvert des "droits civiques".

Nous le voyons dans la corruption généralisée du système politique et dans le chaos constitutionnel où la Chambre et le Sénat permettent des violations flagrantes de la loi la plus élevée du pays, à tous les niveaux du gouvernement et nulle part plus que dans la branche exécutive du gouvernement, où chaque président depuis Roosevelt s'est arrogé des pouvoirs que le président en exercice n'est pas censé détenir. Nous le voyons dans la prise de décision illicite de déclarer des guerres par le président alors que de telles prérogatives sont explicitement refusées à l'exécutif par la Constitution des États-Unis.

Nous le voyons dans une nouvelle dimension de la désobéissance constitutionnelle qui s'ajoute à une liste affreuse de "lois" non autorisées par la Constitution, l'une des plus récentes et des plus choquantes étant le dépassement flagrant des pouvoirs de la Cour suprême des États-Unis qui a brisé les droits des États et élu George Bush fils à la présidence. Il s'agit là de l'un des coups les plus sauvages portés à la Constitution et de la violation la plus flagrante du 10ème Amendement de la Constitution des États-Unis dans l'histoire de ce pays. Pourtant, le peuple américain est tellement abasourdi et choqué qu'aucune protestation n'a été exprimée, aucune manifestation de masse n'a été organisée, aucun appel n'a été lancé pour que la Cour suprême soit mise au pas. Dans ce seul incident, la puissance de la "pénétration à longue portée et du conditionnement directionnel interne" de Tavistock s'est avérée être un énorme triomphe.

Non, l'état de désintégration de notre République dans lequel nous nous trouvons en 2005 n'est pas le fruit d'une évolution ; c'est plutôt le produit final d'un projet de lavage de cerveau d'ingénierie sociale soigneusement planifié et aux proportions immenses. La vérité se reflète dans les affres de la mort de ce qui fut autrefois la plus grande nation sur Terre.

Les documents sur le conditionnement physiologique écrits par les sociologues de Tavistock fonctionnent bien. Votre réaction est programmée. Vous ne pouvez pas penser d'une autre manière à moins de faire un effort suprême.

Vous ne pouvez pas non plus prendre de mesures pour vous libérer de cette condition si vous ne pouvez pas d'abord identifier l'ennemi et son plan pour la dissolution des États-Unis et de l'Europe en particulier et du monde occidental en général. Cet ennemi s'appelle l'Institut Tavistock pour les relations humaines et il est en guerre contre la civilisation occidentale depuis ses premiers jours, avant qu'il ne trouve forme et substance à Wellington House et qu'il n'évolue vers ses installations actuelles à l'Université de Sussex et la clinique Tavistock à Londres. Avant que je ne démasque cette institution en 1969, elle était inconnue aux États-Unis. Il s'agit sans aucun doute de la première institution d'ingénierie sociale de lavage de cerveau au monde.

Nous verrons ce qu'elle a accompli à ses débuts dans l'Angleterre d'avant la Première Guerre mondiale, puis dans la période précédant la Seconde Guerre mondiale et après celle-ci, jusqu'à aujourd'hui. Pendant la Seconde Guerre mondiale, le Tavistock Institute avait son siège à la division de guerre physiologique de l'armée britannique. Nous avons couvert son histoire au cours de ses années de formation à Wellington House et nous passons maintenant aux activités d'avant et d'après la Seconde Guerre mondiale.

CHAPITRE 4

L'ingénierie sociale et les chercheurs en sciences sociales

L e Dr Kurt Lewin en était le principal théoricien, spécialisé dans l'enseignement et l'application de la psychologie topologique, qui était et reste la méthode la plus avancée de modification du comportement. Lewin était assisté par le Major Général John Rawlings Reese, Eric Trist, W. R. Bion, H. V. Dicks et plusieurs des "grands" du lavage de cerveau et de l'ingénierie sociale comme Margaret Meade et son mari, Gregory Bateson. Bernays a été le principal consultant jusqu'au moment où George Bush a été placé à la Maison-Blanche par la Cour Suprême. Nous ne voulons pas être trop techniques et n'entrerons donc pas dans les détails de la manière dont ils ont appliqué les sciences sociales. La plupart des gens accepteront le terme générique de "lavage de cerveau" comme explication globale des activités de cette "mère de tous les groupes de réflexion".

Vous ne serez pas surpris d'apprendre que Lewin et son équipe ont fondé le Stanford Research Center, la Wharton School of Economics, le MIT et le National Institute of Mental Health, parmi de nombreuses autres institutions que l'on croit volontiers "américaines". Au fil des ans, le gouvernement fédéral a versé des millions et des millions de dollars à Tavistock et à son réseau étendu d'institutions interconnectées, tandis que les entreprises américaines et Wall Street ont versé des sommes équivalentes.

Nous osons dire que sans la croissance et les progrès étonnants des techniques de lavage de cerveau de masse mises au point par l'Institut Tavistock, il n'y aurait pas eu de Seconde Guerre mondiale, ni aucune des guerres qui ont suivi, et certainement pas les deux guerres du Golfe, dont la seconde fait encore rage en novembre 2005.

En l'an 2000, il n'y avait pratiquement aucun aspect de la vie en Amérique que les tentacules de Tavistock n'avaient pas atteint, y compris tous les niveaux de gouvernement, du local au fédéral, l'industrie, le commerce, l'éducation et les institutions politiques de la nation. Chaque aspect mental et psychologique de la nation a été analysé, enregistré, profilé et stocké dans des banques de données informatiques.

Ce qui en est ressorti est ce que Tavistock appelle "une réponse à trois systèmes" et c'est la façon dont les groupes de population réagissent au stress résultant de "situations inventées" qui deviennent des exercices de gestion de crise. Ce que nous avons aux États-Unis et en Grande-Bretagne, c'est un gouvernement qui crée une situation considérée par ses citoyens comme une crise, et le gouvernement gère ensuite cette "crise".

L'attaque japonaise de Pearl Harbor en décembre 1941 est un exemple de "situation artificielle". L'attaque de Pearl Harbor a été "fabriquée", comme expliqué précédemment, avec le transfert de l'argent des Rockefeller à Richard Sorge, le maître-espion, puis à un membre de la famille impériale, pour inciter le Japon à tirer les premiers coups de feu afin que l'administration Roosevelt ait un prétexte pour faire entrer les États-Unis dans la Seconde Guerre mondiale.

L'étranglement économique du Japon par la Grande-Bretagne et les États-Unis, qui bloquaient unilatéralement le flux de matières premières essentielles à l'usine insulaire qu'est le Japon, a atteint un point tel qu'il a été décidé d'y mettre un terme.

Tavistock a joué un rôle énorme dans l'élaboration de la vague massive de propagande antijaponaise qui a entraîné les États-Unis dans la guerre en Europe via la guerre contre le Japon.

Une pression économique insupportable a été exercée sur le Japon alors que, dans le même temps, l'administration Roosevelt refusait de "négocier", jusqu'à ce que le gouvernement de Tokyo ne voie d'autre issue que d'attaquer Pearl Harbor. Roosevelt avait commodément mis la flotte du Pacifique en danger en la déplaçant de son port d'attache de San Diego à Pearl Harbor, sans aucune raison valable ou stratégique, la plaçant ainsi directement à portée de la marine japonaise.

Un autre exemple est plus récent : la guerre du Golfe, qui a commencé lorsque des voix se sont élevées pour dénoncer les stocks présumés d'armes nucléaires et chimiques de l'Irak, les "armes de destruction massive" (ADM). L'administration Bush et le gouvernement Blair savaient que cette question était une "situation inventée" sans fondement ni mérite ; ils savaient que ces armes n'existaient pas. Il existait des preuves indiscutables que le programme d'armement de Hussein avait été annulé après la guerre du Golfe de 1991 et par le maintien de sanctions brutales.

En bref, les deux "dirigeants" occidentaux ont été pris dans un tissu de mensonges, mais le pouvoir du Comité des 300 et la capacité de lavage de cerveau de Tavistock sont tels qu'ils sont restés en fonction bien qu'il soit admis qu'à cause de leurs mensonges, au moins un million d'Irakiens et plus de 2000 militaires américains sont morts et 25 999 ont été blessés (chiffres des services de renseignements militaires russes du GRU), dont 53% ont été mutilés, le coût en termes monétaires dépassant, en octobre 2005, 550 milliards de dollars.

Le nombre de morts irakiens correspond au total des deux guerres du Golfe, dont la majorité est constituée de civils qui ont succombé au manque de nourriture, d'eau potable et de médicaments à la suite des sanctions criminelles imposées par les gouvernements britannique et américain sous le couvert de l'ONU.

En appliquant les sanctions contre l'Irak, l'ONU a violé sa propre charte et est devenue dès lors une institution paralysée et sans crédibilité.

Il n'y a pas de parallèle dans l'histoire où un homme occupant la fonction la plus élevée a été prouvé comme étant un menteur et un trompeur et pourtant il a pu rester au pouvoir comme si rien n'avait entaché sa fonction, un état de fait qui démontre la puissance du traitement de "pénétration à long terme et de conditionnement intérieur" du peuple américain par l'Institut Tavistock, qui les amènerait à accepter docilement une situation aussi turgescente et pleine d'horreur sans jamais descendre dans la rue en rage.

Henry Ford n'a-t-il pas dit que "les gens méritent le gouvernement qu'ils ont" ? Si le peuple ne fait rien pour renverser ce gouvernement, comme c'est le droit du peuple américain selon la Constitution des États-Unis, alors il mérite d'avoir des menteurs et des trompeurs à la tête de sa nation et de sa vie.

D'autre part, le peuple américain pourrait bien traverser l'une des trois phases de ce que le Dr Fred Emery, qui fut un temps le psychiatre en chef de Tavistock, a décrit comme une "turbulence environnementale sociale". Selon Emery :

> "Les grands groupes de population manifestent les symptômes suivants lorsqu'ils sont soumis à des conditions de changements sociaux violents, de stress et de turbulence qui peuvent être divisés en catégories bien définies : La superficialité est la condition qui se manifeste lorsque le groupe de population menacé réagit en adoptant des slogans superficiels, qu'il tente de faire passer pour des idéaux."

Très peu d'"investissement du moi" a lieu, ce qui fait de la première phase une "réponse inadaptée" car, comme l'a déclaré Emery, "la cause de la crise n'est pas isolée et identifiée" et la crise et la tension ne s'apaisent pas, mais se poursuivent aussi longtemps que le contrôleur veut qu'elles durent. La deuxième phase de la réaction à la crise (puisque la crise se poursuit) est la "fragmentation", un état dans lequel la panique s'installe, la "cohésion sociale" s'effondre avec pour résultat que de très petits groupes se forment et tentent de se protéger de la crise sans se soucier des dépenses ou du coût pour les autres petits groupes fragmentés. Cette phase, Emery l'appelle "maladaptation passive", tout en ne parvenant pas à identifier la cause de la crise.

La troisième phase est celle où les victimes se détournent de la source de la crise induite et de la tension qui en résulte. Elles font des "voyages fantaisistes de migration interne, d'introspection et d'obsession de soi". C'est ce que Tavistock appelle "dissociation et réalisation de soi". Emery poursuit en expliquant que "les réponses passives de maladaptation sont maintenant couplées à des "réponses actives de maladaptation"."

Emery affirme qu'au cours des 50 dernières années, les expériences de psychologie sociale appliquée et la "gestion de crise" qui en résulte ont pris le contrôle de tous les aspects de la vie en Amérique et que les résultats sont stockés dans les ordinateurs des principaux "groupes de réflexion" tels que l'Université de Stanford. Les scénarios sont sortis, utilisés et révisés de temps à autre et, selon Tavistock, "les scénarios sont en cours d'exploitation à l'heure actuelle."

Cela signifie que Tavistock a profilé la majorité du peuple américain et lui a fait subir un lavage de cerveau. Si une partie du public américain est un jour capable d'identifier la cause des crises qui ont submergé cette nation au cours des soixante-dix dernières années, la structure d'ingénierie sociale construite par Tavistock s'effondrera. Mais cela ne s'est pas encore produit. Tavistock continue à noyer le public américain dans sa mer d'opinion publique créée.

L'ingénierie sociale mise au point par les chercheurs en sciences sociales de Tavistock a été utilisée comme arme pendant les deux guerres mondiales de ce siècle, en particulier la Première Guerre mondiale. Les sondeurs qui l'ont mise au point ont été tout à fait francs : ils emploient sur la population américaine les mêmes dispositifs et méthodes que ceux utilisés et expérimentés contre les populations ennemies.

Aujourd'hui, la manipulation de l'opinion publique par les sondages est devenue une technique centrale entre les mains des ingénieurs sociaux et des contrôleurs des sciences sociales employés au Tavistock et dans ses nombreux "think tanks" situés partout aux États-Unis et en Grande-Bretagne.

CHAPITRE 5

Avons-nous ce que H. G. Wells appelait "un gouvernement invisible" ?

C omme je l'ai indiqué, la science moderne de la formation de l'opinion publique par des techniques avancées de manipulation de l'opinion de masse a commencé dans l'une des usines de propagande les plus avancées de l'Occident, située en Grande-Bretagne à Wellington House. Cette installation dédiée à l'ingénierie sociale et à la création de l'opinion publique au début de la Première Guerre mondiale était sous l'égide des lords Rothmere et Northcliffe, et du futur directeur d'études du Royal Institute of International Affairs (RIIA), Arnold Toynbee. Wellington House possédait une section américaine, dont les membres les plus éminents étaient Walter Lippmann et Edward Bernays. Comme nous l'avons découvert plus tard, Bernays était le neveu de Sigmund Freud, un fait soigneusement caché au public.

Ensemble, ils se concentraient sur les techniques visant à "mobiliser" le soutien à la Première Guerre mondiale parmi les masses de personnes qui étaient opposées à la guerre avec l'Allemagne. La perception du public était que l'Allemagne était un ami du peuple britannique, et non un ennemi, et le peuple britannique ne voyait pas la nécessité de combattre l'Allemagne. Après tout, n'était-il pas vrai que la reine Victoria était la cousine du Kaiser Guillaume II ? Toynbee, Lippmann et Bernays s'efforcèrent de les persuader de la nécessité de la guerre, en utilisant les techniques de la nouvelle science par le biais des nouveaux arts de la manipulation de masse via les médias de communication, à des fins de propagande teintée d'une volonté de mensonge qui ne fait que commencer, après avoir acquis une grande expérience pendant la guerre anglo-boer (1899-1902).

Ce n'est pas seulement le public britannique dont il faut modifier la perception des événements, mais aussi un public américain récalcitrant.

À cette fin, Bernays et Lippmann ont joué un rôle déterminant dans la mise en place par Woodrow Wilson du comité Creel, qui a créé le premier ensemble de techniques méthodologiques pour la diffusion d'une propagande réussie et pour la science des sondages visant à obtenir l'opinion "correcte".

Dès le début, les techniques ont été conçues de telle sorte que les sondages (la formation de l'opinion publique) reposaient sur une caractéristique évidente, mais frappante : ils s'intéressaient aux opinions des gens, et non à leur compréhension des processus scientifiques et politiques. Ainsi, par intention, les sondeurs ont forgé un état d'esprit essentiellement irrationnel au niveau primaire de l'attention du public. Il s'agissait d'une décision consciente visant à saper la compréhension de la réalité par des masses de personnes dans une société industrielle de plus en plus complexe.

Si vous avez déjà regardé "Fox News" où l'on donne aux téléspectateurs les résultats d'un sondage sur "ce que pensent les Américains", puis, pendant l'heure suivante, vous vous êtes retrouvé à secouer la tête et à vous demander ce que les résultats du sondage reflétaient sur vos propres processus de pensée, alors vous n'avez pu que vous sentir plus perplexe que jamais.

La clé pour comprendre Fox News et le sondage pourrait résider dans ce que Lippmann avait à dire sur ces questions. Dans son livre de 1922, *Public Opinion*, Lippmann décrit la méthodologie de guerre psychologique de Tavistock.

Dans un chapitre d'introduction intitulé "The World Outside and the Pictures in Our Heads",[3] Lippmann souligne que

---

[3] Le monde extérieur et les images dans notre tête. Ndt.

"l'objet d'étude de l'analyste social de l'opinion publique est la réalité telle qu'elle est définie par la perception interne ou les images de cette réalité. L'opinion publique traite de faits indirects, invisibles, déroutants, et il n'y a rien d'évident à leur sujet. Les situations auxquelles se réfèrent les opinions publiques ne sont connues que comme des opinions ".

"Les images dans la tête de ces êtres humains, les images d'eux-mêmes, des autres, de leurs besoins, de leurs buts, de leurs relations, sont leurs opinions publiques. Ces images, sur lesquelles agissent des groupes de personnes, ou des individus agissant au nom de groupes, sont l'opinion publique avec des majuscules. L'image intérieure induit si souvent les hommes en erreur dans leurs relations avec le monde extérieur".

À partir de cette évaluation, il est facile de franchir la prochaine étape décisive franchie par Bernays, à savoir que les élites qui dirigent la société peuvent mobiliser les ressources des communications de masse pour mobiliser et modifier l'esprit du "troupeau".

Un an après le livre de Lippmann, Bernays écrivit *Crystallizing Public Opinion*. Qui fut suivi en 1928 par un ouvrage intitulé tout simplement : *Propaganda*.

Dans le premier chapitre, "Organiser le chaos", Bernays écrit :

La manipulation consciente et intelligente de l'organisation, des habitudes et des opinions des masses est un élément important de la société démocratique. Ceux qui manipulent ce mécanisme invisible de la société constituent un gouvernement invisible, qui est le véritable pouvoir dirigeant de notre pays.

Nous sommes gouvernés, nos esprits sont modelés, nos goûts formés, nos idées suggérées, en grande partie par des hommes dont nous n'avons jamais entendu parler... Nos gouvernants invisibles ignorent, dans bien des cas, l'identité de leurs collègues du cabinet restreint.

Quelle que soit l'attitude que l'on choisit d'adopter à l'égard de cette condition, il n'en reste pas moins que dans presque tous les actes de notre vie quotidienne, que ce soit dans le domaine de la politique ou des affaires, dans notre conduite sociale ou notre pensée éthique, nous sommes dominés par le nombre relativement restreint de personnes — une fraction insignifiante de nos millions d'habitants — qui comprennent les processus mentaux et les modèles sociaux des masses. Ce sont elles qui tirent les fils, qui contrôlent l'esprit public, qui exploitent les anciennes forces sociales et inventent de nouvelles façons de lier et de guider le monde.

Dans *Propaganda*, Bernays fait suite à son éloge du "gouvernement invisible" en soulignant la phase suivante que suivront les techniques de propagande :

> À mesure que la civilisation est devenue plus complexe et que la nécessité d'un gouvernement invisible a été de plus en plus démontrée, les moyens techniques ont été inventés et développés pour régenter l'opinion. Avec l'imprimerie et le journal, le téléphone, le télégraphe, la radio et les avions, les idées peuvent se répandre rapidement et même instantanément dans toute l'Amérique.

Pour étayer son propos, Bernays cite le mentor de la "manipulation de l'opinion publique", H. G. Wells. Il cite un article paru en 1928 dans le *New York Times*, dans lequel Wells se félicite des "moyens de communication modernes" qui "ouvrent un Nouveau Monde de processus politiques" et qui permettent de "documenter et de soutenir le dessein commun" contre la perversion et la trahison. Pour Wells, l'avènement de la "communication de masse" jusqu'à la télévision signifiait l'ouverture de nouvelles voies fantastiques pour le contrôle social, au-delà des rêves les plus fous des premiers fanatiques de la manipulation de masse de la Fabian Society britannique. Nous reviendrons sur ce sujet d'importance vitale plus loin dans ce document.

CHAPITRE 6

La communication de masse inaugure l'industrie des sondages

Pour Bernays, la reconnaissance de l'idée de Wells lui vaut une place clé dans la hiérarchie des contrôleurs d'opinion publique américains ; en 1929, il obtient un poste chez CBS, qui vient d'être racheté par William Paley.

De même, l'avènement des communications de masse a donné naissance à l'industrie des sondages et de l'échantillonnage, afin d'organiser les perceptions des masses pour la mafia des médias (qui fait partie du "gouvernement invisible" qui dirige le spectacle depuis les coulisses).

En 1935-36, les sondages battent leur plein. La même année, Elmo Roper a lancé son magazine *Fortune* POUR les sondages, qui a évolué vers sa colonne "What People Are Thinking"[4] pour le *New York Herald Tribune*.

George Gallup est à l'origine de l'American Institute of Public Opinion ; — en 1936, il ouvre le British Institute of Public Opinion. Gallup devait établir le siège de ses activités autour de l'Université de Princeton, en interaction avec le complexe Office of Public Opinion Research/Institute for International Social Research/Département de Psychologie dirigé par Hadley Cantril, qui était destiné à jouer un rôle de plus en plus important dans le développement des méthodes de profilage psychologique utilisées plus tard dans la fabrication de la Conspiration du

---

[4] « Ce que pense les gens », Ndt.

Verseau.

Au cours de cette même période 1935-36, les sondages sont utilisés pour la première fois lors des élections présidentielles, sous l'impulsion de deux journaux appartenant à la famille Cowles, le *Minneapolis Star-Tribune* et le *Des Moines Register*. Les Cowles sont toujours dans le secteur de la presse.

Basés à Spokane, Washington, ils sont des faiseurs d'opinions actifs et leur soutien à la guerre de Bush en Irak a été un facteur crucial.

On ne sait pas exactement qui a introduit la pratique des "conseillers du président", ces personnes qui ne sont pas élues par les citoyens et que ceux-ci n'ont pas la possibilité de contrôler, mais qui décident de la politique étrangère interne et externe de la nation. Woodrow Wilson a été le premier président américain à recourir à cette pratique.

Les études d'opinion et la Seconde Guerre mondiale

Il s'agissait là de petites préparations à la phase suivante, déclenchée par deux événements importants qui se sont croisés : l'arrivée en Iowa de l'expert émigré en guerre psychologique Kurt Lewin et l'engagement des États-Unis dans la Seconde Guerre mondiale.

La Seconde Guerre mondiale a fourni aux scientifiques émergents des sciences sociales de Tavistock un énorme champ d'expérimentation. Sous la direction de Lewin, les forces clés qui se déploieront après la Seconde Guerre mondiale utiliseront les techniques développées pour la guerre contre la population des États-Unis. En fait, en 1946, Tavistock a déclaré la guerre à la population civile des États-Unis et est resté en état de guerre depuis lors.

Les concepts de base exposés par Lewin, Wells, Bernays et Lippmann sont restés en place en tant que guide pour la manipulation de l'opinion publique ; la guerre a donné aux spécialistes des sciences sociales l'occasion de les appliquer sous une forme très concentrée et de rassembler un grand nombre d'institutions sous leur direction pour atteindre les objectifs de leurs expériences.

L'institut central, qui était le véhicule de formation de "l'opinion publique", était le Comité du moral national. Apparemment établi pour mobiliser le soutien à la guerre, un peu comme le président Wilson avait créé son comité de gestion pour "gérer" la Première Guerre mondiale, son véritable objectif était de procéder à un profilage intensif de la population des "Axes" et des Américains dans le but de créer et de maintenir un moyen de contrôle social.

Le comité était dirigé par plusieurs leaders de la société américaine, dont Robert P. Bass, Herbert Bayard Swope, entre autres notables. Son secrétaire était le mari de Margaret Meade, Gregory Bateson, l'un des principaux instigateurs des fameuses expériences de LSD "MK-Ultra" de la CIA que certains experts considèrent comme le véhicule de lancement de la contre-culture américaine de la drogue, du rock et du sexe.

Le conseil d'administration du comité comprenait le sondeur George Gallup, l'agent de renseignements Ladislas Farago et le psychologue Tavistock, Gardner Murphy.

Le comité a mené un certain nombre de projets spéciaux, le plus important étant une étude majeure sur la meilleure façon de mener une guerre psychologique contre l'Allemagne. Les personnes clés qui ont joué un rôle essentiel dans l'élaboration du projet sur l'opinion publique sont les suivantes :

*   Kurt K. Lewin, Education et Histoire ; Psychologie ; Sciences sociales

*   Professeur Gordon W. Allport, Psychologie

*   Professeur Edwin G. Borin, Psychologie

*   Professeur Hadley Cantril, Psychologie

*   Ronald Lippitt, Sciences sociales

*   Margaret Mead, Anthropologie, Sciences sociales ;

Développement des jeunes et des enfants

Le personnel comptait plus d'une centaine de chercheurs et plusieurs institutions de profilage d'opinion essentielles au projet.

L'une de ces équipes de projet spécial se trouvait au sein de l'Office and Strategic Services (OSS) (l'ancêtre de la CIA), composée de Margaret Mead, Kurt Lewin, Ronald Lippitt, Dorwin Cartwright, John K. French et de spécialistes de l'opinion publique tels que Samuel Stouffer (plus tard président du groupe de relations sociales du laboratoire de l'université de Harvard), Paul Lazarsfeld du département de sociologie de l'université de Columbia, qui a développé avec le profileur Harold Lasswell une méthodologie de "recherche d'opinion" pour l'OSS basée sur une "analyse de contenu" détaillée de la presse locale des pays ennemis et Rensis Likert.

Likert, cadre supérieur de la Prudential Insurance Company juste avant la guerre, avait perfectionné les techniques de profilage en tant que directeur de recherche de la Life Insurance Agency Management Association. Cela lui permettait d'interagir favorablement avec le chef de l'enquête américaine sur le bombardement stratégique, qui était l'ancien chef de la Prudential Life Insurance Company. Likert a occupé le poste de directeur de la division du moral du Strategic Bombing Survey de 1945 à 1946, ce qui lui a permis de disposer d'une marge de manœuvre considérable pour le profilage et la manipulation de l'opinion publique de masse.

CHAPITRE 7

La formation de l'opinion publique

S elon les archives de l'Institut Tavistock, le Strategic Bombing Survey a joué un rôle clé pour mettre l'Allemagne à genoux grâce à un programme très discipliné de bombardement systématique des logements des travailleurs allemands, que Sir Arthur Harris de la RAF n'était que trop heureux d'exécuter.

En outre, de 1939 à 1945, Likert a dirigé la Division of Program Surveys du ministère de l'Agriculture, d'où sont parties d'importantes études sur les techniques de "persuasion de masse". Ou, pour le dire autrement, "faire en sorte que l'opinion publique corresponde aux objectifs souhaités". On ne peut que spéculer sur le nombre de citoyens qui croyaient que leur soutien à l'effort de guerre des "Alliés" découlait de leurs propres opinions.

L'un des principaux collaborateurs de Likert dans cette division était Dorwin Cartwright, protégé de Lewin et futur agent de Tavistock, qui a rédigé le manuel intitulé "Some Principles of Mass Persuasion", toujours utilisé aujourd'hui.

L'Office of War Information (OWI), dirigé par Gardner Cowles pendant une grande partie de l'effort de guerre, est une autre agence importante pour façonner l'opinion publique. Bernays a été intégré à l'OWI en tant que conseiller. C'est à partir des liens que nous avons décrits ici que le réseau des principales "institutions de sondage" a émergé après la Seconde Guerre mondiale. Ils ont joué un rôle puissant et décisif dans la vie américaine depuis lors. Gallup, issu du Conseil d'administration du Comité de Moral National, a renforcé son activité et est devenu le commandant clé des instituts de sondage pour lancer les nouvelles politiques du Comité des 300, qu'il a fait passer pour des "résultats de sondage."

Bernays a joué plusieurs rôles clés après la guerre. En 1953, il rédige un document pour le Département d'État qui recommande la création d'un bureau de guerre psychologique par l'État. En 1954, il est consultant auprès de l'armée de l'air américaine, la branche des forces armées la plus influencée par les gens du Strategic Bombing Survey.

Au début des années 1950, Bernays était le conseiller en relations publiques de la United Fruit (United Brands) Corporation, l'une des principales entreprises de l'appareil de communication/sécurité nationale (le "complexe militaro-industriel" d'Eisenhower), alors occupé à consolider son pouvoir sur la politique américaine.

Bernays a mené la campagne de propagande alléguant que le Guatemala tombait sous "le contrôle des communistes", ce qui a abouti à un coup d'État organisé par les États-Unis dans ce pays. En 1955, Bernays écrivit un livre sur son expérience intitulé *The Engineering of Consent*.[5]

Ce livre est devenu le plan virtuel de Tavistock suivi par le gouvernement américain pour renverser tout pays dont les politiques sont inacceptables pour la dictature socialiste du gouvernement mondial unique.

Tout au long de l'après-guerre, Bernays est membre de la Society for Applied Anthropology, l'une des institutions de contrôle social de Margaret Mead aux États-Unis, et de la Society for the Psychological Study of Social Issues, un groupe créé par John Rawlings Reese, membre fondateur de Tavistock, pour diriger des "troupes de choc psychiatriques" parmi la population américaine.

L'une de ses premières actions a été le débridement de l'homosexualité en Floride, une mesure âprement combattue par

---

[5] *La fabrication du consentement*, Ndt.

Anita Bryant qui n'avait aucune idée de ce à quoi elle se heurtait.

La deuxième de ses actions a été d'introduire le thème selon lequel les non-Blancs sont plus intelligents que les Blancs, ce dont nous parlerons plus tard.

Likert s'installe à l'université du Michigan pour créer l'Institute for Social Research (ISR) qui absorbe le Massachusetts Center for the Study of Group Dynamics, la principale filiale de Tavistock aux États-Unis au début de l'après-guerre.

L'ISR de Tavistock était le centre d'un certain nombre de sous-groupes de profilage critique et de "recherches sur l'opinion", parmi lesquels le Center for research in the Utilization of Scientific Knowledge (Centre de recherche sur l'utilisation des connaissances scientifiques), créé par Ronald Lippitt, collaborateur de Likert à l'OSS et disciple de Lewin.

Le directeur du projet, Donald Michael, était un acteur de premier plan du Club de Rome, et un deuxième sous-groupe, le Survey Research Center, était une création personnelle de Likert qui s'est développée pour devenir l'institution la plus élaborée des États-Unis pour "sonder" (créer) les attitudes et les tendances populaires, dont les principales étaient l'avilissement et la dégradation de la féminité et la mise en avant des capacités intellectuelles supérieures des personnes non blanches selon les scénarios soigneusement élaborés par Lewin.

Robert Hutchins est devenu célèbre à cette époque et son collègue le plus proche dans ces premières années était William Benton, le fondateur en 1929 avec Chester Bowles de Benton and Bowles, la célèbre société de publicité. Benton a utilisé Benton and Bowles comme un moyen de développer la science du contrôle des masses par la publicité.

C'est le travail de pionnier de Benton, soutenu par Douglass Cater, qui a conduit au développement du contrôle naissant de Tavistock sur la politique médiatique américaine par le biais de l'Aspen Institute du Colorado, le siège américain du Comité des 300 du gouvernement mondial unique socialiste.

Je mentionne en passant que la science du contrôle des médias de masse par la publicité est aujourd'hui si solidement ancrée qu'elle est devenue la composante clé de la formation de l'opinion. Dans les premiers temps de l'après-guerre, Hollywood l'a incorporée dans presque tous ses films.

La publicité (le lavage de cerveau) se faisait par le biais du type et de la marque de voiture que conduisait le héros, de la marque de cigarettes que fumait le suave Lawrence Harvey, des vêtements et du maquillage que portait la vedette, des vêtements qui devenaient de plus en plus osés au fil des ans, jusqu'à ce qu'aujourd'hui, en 2005, la féminité soit dégradée par les seins presque nus et le ventre dénudé de Britney Spear, exposés par les jeans moulants qu'elle porte souvent, ainsi que par les bonnes mœurs que Hollywood aime tant bafouer.

CHAPITRE 8

La dégradation des femmes
et le déclin des normes morales

L e rythme de dégradation de la féminité s'est accéléré à un degré remarquable depuis que les jupes atteignent le genou. Cela se manifeste dans des domaines tels que la quasi-pornographie dans les films grand public et les feuilletons et nous osons suggérer que le jour n'est pas loin où de telles scènes seront "totales et obligatoires".

Ce déclin du discours féminin attrayant peut être attribué à la méthodologie de Tavistock et à ses praticiens, Cantril, Likert et Lewin. Un autre changement notable a été l'augmentation du nombre de films mettant en scène des rencontres et des rapports sexuels interraciaux, associés à des revendications de "droits de l'homme" pour les lesbiennes sous la forme la plus ouverte qui soit.

Des personnes spéciales ont été sélectionnées et formées pour cette tâche, la plus connue étant probablement Ellen Degeneres qui a reçu des centaines de milliers de dollars de publicité gratuite sous couvert d'être interviewée dans des talk-shows et des groupes de "discussion" sur le sujet de "l'amour entre personnes du même sexe", c'est-à-dire des rencontres entre deux femmes impliquant un type de pratique sexuelle.

Benton, le pionnier de l'avilissement de la féminité, avait pour mentor le principal expert en sciences sociales de la théorie du profilage à Tavistock, Harold Lasswell, qui, avec Benton, a fondé l'American Policy Commission en 1940. La coentreprise de Lasswell avec Benton a marqué le lien le plus clair entre les opérations secrètes du gouvernement socialiste mondial d'Aspen en Amérique et l'Institut Tavistock. Aspen devint le siège du Comité des 300 branches aux États-Unis.

Hedley Cantril, Likert et Lewin, avec leur méthodologie appliquée à la psychologie humaniste et au lavage de cerveau, ont joué un rôle de plus en plus vital dans l'utilisation des "études d'opinion" pour provoquer des changements de paradigmes et de valeurs dans la société, tels que ceux qui viennent d'être décrits, mais à une échelle plus large et à tous les niveaux de la société qui composent la civilisation occidentale telle qu'elle a été connue pendant des siècles.

Le point d'attache de Cantril, d'où il menait ses opérations de guerre contre le peuple américain, était l'Office of Public Opinion Research de l'université de Princeton, fondé en 1940, l'année même où Cantril a écrit son livre intitulé *The Invasion From Mars*, une analyse détaillée de la façon dont la population de la région de New York-New Jersey a réagi avec peur et panique à la diffusion de la "Guerre des mondes" d'Orson Wells en 1938.

Comment auraient-ils pu savoir qu'ils faisaient partie d'une entreprise de profilage puisqu'il est raisonnable de conclure qu'en 1938, pratiquement aucun Américain n'avait jamais entendu parler de Hadley Cantril ou de l'Institut Tavistock ? Il serait intéressant de savoir combien d'Américains ont entendu parler de Tavistock en 2005 ?

La plupart des gens se souviennent d'Orson Wells, mais il est probable que quatre-vingt-dix-neuf pour cent de la population n'attache aucune importance au nom de Cantril et ne connaît pas l'Institut Tavistock.

Racontons les événements de la nuit du 30 octobre 1938, car les mêmes techniques ont été utilisées par l'administration Bush, le ministère de la Défense et la CIA pour façonner la perception publique des événements qui ont conduit à l'invasion de l'Irak en 2003 et sont toujours d'actualité en 2005.

En 1938, Orson Wells s'était créé une réputation de maître dans la mise en scène de fausses nouvelles en utilisant l'auteur anglais H. G. Wells, ancien agent du MI6, et son livre *La guerre des mondes*.

Dans l'adaptation radiophonique de l'œuvre de Wells, l'autre Wells interrompait les programmes radio du New Jersey en annonçant que les Martiens venaient de débarquer. "L'invasion martienne a commencé", déclarait Orson Welles.

Au cours de cette production de quatre heures, il a été annoncé pas moins de quatre fois que ce que les auditeurs écoutaient était une reconstitution fictive de ce que serait l'histoire de H. G. Wells si elle prenait vie. Mais cela n'a servi à rien. La panique s'empare de millions de personnes qui fuient leurs maisons, terrorisées, et bloquent les routes et les systèmes de communication.

Quel était l'objectif du "canular" ? En premier lieu, il s'agissait de mesurer l'efficacité des méthodes de Cantril et de Tavistock dans la pratique, et, ce qui est peut-être plus important encore, de préparer le terrain pour la guerre à venir en Europe, dans laquelle les "émissions d'information" joueraient un rôle crucial dans la collecte et la diffusion de l'information en tant que source établie d'informations fiables, ainsi qu'en tant que forum pour orienter l'opinion publique.

Deux jours après la diffusion du bulletin d'information "Invasion martienne", un éditorial du *New York Times* intitulé "Terror by Radio" a involontairement mis en lumière ce que Tavistock avait en tête pour le peuple américain dans la guerre qui se rapproche : "Ce qui a commencé comme un divertissement aurait pu facilement se terminer en désastre", disait l'éditorial. Les responsables de la radio avaient une responsabilité et "devraient réfléchir à deux fois avant de mêler des techniques d'information à une fiction aussi terrifiante".

Ce sur quoi le *Times* est tombé par inadvertance, c'est la vague du futur vue à travers les yeux des théoriciens de Tavistock. Dorénavant, "mélanger les techniques d'information avec la fiction si terrifiante" qu'elle serait prise pour un fait, devait être une pratique courante pour les diplômés de Tavistock. Toutes les émissions d'information devaient être des adaptations de "l'information et de la fiction" dans un savant mélange afin de rendre l'une méconnaissable de l'autre.

En fait, Tavistock a mis en pratique sa théorie nouvellement testée un an plus tard, lorsque la population des villes d'Europe, Londres, Munich, Paris et Amsterdam, a été frappée par la peur de la guerre, alors même que Neville Chamberlain réussissait à éviter la guerre, en utilisant les mêmes techniques que celles employées dans les émissions radio de la "Guerre des mondes" d'octobre 1938.

CHAPITRE 9

Comment les individus et les groupes réagissent-ils au mélange de la réalité et de la fiction ?

L a conclusion de Cantril est que le public a réagi exactement comme ses expériences de recherche sur le profilage l'avaient amené à le croire. Ce dimanche soir du 30 octobre 1938 allait devenir une date marquante dans ses dossiers et une date signifiant un vaste changement de paradigme dans la façon dont les "nouvelles" seraient désormais présentées. Un peu plus de sept décennies plus tard, le monde est toujours nourri de nouvelles mêlées de fiction, une fiction qui, dans bien des cas, est terrifiante. Le monde occidental a subi des changements radicaux qui lui ont été imposés à contrecœur, au point qu'il est devenu un monde si différent de ce qu'il était en cette nuit d'octobre 1938 qu'il est devenu "une autre planète". Nous reviendrons sur ce sujet essentiel plus loin dans cet ouvrage.

Après la Seconde Guerre mondiale, Cantril s'est totalement impliqué dans le gourou en chef de Tavistock, son fondateur, John Rawlings Reese et son projet sur les tensions mondiales à l'UNESCO des Nations unies.

Les profils sur la façon dont les individus et les groupes ont réagi aux tensions internationales ont été formulés sur la base d'un mélange habile de faits et de fiction terrifiante en vue d'une campagne visant à lancer des "citoyens du monde" (d'une dictature socialiste-communiste d'un gouvernement mondial unique) qui ont commencé à être utilisés pour affaiblir les frontières, la langue et la culture nationales et pour discréditer la fierté de la nation et la souveraineté des États-nations, en vue de l'avènement du nouvel ordre mondial socialiste — un gouvernement mondial unique, que le président Woodrow Wilson a déclaré que l'Amérique rendrait sûr pour la "démocratie".

Ces jeunes garçons américains au visage frais, originaires de l'Arkansas et de la Caroline du Nord, ont été envoyés en Europe en croyant qu'ils "se battaient pour leur pays", sans jamais savoir que la "démocratie" que Wilson les envoyait "sécuriser pour le monde" était une dictature socialiste-communiste internationale à gouvernement mondial unique.

John Rawlings Reese était l'éditeur de la revue de Tavistock, le *Journal of Humanistic Psychology*. Leur mentalité commune se retrouve dans la monographie de 1955, "Toward a Humanistic Psychology", et comme une progression du soutien de Cantril à la perception de la "personnalité" de Gordon Airport, formé à Tavistock. Comme il l'a exprimé dans le livre de 1947, *Understanding Man's Social Behavior*, dans un chapitre sur la "Causalité". La méthodologie de Cantril était fondée sur la conception selon laquelle "l'environnement particulier dans lequel la croissance a lieu donne à l'individu particulier une direction particulière pour sa croissance."

Les efforts de Cantril sont de bons exemples de la rupture des frontières entre la formation d'opinion supposée neutre et la fabrication de l'opinion par ingénierie sociale grâce à l'engagement de Tavistock à forcer des changements majeurs de personnalité et de comportement dans tous les secteurs des groupes de population ciblés tels que nous avons cherché à les décrire.

Cantril a nommé un conseil d'administration pour l'aider dans son travail, parmi lesquels :

> ➢ Warren Bennis, un adepte du directeur de Tavistock, Eric Trist.

> ➢ Marilyn Ferguson, qui serait l'auteur de *La conspiration du Verseau* ;

> Jean Houston, directeur de l'Institut de recherche sur le cerveau, membre du Club de Rome et auteur de Mind Games.

> Aldous Huxley, qui a supervisé le programme MK-Ultra LSD qui a duré 20 ans.

> Willis Harman, directeur de l'université de Stanford et mentor de "The Changing Images of Man", déguisé par la suite en "The Aquarian Conspiracy" et présenté comme l'œuvre de Marilyn Ferguson.

> Michael Murphy, directeur de l'Institut Esalen, créé par Huxley et d'autres comme centre de "formation à la sensibilité" et d'expériences sur les drogues.

> James F. T. Bugenthal, un initiateur de projets de création de culte à Esalen.

> Abraham Maslow, principal représentant de la "force de pensée" irrationaliste et fondateur de l'AHP en 1957.

> Carl Rogers, le collègue de Maslow à l'AHP en 1957.

L'idéologie régnante de l'AHP a été illustrée par une critique de livre dans un numéro de 1966 de son journal, *The Journal of Humanistic Psychology*.

En examinant le livre de Maslow, *The Psychology of Science*, Willis Harman, un an avant son étude de 1967-69 à Stanford, s'est félicité du "défi lancé à la science" par "la perception extrasensorielle, la psychokinésie, le mysticisme et les drogues d'expansion de la conscience" (en particulier le LSD et la mescaline). Il a fait l'éloge de la "nouvelle science" de Maslow, car elle mettrait en avant "l'hypnose, la créativité, la parapsychologie et l'expérience psychédélique" et déplacerait les préoccupations scientifiques du monde "extérieur" vers l'étude de "l'espace intérieur".

C'est la pensée originale de Cantril sur la "personnalité particulière" qui a été portée à sa conclusion logique. Cantril a eu la "gloire et l'honneur" de forcer un vaste changement de paradigme dans la façon dont le monde occidental pense et se comporte.

Oswald Spengler n'aurait certainement pas eu de mal à

l'identifier comme l'une des causes de la chute de l'Occident qu'il avait prédite en 1936.

Apporter des changements dans la "structure cognitive et comportementale".

Quelle que soit la coloration particulière de l'idéologie qui a accompagné les scientifiques des instituts de sondage après la Seconde Guerre mondiale, la notion invariable d'ingénierie sociale par le biais de "méthodes d'échantillonnage" et de "recherche d'opinion" se retrouve dans le document de Cartwright intitulé *Some Principles of Mass Persuasion*[6] préparé pour la Division of Program Surveys du ministère de l'Agriculture.

L'article était sous-titré "Selected Findings of Research on the Sale of United States War Bonds",[7] mais comme Cartwright l'explique clairement, l'aspect lié à la guerre de l'enquête n'était qu'un prétexte pour mener une analyse sur les principes de la façon dont la perception peut être modifiée pour répondre aux fins que le contrôleur peut avoir à l'esprit.

On pourrait se demander ce que la vente d'obligations de guerre a à voir avec l'agriculture, mais cela faisait partie de la méthodologie de Cartwright. C'était l'hypothèse de Bernays-Lippmann-Cantril-Cartwright synthétisée et concentrée dans un contexte de seconde guerre mondiale. L'article a été présenté dans le journal de Tavistock, ce qui devrait immédiatement attirer l'attention du lecteur.

> "Parmi les nombreux progrès technologiques du siècle dernier qui ont entraîné des changements dans l'organisation sociale, commence M. Cartwright, le développement des moyens de communication de masse promet d'avoir la plus grande portée. Cette interdépendance accrue des personnes signifie que les

---

[6] *Principe de la persuasion de masse*, Ndt.

[7] « Trouvailles sélectives sur la recherche au sujet de la vente de bons de guerre des États-Unis », Ndt.

possibilités de mobiliser une action sociale de masse ont été considérablement augmentées. Il est concevable qu'une seule personne persuasive puisse, grâce à l'utilisation des médias de masse, plier la population mondiale à sa volonté."

Nous ne pensons pas que Cartwright avait Jésus-Christ à l'esprit lorsqu'il a fait cette déclaration.

Sous un sous-titre, "Créer une structure cognitive particulière", Cartwright poursuit :

Premier principe : "La quasi-totalité des psychologues considère comme un truisme que le comportement d'une personne est guidé par sa perception du monde dans lequel elle vit... Il découle de cette formulation qu'une façon de changer le comportement d'une personne est de modifier sa structure cognitive. La modification de la structure cognitive des individus au moyen des médias de masse a plusieurs conditions préalables. Celles-ci peuvent être énoncées sous forme de principes."

Entrecoupant son récit d'exemples tirés de l'application de son étude à la campagne de vente des obligations de guerre de la Seconde Guerre mondiale, Cartwright a ensuite élaboré les principes : Le "message" (c'est-à-dire l'information, les faits, etc.) doit atteindre les organes des sens des personnes à influencer... Les situations de stimulation totale sont sélectionnées ou rejetées sur la base d'une impression de leurs caractéristiques générales", etc. Une deuxième série de principes a permis d'approfondir les méthodes de modification de la "structure cognitive".

Deuxième principe : "Ayant atteint les organes des sens, le 'message' doit être accepté comme faisant partie de la structure cognitive de la personne."

Cartwright note dans cette section que

"tout effort pour changer le comportement par une modification de cette structure cognitive doit surmonter les forces qui tendent à maintenir la structure actuelle ".

Ce n'est que lorsqu'une structure cognitive donnée semble à la personne insatisfaisante pour son adaptation qu'elle est susceptible de recevoir facilement des influences destinées à modifier cette structure."

Sous la rubrique "Création d'une structure motivationnelle particulière", Cartwright a analysé plus en détail

"les inductions sociales qui ont plongé les gouverneurs de la Réserve fédérale américaine à Washington dans la tourmente pendant une période prolongée".

CHAPITRE 10

Les sondages arrivent à maturité

L a clinique Tavistock à Londres était le lieu où Sigmund Freud s'était installé à son arrivée d'Allemagne, et où son neveu, Edward Bernays, a entretenu plus tard toute une cour d'admirateurs.

C'est ainsi que l'Angleterre est devenue le centre mondial du lavage de cerveau de masse, une expérience d'ingénierie sociale qui s'est répandue dans les cliniques d'après-guerre dans tous les États-Unis.

Pendant la Seconde Guerre mondiale, Tavistock était le quartier général du bureau de guerre psychologique de l'armée britannique qui, par le biais des arrangements du Special Operation Executive (SOE) britannique (connu plus tard sous le nom de MI6), dictait la politique aux forces armées américaines en matière de guerre psychologique.

Vers la fin de la guerre, le personnel de Tavistock a pris en charge la World Federation of Mental Health et la division de la guerre psychologique du Supreme Headquarters, Allied Expeditionary Force (SHAEF) en Europe.

Le principal théoricien de Tavistock, le Dr Kurt Lewin, est venu aux États-Unis pour organiser la clinique psychologique de Harvard, le centre de recherche du MIT sur la dynamique des groupes, l'institut de recherches sociales de l'université du Michigan, tandis que ses collègues Cartwright et Cantrill l'ont rejoint pour jouer un rôle politique essentiel au sein du département psychologique de l'Office of Strategic Services (OSS), de l'Office of Naval Research (ONI), de l'U.S. Strategic

Bombing Survey et du Committee of National Morale.

En outre, un grand nombre de personnes influentes aux niveaux politiques les plus élevés ont été formées à la théorie de la psychologie topologique du Dr Lewin, qui est à ce jour la méthode la plus avancée au monde pour modifier le comportement et laver les cerveaux. D'importants collègues de Kurt Lewin à Tavistock, Eric Trist, John Rawlings Reese, H. V. Dicks, W. R. Bion et Richard Crossman, ainsi que des membres sélectionnés du Strategic Bombing Survey, du Committee on National Morale et du National Defense Resources Council, ont rejoint Lewin à la Rand Corporation, au Stanford Research Institute, à la Wharton School, aux National Training Laboratories et au National Institute of Mental Health.

Le gouvernement des États-Unis a commencé à passer des contrats de plusieurs millions de dollars avec toutes ces institutions. Sur une période de quarante ans, des dizaines de milliards de dollars ont été alloués par le gouvernement fédéral pour financer le travail de ces groupes, tandis que des dizaines de milliards de dollars supplémentaires ont été versés à ces institutions par des fondations privées.

Au fil des ans, ces institutions se sont développées et l'étendue des projets qu'elles ont contractés s'est accrue avec elles. Chaque aspect de la vie mentale et psychologique du peuple américain a été profilé, enregistré et stocké dans des banques de données informatiques.

Les institutions, le personnel et les réseaux n'ont cessé de s'étendre et de pénétrer profondément dans tous les recoins des gouvernements fédéraux, étatiques et locaux. Leurs spécialistes et diplômés internes ont été appelés à élaborer des politiques pour les services sociaux, les commissions de médiation du travail, les syndicats, l'armée de l'air, la marine, l'armée de terre, l'association nationale de l'éducation et les cliniques psychiatriques, ainsi que pour la Maison-Blanche, le ministère de la Défense et le Département d'État. Ces structures bénéficient également de nombreux contrats avec la Central Intelligence Agency (CIA).

Des relations de coopération étroites ont été développées entre ces groupes de réflexion et les principaux instituts de sondage et les grandes sociétés de médias des États-Unis. Le sondage Gallup, le sondage Yankelovich — CBS-New York Times, le National Opinion Research Center et d'autres réalisaient sans cesse des profils psychologiques de l'ensemble de la population, partageant les résultats pour évaluation et traitement avec les omniprésents psychologues sociaux.

Ce que le public voit dans les journaux comme des sondages d'opinion ne représente qu'une fraction du travail que les sondeurs ont entrepris de faire. L'une des clés du contrôle de Tavistock sur les secteurs clés des affaires quotidiennes en Occident est le fait qu'il n'y a pas d'autres moyens de communication.

Les États-Unis disposent désormais de leur propre chaîne de télévision de facto, Fox News, qui, depuis son acquisition par Richard Murdoch, est une machine de propagande pratiquement sans faille pour le gouvernement.

Au-dessus de ce groupe étroitement lié de psychologues sociaux, d'enquêteurs et de manipulateurs de médias, préside une élite de puissants mécènes, "les Dieux de l'Olympe" (le Comité des 300). Il est connu dans les cercles informés que ce groupe contrôle tout dans le monde, à l'exception de la Russie et, plus récemment, de la Chine.

Elle planifie et met en œuvre des stratégies à long terme de manière totale, disciplinée et unifiée. Elle commande plus de 400 des plus grandes entreprises du classement Fortune 500 aux États-Unis, avec des connexions imbriquées qui touchent toutes les facettes du gouvernement, du commerce, de la banque, de la politique étrangère, des agences de renseignement et de l'establishment militaire.

Cette élite a absorbé tous les autres "groupes de pouvoir" de l'histoire antérieure des États-Unis ; le groupe Rothschild, Morgan, Rockefeller, l'Establishment libéral de la côte Est personnifié par les familles Perkins, Cabot, Lodge, la crème du vieux commerce de l'opium des Indes orientales qui a généré des milliards de dollars.

Sa hiérarchie comprend les vieilles familles qui descendent de la Compagnie britannique des Indes orientales, dont les vastes fortunes proviennent du commerce de l'opium, et qui sont dirigées de haut en bas, y compris la royauté européenne, entre autres.

Dans les recoins les plus profonds de l'establishment du renseignement à Washington, les agents de renseignements chevronnés font référence à ce groupe impressionnant, à voix basse et dans un langage mystérieux, comme le "Comité des 300". Les leaders sont appelés "Les Olympiens". Aucun président des États-Unis n'est élu ou ne reste en fonction sans leurs faveurs.

Ceux qui s'opposent à leur contrôle sont écartés. Les exemples sont John F. Kennedy, Richard Nixon et Lyndon Johnson. Le Comité des 300 est le gouvernement socialiste mondial international qui dirige le Nouvel Ordre Mondial depuis les coulisses, où il restera jusqu'à ce qu'il soit prêt à émerger et à prendre le contrôle total et ouvert de tous les gouvernements du monde au sein d'une dictature communiste internationale.

CHAPITRE 11

Le changement de paradigme dans l'éducation

Au cours des années 70, un changement radical de paradigme dans les programmes scolaires à tous les niveaux a été mis en œuvre, au point que les élèves ont reçu des crédits scolaires pour des cours d'éducation civique au lieu de cours de lecture, d'écriture et d'arithmétique. Une épidémie de "sexe occasionnel" et de consommation de drogues a submergé les adolescents scolarisés et s'est répandue dans tout le pays.

En juillet 1980, une grande conférence internationale s'est tenue à Toronto, au Canada, sous les auspices de la First Global Conference on the Future, à laquelle ont participé 4000 ingénieurs sociaux, experts en cybernétique et futurologues de tous les groupes de réflexion. La conférence était placée sous la direction du président milliardaire du Tavistock Institute, Maurice Strong, qui en a fixé le thème :

> "Le temps est venu de passer de la réflexion et du dialogue à l'action. Cette conférence deviendra la rampe de lancement de cette action importante qui aura lieu dans les années 1980."

Strong était président de Petro-Canada, l'une des nombreuses entreprises "phares" des "Olympiens". Il était membre des services secrets britanniques du MI6, où il avait le grade de colonel pendant la Seconde Guerre mondiale. Strong et son réseau d'entreprises étaient fortement impliqués dans le commerce très lucratif de l'opium, de l'héroïne et de la cocaïne. Strong et Aldous Huxley sont responsables du fléau du LSD qui a balayé les États-Unis et, plus tard, l'Europe. Il a été directeur du programme environnemental des Nations Unies.

L'un des principaux orateurs des "Olympiens" à la conférence était le Dr Aurelio Peccei, président du Club de Rome, un groupe de réflexion de l'OTAN.

L'Organisation du Traité de l'Atlantique Nord (OTAN) a été créée dans le cadre de la Conspiration du Verseau, un projet des sociologues de l'Université de Stanford sous la direction de Willis Harmon. L'OTAN, à son tour, a formé et promu une nouvelle branche appelée "Le Club de Rome", ce nom étant destiné à semer la confusion et la dissimulation car il n'a rien à voir avec l'Église catholique.

Sans entrer dans les détails techniques du Club de Rome (ci-après dénommé "le Club"), son objectif était de faire contrepoids à l'expansion agricole et militaire post-industrielle, une "société post-industrielle agricole à croissance zéro", qui était censée mettre un terme aux industries manufacturières florissantes et à la capacité croissante de production alimentaire de l'agriculture mécanisée de l'Amérique. Les adhésions au Club et à l'OTAN étaient interchangeables.

Le Stanford Research, l'Institut Tavistock et d'autres centres de psychiatrie sociale appliquée l'ont rejoint. En 1994, Tavistock a signé un important contrat avec la NASA pour évaluer les effets de son programme spatial. Le Club lui-même n'a été fondé qu'en 1968 dans le cadre de l'appel à un Nouvel Ordre Mondial au sein d'un Gouvernement Mondial Unique. Le Club est devenu un instrument permettant d'imposer des limites de croissance aux nations industrielles, et les États-Unis ont été le premier pays à être visé.

Il s'agissait en fait de l'une des premières mesures prises pour mettre en œuvre l'objectif des "300", à savoir ramener les États-Unis à une sorte d'état de féodal où l'ensemble de la population est contrôlé par une nouvelle aristocratie occulte. L'une des industries contre lesquelles le Club s'est élevé est l'énergie nucléaire, et il a réussi à stopper la construction de toutes les centrales nucléaires de production d'électricité, ce qui a placé la demande bien au-delà de l'offre d'énergie électrique. L'OTAN était son alliance militaire destinée à maintenir la Russie dans le droit chemin.

Les points suivants figuraient à l'ordre du jour de la réunion de 1980 susmentionnée :

➤ Le mouvement de libération des femmes.

➤ La conscience noire, le mélange racial, l'élimination des tabous contre les mariages mixtes, tels que proposés par l'anthropologue Margaret Meade et Gregory Bateson de Tavistock.

➤ Il a été décidé lors de cette réunion qu'un programme agressif serait lancé pour présenter les "races de couleur" comme supérieures aux Blancs de la civilisation occidentale. C'est de ce forum que sont issues Oprah Winfrey et une foule de personnes noires qui ont été recrutées et formées pour leur rôle consistant à présenter les "races métissées" comme supérieures aux Blancs.

➤ *Cela se voit également dans les films où les stars noires prolifèrent soudainement jusqu'à devenir des noms familiers. On le voit également lorsqu'une personne noire est placée dans une position d'autorité par rapport aux Blancs, comme un juge, un chef de district du FBI ou de l'armée, un PDG de grande entreprise, etc.

➤ La rébellion des jeunes contre des maux imaginaires de la société.

➤ Intérêt émergent pour la responsabilité sociale des entreprises.

➤ Le fossé des générations implique un changement de paradigme.

➤ Le parti pris anti-technologique de nombreux jeunes.

➤ Expérimentation de nouvelles structures familiales — relations interpersonnelles dans lesquelles l'homosexualité et le lesbianisme sont devenus "normalisés" et "pas différents des autres personnes" — acceptables à tous les niveaux de la société, deux "mamans" lesbiennes.

➢ L'émergence de faux mouvements de conservation/écologie tels que "Greenpeace".

➢ Un regain d'intérêt pour les perspectives religieuses et philosophiques orientales.

➢ Un regain d'intérêt pour le christianisme "fondamentaliste".

➢ Les syndicats mettent l'accent sur la qualité de l'environnement de travail.

➢ Un intérêt croissant pour la méditation et d'autres disciplines spirituelles La "Kabale" devait supplanter la culture chrétienne et des personnes spéciales ont été choisies pour enseigner et diffuser la Kabale. Les premiers disciples choisis étaient Shirley McLean, Roseanne Barr et plus tard, Madonna et Demi Moore.

➢ L'importance croissante des processus de "réalisation de soi".

➢ *Réinvention de la musique, "hip-hop" et "rap", par des groupes tels que "Ice Cube".

➢ Une nouvelle forme de langage dans laquelle l'anglais est tellement mutilé qu'il en devient inintelligible. Ce phénomène s'étend aux lecteurs de journaux télévisés aux heures de grande écoute.

Ces tendances disparates signifient l'émergence d'un climat de bouleversements sociaux et de changements profonds, alors qu'une nouvelle image de l'être humain commence à s'imposer, entraînant des changements radicaux dans la civilisation occidentale.

Un réseau "sans chef", mais puissant, "l'armée invisible", s'est mis à l'œuvre pour provoquer un changement "inacceptable" aux

États-Unis. Ses membres de base étaient les "troupes de choc" qui radicalisaient toutes les formes de la norme, rompant avec certains éléments clés de la civilisation occidentale. Parmi les "Olympiens", ce réseau était connu sous le nom de "Conspiration du Verseau" et ses adhérents devaient être connus sous le nom de "troupes de choc invisibles".

Ce changement massif, gigantesque et irrévocable de paradigme a envahi l'Amérique pendant que nous dormions, balayant l'ancien par de nouveaux systèmes politiques, religieux et philosophiques. C'est ce que les citoyens du nouvel ordre mondial — un gouvernement mondial unique — devront montrer par la suite, un nouvel esprit — la naissance d'un nouvel ordre sans États-nations, sans fierté de lieu et de race, une culture du passé vouée à la poubelle de l'histoire, à ne jamais revivre.

Nous savons par expérience que ce travail risque d'être accueilli avec mépris et incrédulité. Certains auront même pitié de nous. Des termes tels que "hors norme" seront utilisés pour décrire ce travail. C'est la réaction habituelle lorsque l'on ne connaît pas les motivations des chercheurs en sciences sociales du Tavistock, laveurs de cerveau, faiseurs d'opinions, psychologues sociaux, pour mener leur guerre contre les États-Unis. La probabilité est que 90% des Américains ne savent pas que Tavistock a déclaré la guerre à la population civile allemande pour mettre fin à la Seconde Guerre mondiale.

Lorsque ce conflit a pris fin en 1946, les praticiens de Tavistock, qui pratiquent le lavage de cerveau de masse et l'opinion, sont entrés en guerre contre le peuple américain.

Si c'est ainsi que vous réagissez à la lecture de cet exposé, ne vous sentez pas mal — comprenez alors que c'est la façon dont vous êtes censé réagir. Si la motivation vous paraît farfelue et peu crédible, voire incompréhensible, alors la motivation "n'existe pas". Si tel est le cas, alors l'action qui en découle n'existe pas ; par conséquent, ergo "les Olympiens" n'existent pas et il n'y a pas de complot.

Mais le fait est qu'une gigantesque conspiration existe bel et bien. Il ne fait aucun doute que Kurt Lewin, le principal scientifique de Tavistock et théoricien clé de tous les groupes de réflexion, pourrait l'expliquer plus clairement que nous n'avons pu le faire, s'il le voulait. Sa pratique est dérivée de ce qu'il appelle la doctrine de la "topologie-psychologie". Lewin est l'homme dont les théories ont permis de mener à bien les batailles de guerre psychologique de la Seconde Guerre mondiale, l'homme qui a planifié et exécuté le bombardement stratégique qui a entraîné la défaite de l'Allemagne au cours de la Seconde Guerre mondiale par la destruction massive de 65% des logements ouvriers allemands, dont nous venons de parler très brièvement.

CHAPITRE 12

La doctrine de Lewin sur le "changement d'identité".

L a doctrine de Lewin n'est pas facile à suivre pour le profane. Fondamentalement, Lewin affirme que tous les phénomènes psychologiques se produisent dans un domaine défini comme "l'espace des phases psychologiques". Cet espace est composé de deux "champs" interdépendants, l'"environnement" et le "soi".

Le concept d'"environnement contrôlé" est né de l'étude selon laquelle si l'on dispose d'une personnalité fixe (susceptible d'être profilée de manière prévisible), et si l'on veut obtenir de cette personnalité un type de comportement particulier, il suffit de contrôler la troisième variable de l'équation pour produire le comportement souhaité.

C'était la norme dans les formules de psychologie sociale. Le MI6 l'utilise, et presque tous les types de situations impliquant des négociations ; les opérations de contre-insurrection de l'armée, les négociations de travail et les négociations diplomatiques l'utilisaient jusqu'à apparemment les années 1960.

Après 1960, Tavistock a changé l'équation en mettant davantage l'accent sur la technique de l'environnement contrôlé ; non pas le comportement, mais la personnalité désirée. Ce que Lewin a entrepris d'accomplir était beaucoup plus radical et permanent : modifier les structures profondes de la personnalité humaine. En bref, ce que Lewin a réussi à faire, c'est dépasser la "modification du comportement" pour passer au "changement d'identité".

Le changement d'identité a été adopté par les nations du monde. Les nations s'efforçaient d'acquérir une "nouvelle personnalité" qui changerait la façon dont le monde les regardait.

La théorie s'appuyait sur les formulations originales de deux théoriciens de Tavistock, la théorie du Dr William Sargent dans son ouvrage *Battle for the Mind*, et les travaux de Kurt Lewin sur la régression de la personnalité.

Lewin a observé que

> "le moi intérieur de l'individu présente certaines réactions lorsqu'il est soumis à une tension de l'environnement. Lorsqu'il n'y a pas de tension, le moi intérieur normal d'une personne est bien différencié, équilibré, multiforme et polyvalent."

> "Lorsqu'une tension raisonnable est appliquée par l'environnement, toutes les capacités et facultés du moi intérieur se mettent en alerte, prêtes à agir efficacement.

> Mais, lorsqu'une tension intolérable est appliquée, cette géométrie s'effondre en une soupe aveugle et indifférenciée ; une personnalité primitive en état de régression. La personne est réduite à un animal ; les capacités hautement différenciées et polyvalentes disparaissent. L'environnement contrôlé prend le dessus sur la personnalité."

C'est cette "technique" de Lewin qui est utilisée sur les captifs détenus au camp de prisonniers de Guantanamo Bay, au mépris du droit international et de la Constitution des États-Unis. L'inconduite flagrante de l'administration Bush dans ce camp dépasse les limites de la civilisation chrétienne occidentale normale, et son acceptation par un public américain docile pourrait être le premier signe que le peuple américain a été tellement transformé par la "pénétration à longue portée et le conditionnement intérieur" de Tavistock qu'il est maintenant prêt à descendre au niveau du Nouvel Ordre Mondial dans un Gouvernement Mondial Unique où un tel "traitement" barbare sera considéré comme normal et accepté sans protestation.

Le fait que des médecins aient participé à la torture inhumaine d'un autre être humain et n'aient éprouvé aucun remords montre à quel point le monde est déjà tombé bas.

On a observé que c'était la base du camp militaire de Guantanamo, à Cuba, qui a été ouvert là pour éviter les restrictions de la Constitution américaine et pour fournir un environnement contrôlé de type Lewin. Les hommes détenus dans cette prison psychologique sont maintenant dans un état de régression où ils ont été réduits au niveau d'animaux.

Guantanamo est le type de camp qui, selon nous, sera établi partout aux États-Unis et dans le monde, lorsque le Nouvel Ordre Mondial — un gouvernement mondial unique — prendra le contrôle total du monde. C'est un camp sadique, inhumain et bestial, conçu pour briser la fierté naturelle des victimes, pour briser la volonté de résister et pour réduire les prisonniers au rang de bêtes.

Lors de la première expérience du gouvernement mondial dans ce qui était alors l'URSS, les hommes étaient autorisés à utiliser les toilettes pour être interrompus en plein milieu de l'évacuation et poussés dehors avant d'avoir pu se nettoyer. Abu Graihb et Guantanamo étaient à peu près à ce niveau lorsque les contrôleurs ont été soumis à un examen minutieux dans le monde entier. Le général Miller, qui était le kapo en chef, a depuis disparu de la circulation.

Les "dissidents" qui insistent pour que le gouvernement américain obéisse à la Constitution et exigent leurs droits constitutionnels, seront à l'avenir traités comme des "dissidents", exactement comme Staline traitait les "dissidents" en Russie. Les futurs "Guantanamo" qui ont vu le jour un peu partout en Amérique sont un présage de l'avenir. Nous pouvons en être certains.

CHAPITRE 13

Le déclin provoqué de la civilisation occidentale entre les deux guerres mondiales

De toutes les nations européennes, dans la période entre les deux guerres mondiales, l'Allemagne, en tant que nation super-économique, dotée d'une super-pureté raciale, super-guerrière, a le plus souffert, comme cela était prévu. La Société des Nations était la "première ébauche" du nouvel ordre mondial qui approchait à grands pas, au sein d'un gouvernement mondial unique, et les "propositions de paix" à la Conférence de paix de Paris, dirigées et contrôlées par Tavistock, avaient pour but d'estropier l'Allemagne et d'en faire une puissance européenne permanente de seconde classe, dont le respect de soi serait détruit par la rétrogradation sociale au paupérisme ou, au mieux, au statut de prolétaire.

Il n'est guère surprenant que le peuple allemand soit devenu sauvage et qu'il ait donné à Hitler le soutien de masse dont il avait besoin pour transformer son mouvement nationaliste latent en une force de renouveau.

Nous ne saurons jamais si Tavistock a fait un mauvais calcul ou s'il a, de cette manière, préparé le terrain pour une guerre plus grande et plus sanglante. Après tout, Meade et Bertrand Russell avaient déclaré que ce qu'il fallait, c'était un monde peuplé de sujets "dociles". Russell avait fait remarquer le caractère "enfantin" du nègre américain qu'il avait rencontré au cours de ses voyages aux États-Unis. Russell a dit qu'il les préférait aux Blancs. Il a également déclaré que si la race blanche devait survivre, elle devrait apprendre à se comporter comme un enfant, à l'instar du nègre. Pourtant, en prolongeant sa réflexion, l'émissaire de Tavistock qualifie les Noirs de "mangeurs inutiles" et déclare qu'ils doivent être éliminés en masse.

Russell apprécie également la docilité du peuple brésilien, due, selon lui, à "l'élevage interracial avec des Africains amenés comme esclaves".

Il existe une école de pensée selon laquelle l'un des principaux objectifs des monstres qui ont planifié les deux guerres mondiales était qu'elles soient menées en grande partie par de jeunes hommes blancs. Il est certainement vrai que l'Allemagne, la Grande-Bretagne, les États-Unis et la Russie ont perdu des millions de la fleur de leur population masculine qui ont été retirés à jamais du pool génétique de la nation. Au cours de la Première Guerre mondiale conçue par Tavistock, les fronts de guerre et les batailles ont été organisés de telle manière que la Russie a perdu 9 millions d'hommes, soit 70% de sa force militaire totale.

À l'exception de la Russie, l'aristocratie a beaucoup moins souffert que la bourgeoisie des conséquences économiques de la guerre et de la révolution. Traditionnellement, une grande partie de leur richesse était constituée de terres, qui ne se dépréciaient pas autant que d'autres biens tangibles en cas d'inflation.

La désintégration des monarchies (à l'exception de l'Angleterre) a frappé l'ancien ordre de la société des classes supérieures, qui ne pouvaient plus continuer à servir la société dans leurs rôles d'officiers ou de diplomates — leurs services n'étant plus très demandés — les possibilités de ce type de service étant beaucoup moins nombreuses qu'avant la guerre.

Certains membres de l'aristocratie russe ont courageusement accepté un statut de prolétaire ou même d'ouvrier, comme chauffeurs de taxi, portiers de boîtes de nuit et maîtres d'hôtel russes dans le Paris d'après-guerre ; d'autres se sont lancés dans les affaires. La plupart, cependant, sont tombés dans une vie de dénigrement social. Là où la frontière strictement gardée entre les sociétés était autrefois infranchissable dans les vieilles capitales monarchiques et le reste de la société, apparaissaient désormais de larges brèches à mesure que les lignes s'estompaient.

Comme l'a dit le duc de Windsor dans ses mémoires, *A King's Story* :

> "La force du changement n'avait pas encore pénétré si profondément dans la texture de la société britannique pour en avoir effacé une grande partie de l'ancienne élégance. Pendant la saison dite londonienne, le West End était un bal presque continu de minuit à l'aube. La soirée pouvait toujours être sauvée par le recours à l'une ou l'autre des boîtes de nuit gaies, qui étaient alors devenues si à la mode et presque respectables."

(À cette époque, le mot "gay" signifiait "heureux". Il n'a été co-opté comme euphémisme pour la sodomie qu'au milieu des années cinquante). Le duc n'a pas non plus expliqué que la "force du changement" qu'il mentionne avait été appliquée de manière experte par l'Institut Tavistock.

Le déclin de la pudeur féminine, qui s'est fait sentir peu après la fin de la Première Guerre mondiale, est apparu soudainement partout et avec une rapidité accrue. Pour les personnes non informées, il s'agissait d'un phénomène social. Personne ne pouvait soupçonner que la Wellington House et ses sinistres ingénieurs sociaux en étaient la cause.

Cette émancipation féminine s'est accompagnée d'un mouvement de révolte, en particulier chez les jeunes, contre toute contrainte conventionnelle de l'esprit ou du corps qui s'éteignait au milieu des idoles brisées des empires déchus. La génération d'après-guerre en Europe s'est révoltée contre toutes les coutumes, alors qu'elle luttait désespérément pour se débarrasser des horreurs de la guerre qu'elle avait vécues. Les décolletés ont plongé, fumer et boire en public est devenue une forme de révolte. L'homosexualité et le lesbianisme sont devenus manifestes, non par conviction intérieure, mais en guise de protestation contre ce qui s'était passé, et comme une rébellion contre tout ce que la guerre avait détruit.

L'excès radical et révolutionnaire se manifestait dans l'art, la musique et la mode. Le "jazz" était dans l'air et l'"art moderne" était considéré comme "chic". L'élément compréhensible de tout était "don't have a care"[8] ; c'était troublant et irréel. Ce sont les années où toute l'Europe était en état de choc. Wellington House et Tavistock avaient bien fait leur travail.

Sous l'impression trépidante d'être propulsé vers l'avant par des événements incontrôlables se cachait un engourdissement spirituel et émotionnel. L'horreur de la guerre, au cours de laquelle des millions de jeunes hommes ont été inutilement massacrés, mutilés, blessés et gazés, commençait tout juste à se faire sentir, et il fallait donc "l'effacer des mémoires".

Les victimes ont rendu la guerre trop réelle dans sa laideur effroyable et cruelle, et les gens ont reculé sous le choc et la révolution, dans le désespoir apporté par la désillusion de la paix. Les Européens, avec leur culture supérieure qui incarnait la civilisation occidentale, étaient encore plus choqués que les Américains.

Ils ont perdu leur foi dans les rudiments du progrès qui avait soutenu leurs pères et leurs grands-pères et fait la grandeur de leurs nations. Et c'était particulièrement vrai pour l'Allemagne, la Russie, la France et l'Angleterre.

Les personnes réfléchies ne parvenaient pas à comprendre pourquoi les deux nations les plus civilisées et les plus avancées du monde s'étaient déchirées et avaient ôté la vie à des millions de leurs meilleurs jeunes hommes. C'était comme si une folie terrifiante s'était emparée de la Grande-Bretagne et de l'Allemagne.

Pour les initiés, ce n'est pas la folie, mais la méthodologie de Wellington House qui a saisi la jeunesse britannique. La peur que cela puisse se reproduire a failli empêcher le déclenchement de la Seconde Guerre mondiale.

Les officiers qui revenaient du carnage décrivaient aux journaux

---

[8] « Se foutre de tout », Ndt.

d'information les horreurs des combats au corps à corps qui ont souvent eu lieu pendant "la Grande Guerre". Ils étaient consternés et effrayés, horrifiés et découragés. Aucun d'entre eux ne comprenait pourquoi il y avait eu une guerre. Les sombres secrets de la Wellington House et des "Olympiens" sont restés cachés, comme ils le sont encore aujourd'hui.

Alors qu'autrefois le dépôt d'une couronne au cénotaphe de Whitehall, à Londres, par le monarque d'Angleterre, apportait du réconfort, il engendre désormais amertume, colère et dégoût. Le décor se mettait en place pour la Seconde Guerre mondiale, dans laquelle Tavistock va jouer un rôle énorme et disproportionné.

Il y avait bien quelques penseurs qui avaient quelque chose à dire : Spengler, en histoire par exemple, Hemingway, Evelyn Waugh en littérature, et en Amérique Upton Sinclair et Jack London, mais leur message était également sombre, encore plus sombre que le sombre présage de Spengler sur le déclin inévitable de la civilisation occidentale.

Ces impressions ont été confirmées par la dégradation des relations personnelles après la guerre. Le divorce et la tromperie de sa femme étaient plus fréquents. Le beau concept de la femme sur un piédestal, la femme douce et féminine, avec une belle voix pleine de cadences, la fleur de la création de Dieu, le mystère, était un idéal en voie de disparition. À sa place, on trouvait la stridente, la bruyante, la vulgaire, avec un discours grinçant et strident, comme celui qui a été repris et popularisé par un talk-show matinal particulièrement populaire.

Personne ne pouvait savoir que ce triste déclin était le produit final de la guerre déclarée par Tavistock à la féminité occidentale.

Dans l'Europe d'après-guerre, le Montparnasse à Paris était devenu un endroit triste. La Vienne d'après-guerre, vidée par la marée de la guerre qui avait emporté tant de ses fils, était encore plus triste. Mais Berlin, autrefois si animée et si propre, est devenue la Babylone de l'Europe et peut-être le lieu le plus triste de tous.

"Quiconque a vécu ces mois apocalyptiques, ces années, a été dégoûté et aigri, a senti l'arrivée d'un contre coup, d'une réaction horrible",

a écrit l'historien Zweig.

La faillite politique, spirituelle et sociale des nouvelles élites du pouvoir, qui ont succédé aux monarques, aux aristocrates et aux dynasties bourgeoises démodées, a été à bien des égards plus spectaculaire que celle de leurs prédécesseurs, et nulle part ailleurs plus qu'aux États-Unis, avec l'avènement de l'ère socialiste sous Franklin D. Roosevelt. Cette fois, cependant, l'éclipse du leadership n'était pas localisée dans un continent ou limitée à une classe particulière de la société.

Nouveau Monde géographique, au regard des problèmes qui se posent à elle, l'Amérique de Franklin Roosevelt a vite démontré que les États-Unis étaient à peine moins anachroniques que ne l'avait été l'Autriche-Hongrie de François-Joseph. Ici, il met en place un socialisme "démocratique" du Nouvel Ordre Mondial, tout droit sorti du modèle créé par la Fabian Society, alors que les États-Unis sont une République constitutionnelle confédérée, c'est-à-dire tout le contraire.

Ni le déplacement du centre du pouvoir et du prestige européen des anciennes démocraties occidentales de l'Empire central ni le remplacement des classes dirigeantes traditionnelles des monarchies déchues par les États-Unis n'ont contribué à améliorer le climat économique, politique, social, moral ou religieux du monde de l'après-guerre. Le krach de Wall Street et la dépression qui s'en est suivie témoignent de manière éloquente, bien que silencieuse, de la véracité et de l'exactitude de notre affirmation.

La manière dont cet événement a été organisé par l'Institut Tavistock est visible dans le calendrier des événements que nous fournissons en annexe.

CHAPITRE 14

L'Amérique n'est pas une "patrie"

L es États-Unis d'Amérique ont longtemps été le terrain le plus fertile pour la diffusion à grande échelle de la propagande, ses habitants ayant fait l'objet de connivences, de mensonges, de tromperies, dans lesquels les Britanniques ont toujours été en tête du monde, le premier centre de contrôle des esprits, de lavage de cerveau et de propagande au monde étant le Tavistock Institute of Human Relations. Son précurseur était l'organisation mise sur pied par Lord Northcliffe, qui a épousé une héritière de la famille Rothschild, et qui a été habilement aidé par Lord Rothmere et les Américains Walter Lippman et Edward Bernays.

De ce modeste début en 1914 est né le Tavistock Institute of Human Relations, qui n'a pas son pareil pour créer de la propagande à grande échelle. Tavistock est un établissement dédié à la propagation et au matraquage pour s'adapter à tous les aspects de la vie. Tavistock a abordé la propagande comme s'il s'agissait d'une bataille, et dans un sens, c'était le cas. Il n'y a pas de demi-mesure ; c'est une guerre où tout est permis pourvu que cela assure la victoire.

En observant la scène politique, on ne peut échapper au fait qu'au cours des deux dernières décennies, l'augmentation de la profondeur et du volume de la propagande, et plus particulièrement du contrôle des esprits, est devenue omniprésente. L'application correcte de la propagande à tout thème, qu'il soit économique ou politique, est un élément essentiel du mécanisme de contrôle du gouvernement.

Staline a dit un jour que si l'on voulait une population docile, il fallait déchaîner la peur et la terreur contre elle. Dans un sens, c'est ce qui s'est passé aux États-Unis et en Grande-Bretagne.

La Seconde Guerre mondiale a offert des possibilités illimitées de faire de la propagande un art raffiné. Si l'on se penche sur les efforts déployés par l'administration Roosevelt pour faire changer d'avis le peuple américain, qui était à 87% opposé à l'entrée en guerre en Europe, on constate que, malgré tout, Roosevelt n'a pas réussi. Le peuple américain a rejeté l'entrée en guerre en Europe.

Il a fallu une situation inventée, un prétexte choisi à l'avance, l'attaque japonaise sur Pearl Harbor, pour renverser l'opinion publique en faveur de l'entrée de l'Amérique dans la guerre européenne. Roosevelt prétendait que l'Amérique se battait pour la démocratie et son mode de vie, ce qui ne correspondait pas du tout à la réalité ; la guerre était menée pour faire avancer la cause du socialisme international vers son objectif d'un nouvel ordre mondial au sein d'un gouvernement mondial unique.

La propagande, pour être efficace, doit s'adresser à l'ensemble de la population et non à des individus ou à des groupes individuels, le but étant d'attirer l'attention la plus large possible. Elle n'est pas conçue comme une instruction personnelle. Les faits ne jouent aucun rôle dans la propagande, qui vise toujours à créer une impression. Elle doit endoctriner de manière unilatérale, systématique et soutenue que ce que le gouvernement, les médias et les dirigeants politiques disent est la vérité. Et elle doit être présentée de manière à ce que les gens aient l'impression que c'est leur pensée.

La propagande doit donc s'adresser à des publics de masse où son message fera mouche. Prenons un exemple récent du type de propagande qui serait généralement adoptée par un public réceptif. À la suite de la catastrophe du World Trade Center, le président Bush a créé une nouvelle agence gouvernementale, qu'il a appelée Office of Homeland Security, et a nommé un directeur pour superviser l'agence.

Cela semble très réconfortant et très apaisant jusqu'à ce que nous regardions le 10ème Amendement, qui réserve tous les pouvoirs que M. Bush a proposé de saisir, aux différents États.

Le fait que M. Bush ne puisse pas annuler l'amendement 10 a été allègrement ignoré. Le texte de propagande dit qu'il le peut, et comme il s'adressait aux masses, elles ont cru le texte plutôt que leur Constitution, et il y a donc eu peu d'opposition effective à cette violation flagrante de la Constitution, en particulier du 10ème Amendement. Bush semble avoir agi selon la directive de Staline :

> "Si vous voulez contrôler le peuple, commencez par le terroriser."

Ceux qui s'opposaient à la quasi-loi sur la "sécurité intérieure" étaient qualifiés de "non patriotes" et de "partisans du terrorisme". Encore une fois, le fait absolu que cette loi bidon n'est pas du tout une loi et qu'elle n'est que pure propagande n'a jamais été remis en question, mais a été passivement accepté par le public irréfléchi. C'est ainsi que se forme l'opinion publique, et c'est elle qui incite les législateurs à voter pour la "sécurité intérieure" ou toute autre loi bidon, comme Bernays et Lippmann l'ont tous deux affirmé au tout début de la Wellington House. Les législateurs votent selon la ligne des partis, comme dans le système parlementaire britannique, et ne votent pas sur la base de la Constitution américaine. Ils savaient qu'en s'opposant au Président, ils avaient de bonnes chances de perdre un emploi confortable lors de la prochaine élection, ou de risquer d'être dénigrés par un homme de l'"administration" sournois.

L'Amérique n'est pas une "patrie" mais 50 États distincts et séparés. En tout cas, le mot "patrie" sort tout droit du Manifeste Communiste. Puisque le but ultime du gouvernement est d'établir un nouvel ordre mondial, un gouvernement international communiste, le choix de ce mot pour intituler la législation communiste ne devrait pas nous surprendre.

Le pouvoir de contrôler l'éducation, le bien-être et les pouvoirs de police appartient aux États, où il a toujours résidé, et il n'a pas été retiré aux États à l'époque du pacte. Ni le président Bush, ni la Chambre et le Sénat n'ont le pouvoir de changer cela, ce que le bureau nouvellement créé se proposait de faire. Ce n'est que par l'exercice d'une propagande soutenue, systématique et répétée que le peuple des États a accepté cette violation flagrante de la Constitution des États-Unis.

Le tambour de la propagande a continué à travers de nombreux articles sur les antécédents et l'expérience du "directeur de la sécurité intérieure", sur son travail, etc. mais il n'y a pas un mot sur l'inconstitutionnalité flagrante du nouveau département. Il ne vous échappera pas que le titre même : "Sécurité intérieure" est un petit morceau intelligent de propagande. Le peuple est maintenant convaincu que non seulement la nouvelle agence est constitutionnelle, mais qu'elle est aussi nécessaire. La masse des gens a maintenant été "contrôlée mentalement" (lavage de cerveau) avec succès.

Ceux qui souhaitent étudier la question au lieu de se contenter de regarder le CBS Evening News trouveront quelque chose de très différent entre le compte rendu d'un commentateur indépendant et les comptes rendus de la presse. Comme toujours, cette personne sera en minorité, de sorte que ses opinions, même si elles sont exprimées, ne modifieront pas le but et l'intention de la création de la nouvelle agence. Je vous dis que la Constitution des États-Unis et les constitutions des 50 États distincts interdisent aux États-Unis de se voir imposer un quelconque mécanisme de contrôle fédéral central. Le projet de loi sur la "sécurité intérieure" est une parodie, car il détruit la forme républicaine de gouvernement accordée aux États d'origine dans le 10ème Amendement, et qui ne peut leur être retirée.

Le soi-disant "Homeland Security Act" est donc nul et non avenu et n'est pas une loi du tout. Pourtant, les victimes de Tavistock qui ont subi un lavage de cerveau et qui sont donc manipulées vont y obéir comme si c'était une loi.

En bref, l'agence de la sécurité intérieure est une tromperie et ne peut pas avoir force de loi. Aucune mesure inconstitutionnelle ne peut être promulguée et le Congrès a le devoir urgent d'abroger immédiatement la "loi" qui a donné naissance de manière illégitime aux lois "Homeland" et "Patriot". Le point cardinal à retenir est que la propagande et le lavage de cerveau de masse doivent toujours être considérés par rapport à l'objectif qu'ils sont censés servir. Dans le cas présent, elle convainc la populace que les libertés doivent être sacrifiées en échange de la "protection". Henry Clay, le plus grand constitutionnaliste qui ait jamais vécu, a qualifié ce stratagème de "doctrine de la nécessité, une doctrine de l'enfer" et a condamné sans appel de telles tentatives.

H. V. Dicks a enseigné à Tavistock. Il a déclaré que les droits individuels doivent être sacrifiés pour le bien de tous ! Cela inclut la mesure violant la plus haute loi du pays ! Elle doit être acceptée parce que c'est pour le bien de tous ! Cela s'explique mieux si l'on prend pour exemple la propagande et le lavage de cerveau qui ont accompagné les efforts désespérés du président Roosevelt pour impliquer les États-Unis dans la guerre en cours en Europe, via le Japon.

Lorsque l'attaque anticipée sur Pearl Harbor s'est produite (Roosevelt savait le jour et l'heure où elle aurait lieu) a annoncé dans ses discours écrits pour lui par l'Institut Tavistock, que le peuple américain allait se battre pour la plus haute et la plus noble des causes, la défense de la nation, la défense de la liberté et pour la sécurité et le bien-être futurs de la nation. Comme il est habituel dans de tels cas, les faits parlaient d'un ensemble d'objectifs bien différents.

Roosevelt n'a pas dit que le peuple américain partait en guerre pour se battre pour l'avancement du socialisme international et pour les objectifs du nouvel ordre mondial — l'instauration du communisme international sous l'égide d'un gouvernement mondial unique.

On a dit au peuple américain que l'Allemagne avait l'intention de réduire le monde en esclavage. C'est une très bonne réplique car même les personnes les moins instruites savent que l'esclavage est l'un des pires destins que l'humanité puisse être appelée à subir. En introduisant le mot "esclavage", on a touché une corde sensible.

Une fois encore, la propagande n'avait aucun rapport avec les faits. Les personnes réfléchies, non sensibles à la propagande, se seraient rendu compte qu'une petite nation comme l'Allemagne ne pouvait pas asservir le monde, même si elle l'avait voulu. Les ressources et la main-d'œuvre n'étaient tout simplement pas là. L'Allemagne ne possédait pas la vaste flotte maritime nécessaire pour faire d'une telle attaque contre les États-Unis une possibilité réelle.

Les promoteurs de la guerre ont compris dès le départ que pour maintenir l'élan, il faudrait une explosion soutenue de propagande. Le vice-président Cheney a suivi le même principe dans les semaines qui ont précédé l'attaque des États-Unis contre l'Irak ; il a déformé les faits, diffusé une série de "discours de la peur" et déformé les informations des services de renseignement pour les adapter à ses objectifs. Personne n'a travaillé plus dur que Cheney pour s'assurer que la guerre avec l'Irak ne serait pas évitée à la dernière minute.

Il était important que Roosevelt attire l'attention des masses sur les "problèmes" et les fasse connaître aux gens, d'où les interminables reportages dans la presse, les "films d'actualité" projetés en boucle dans les cinémas et les interminables discours de lavage de cerveau des politiciens.

La propagande doit être présentée sur un support facilement compréhensible par le niveau d'intelligence le plus bas de la nation, comme des affiches représentant des ouvriers dans des usines de munitions, des chantiers navals, des usines d'assemblage d'avions travaillant tous sur le "front intérieur" pour "l'effort de guerre", etc.

Au lendemain de la tragédie du WTC, une grande partie de ce type de propagande de lavage de cerveau de masse a été relancée : "L'Amérique en guerre", "la ligne de front", "et les dépôts de munitions", "les positions des troupes ennemies" apparaissaient en sous-titres sur presque tous les écrans de télévision.

Le fait que les États-Unis n'étaient pas en guerre parce que la guerre n'avait pas été déclarée, et qu'il n'y avait pas de "troupes" ennemies autres que des groupes de guérilla peu structurés a bien sûr été omis.

Les dictionnaires définissent les troupes comme "un corps de soldats ; une armée, généralement au pluriel". Les Talibans n'avaient pas d'armée, et donc, pas de troupes. De plus, la guerre ne pouvait pas être déclarée contre le "terrorisme", le "bolchevisme" ou tout autre "isme". Selon la Constitution américaine la guerre ne peut être déclarée que contre des nations souveraines.

La guerre ne peut être déclarée qu'à un pays ou à une nation particulière de personnes habitant ce pays. Tout le reste n'est que balivernes de Tavistock servies sur un plateau décoré de drapeaux agités et accompagné d'une musique martiale. Dire que les États-Unis sont en guerre contre les talibans est le comble de la tromperie. Pour être en guerre, il faut nécessairement une déclaration de guerre préalable. Sans déclaration de guerre, il s'agit d'une tromperie, en fait pas de guerre du tout.

Une nouvelle dimension a été ajoutée. Le président Bush, à qui la Constitution des États-Unis refusait le pouvoir de faire la guerre et de légiférer, s'est soudainement vu attribuer des pouvoirs qui n'existaient pas dans la Constitution des États-Unis.

Il a commencé à être appelé "le commandant en chef", alors qu'il n'avait pas droit à ce titre temporaire, qui ne peut être conféré par le Congrès qu'à la suite d'une déclaration de guerre complète. Cela n'est jamais arrivé.

Il a été mystiquement "déclaré" avoir le pouvoir de qualifier toute personne de son choix de "combattant ennemi". Le fait qu'un tel pouvoir n'existe pas dans la Constitution des États-Unis, et qu'il n'est pas non plus expressément sous-entendu, n'a pas troublé M. Bush un seul instant : En ce qui le concerne, à partir de ce moment-là, il était la loi.

Ainsi, la saisie illicite et inconstitutionnelle des pouvoirs par un président américain en exercice, qui a commencé avec Woodrow Wilson "prenant" dix pouvoirs supplémentaires auxquels il n'avait absolument pas droit, s'est étendue avec Roosevelt "prenant" trente pouvoirs et Bush s'emparant de trente-cinq (et ce n'est pas fini) pouvoirs refusés par la Constitution des États-Unis.

En effet, les États-Unis sont devenus une nation sans foi ni loi sous la direction experte de l'Institut Tavistock, dont le lavage de cerveau du public américain par "conditionnement intérieur et pénétration à longue portée" a rendu tout cela possible.

En passant, permettez-moi d'ajouter que la propagande britannique a utilisé le même langage de mensonges contre les Boers en Afrique du Sud, lors de la guerre lancée par les Britanniques pour prendre le contrôle des énormes gisements d'or de ce pays. La presse britannique était pleine de récits sur "l'armée boer", alors que les Boers n'avaient pas d'armée, seulement une force de guérilla composée de fermiers et de citoyens.

Comme le Kaiser Guillaume II en 1913/1914, Paul Kruger, le patriarche craignant Dieu de la République du Transvaal, a été diabolisé dans la presse britannique comme un tyran vicieux qui réprimait brutalement la population noire, ce qui n'avait rien à voir avec la vérité.

Finalement, une formule a été élaborée à la suite d'une série d'essais et d'erreurs au cours de la Première et de la Deuxième Guerre mondiale, et elle a été reprise et adaptée pour être utilisée dans l'attaque américaine contre l'Afghanistan. Elle a suffi à capter l'attention de la majeure partie de la population américaine, car elle était adaptée à son niveau psychologique. Les leçons apprises dans l'art de la propagande au cours des deux guerres mondiales ont simplement été transférées du théâtre européen au mainstream américain, et plus tard, à l'Irak, la Serbie et l'Afghanistan.

Le lavage de cerveau était limité à l'essentiel, incarné par des slogans simplistes, des phrases d'accroche utilisant des formules stéréotypées élaborées pour la première fois par Lord Northcliffe à la Wellington House de Londres en 1912. Il fallait apprendre

au peuple britannique que le peuple allemand était "l'ennemi".
Tout ce qui est mauvais et cruel est imputé aux Allemands, de
sorte que la masse des Britanniques commence à croire que les
Allemands sont en fait des barbares cruels qui ne reculent devant
rien. Des affiches représentant les "bouchers boches" tuant des
femmes et des enfants belges ont fleuri un peu partout.

CHAPITRE 15

Le rôle des médias dans la propagande

Comme les médias ont joué un rôle énorme dans la propagande, il est peut-être bon de voir où cela a commencé et comment on en est arrivé à ce que les médias aux États-Unis, dans leur quasi-totalité, soient maintenant un organe de propagande entièrement contrôlé. La période précédant la Première Guerre mondiale a été une série classique d'événements au cours desquels des personnalités ont été manipulées, les pires contrevenants étant les journaux britanniques et américains. Comme dans toutes les guerres, il faut diaboliser quelqu'un pour impliquer le public. En 1913, c'est le Kaiser Guillaume II d'Allemagne qui a été diabolisé avant, pendant et après cette terrible guerre.

L'un des principaux créateurs de propagande de cette période était Lord Northcliffe, le célèbre baron de la presse, un parent des Rothschild et un ennemi de l'Allemagne. Northcliffe dirigeait la Wellington House comme un centre majeur de propagande anti-allemande et il nourrissait une haine particulière pour Guillaume II, cousin de la reine Victoria issu de la célèbre dynastie des Guelfes noirs de Venise.

Northcliffe malmenait Guillaume II en toute occasion, notamment lorsque le Kaiser parlait de la puissance et des prouesses militaires de l'Allemagne. Guillaume était enclin à la vantardise enfantine et la plupart des gouvernements européens le connaissaient comme un homme qui aimait "jouer aux soldats", et s'habiller dans des uniformes décorés de façon excentrique. Guillaume n'était pas du tout un militaire. En tant que Rothschild, cela irrite Northcliffe qui commença à "prévenir" que "la place de l'Allemagne au soleil", comme le Kaiser aime à l'appeler, est un danger pour le reste de l'Europe. Le fait que cette affirmation soit sans le moindre fondement ne semble pas déranger Northcliffe qui la maximise jusqu'à la rendre crédible.

La vérité est que l'Allemagne n'était pas une menace à cette époque et que le Kaiser n'était pas non plus un puissant guerrier prêt à frapper, mais plutôt un homme sujet à des dépressions nerveuses, dont trois en cinq ans, et un bras flétri presque inutile, ce qui ne donnait pas du tout l'image d'un homme martial. Ce qui le rapprochait le plus d'un homme martial, c'est son amour pour les uniformes extravagants. En vérité, Guillaume II n'avait que peu ou pas de contrôle sur l'armée allemande, un fait dont Northcliffe était bien conscient et qu'il a pourtant choisi d'ignorer.

En cela, le Kaiser était au même niveau que le monarque britannique, le roi George V, qui n'avait aucun contrôle sur le corps expéditionnaire britannique. Cela n'a pas empêché Northcliffe de lancer une attaque féroce contre le cousin allemand de la reine Victoria, l'accusant d'être responsable de toute une liste d'atrocités prétendument commises par l'armée allemande traversant la Belgique. Bien sûr, le haut commandement allemand a commis une erreur en envahissant la Belgique neutre, mais il n'était qu'en transit et ne prévoyait pas d'occuper le pays.

Tout cela faisait partie d'un plan tactique visant à marcher sur Paris en prenant un "raccourci" à travers la Belgique pour déborder l'armée française. Il n'y aurait rien eu à gagner à tuer délibérément des civils, un fait que le haut commandement allemand a souligné. Northcliffe qualifie le Kaiser de "mégalomane" avec une "faim de dominer le monde" qui, de toute façon, était bien au-delà des capacités de toute-puissance européenne. En 1940, Churchill a accusé Hitler d'avoir le même désir de "dominer le monde", tout en sachant que c'était faux. Churchill a également déclaré qu'Hitler était "un fou", sachant que sa caractérisation du chancelier était fausse.

Mais pour ne pas se décourager, Northcliffe fit en sorte que ses médias se réfèrent constamment à Guillaume II comme "le chien fou de l'Europe".

La Wellington House fit appel aux services d'un caricaturiste qui dépeignait régulièrement Guillaume II comme un chien fou et avide, une créature simiesque. Ces caricatures de pacotille furent transposées sous forme de livre et la presse leur accorda rapidement un statut d'absurdité absolue. Les caricatures étaient de mauvais goût et encore plus mal exécutées. Le livre était ce que les Anglais appelaient "a penny horrible".

Montrant le pouvoir de la presse, Northcliffe a obtenu que les médias fassent des revues dithyrambiques sur le livre. Lord Asquith, le Premier ministre, a été persuadé d'écrire une préface à ce qui était essentiellement une farce absolue. Le président Wilson a invité l'"artiste", un Hollandais du nom de Raemakers, à la Maison-Blanche alors qu'il effectuait une tournée de vente de livres aux États-Unis. Comme prévu, Wilson a fait l'éloge du caricaturiste et a donné sa bénédiction au livre.

Même le légendaire magazine *Punch* s'est joint à la campagne visant à dépeindre Guillaume sous le jour le plus défavorable. Il semble qu'aucun journal n'échappait à l'obligation d'imprimer le torrent de calomnies qui se déversaient de la Wellington House. C'était de la propagande dans sa forme la plus brutale.

Peu de temps après, l'effet a déteint sur le peuple qui a commencé à insister pour que le Kaiser soit "pendu" et un ministre du culte est allé jusqu'à dire qu'il pardonnerait l'Allemagne à condition que tous les Allemands soient fusillés. Hollywood se joignit bientôt à l'acte de condamnation du Kaiser, dont elle ne savait rien. Tout d'abord, le film "Mes quatre années en Allemagne", adapté d'un livre écrit par l'ambassadeur américain à Berlin, James W. Gerard. Le film est présenté comme un récit factuel de la préparation du Kaiser à la guerre. On attribue à Guillaume le QI d'un enfant paranoïaque de six ans et on le dépeint comme un homme monté sur un cheval de trait. Des descriptions cinglantes de son handicap sont répétées des centaines de fois.

Le pire était à venir avec la version hollywoodienne de l'histoire intitulée *La Bête de Berlin* qui dépeignait le Kaiser jubilant devant des civils belges massacrés et gloussants de rire devant des navires torpillés. Rien de tout cela n'était vrai, mais cette version a atteint son but, en générant une haine féroce contre les Allemands et tout ce qui était allemand, qui s'est répandue aux États-Unis avec une rapidité étonnante.

C'est la base de la pire propagande jamais vue et elle est menée de manière implacable par le gouvernement britannique, non seulement chez lui, mais aussi là où cela compte le plus, aux États-Unis. La Wellington House comptait sur les États-Unis pour vaincre l'Allemagne sur le champ de bataille.

À la fin des années 1990, il n'y avait qu'un pas à franchir pour que la masse du peuple américain croie la même chose des talibans et du président Hussein d'Irak, avec qui les talibans n'avaient aucun lien. (En fait, ils se détestaient mutuellement).

La question fondamentale : "Les Talibans dans leur ensemble, et le peuple afghan, séparément des Talibans, étaient-ils responsables de l'ignoble attentat à la bombe contre le WTC ?" Les Talibans existent-ils vraiment ? Ou bien Oussama ben Laden n'est-il qu'un autre Kaiser Guillaume II ? Peut-être, dans cinquante ans, pourrons-nous découvrir la vérité. En attendant, l'Institut Tavistock a joué à fond la carte de la propagande, et une fois de plus, il a réussi.

Après la fin de la guerre, le mythe du Kaiser Guillaume II a persisté. En fait, la même machine de propagande qui l'avait diabolisé avant et pendant la guerre n'a pas cédé jusqu'au 13 juillet 1959, date du 100e anniversaire de l'empereur Guillaume II, célébré par la BBC sous la forme d'un documentaire sur l'ancien dirigeant allemand tant décrié.

Il explique comment les Britanniques ont été terrorisés par des récits à vous glacer le sang, selon lesquels le Kaiser aurait coupé les bras d'enfants belges avec son épée, tandis que des colonnes de soldats allemands auraient violé des femmes dans les villages belges qu'ils traversaient, sans qu'aucun de ces récits ne ressemble le moins du monde à la vérité.

Même les membres intelligents du Parlement britannique se sont laissés prendre par l'implacable tempête de haine soulevée par Northcliffe et son équipe, qui comprenait les Américains Lippmann et Bernays. Cependant, aussi bon soit-il, le documentaire de la BBC n'a fait aucun effort pour expliquer comment le mythe d'un monstrueux Kaiser Guillaume a pu soudainement surgir comme de nulle part, pour faire les gros titres des journaux ?

De même, personne n'a expliqué à ma satisfaction comment Oussama Ben Laden est soudainement apparu sur la scène, et comment il est devenu le méchant à la manière du Kaiser en un laps de temps étonnamment court. Comment cela s'est-il produit?

C'est un fait historique, le président Wilson a fait passer en urgence le projet de loi visant à établir les banques de la Réserve fédérale à la Chambre des représentants, juste à temps pour le début de la Première Guerre mondiale. Sans les dollars en papier, imprimés à volonté, il est douteux que la guerre aurait eu lieu.

Comment le Kaiser a-t-il pu soudainement prendre vie à partir du personnage de bande dessinée regardant des milliers de journaux, magazines et panneaux d'affichage ? Nous savons maintenant qu'il était le produit de la vaste machine de propagande du War Office britannique, qui est restée secrète comme elle l'est encore aujourd'hui. Cette machine reste aussi secrète aujourd'hui qu'elle l'était en 1913, même si certains d'entre nous ont réussi à déchirer une partie de son linceul.

Nos recherches nous ont permis de découvrir que le Tavistock Institute est le lieu de naissance de certains des mensonges les plus grotesques jamais fabriqués et présentés comme des vérités au grand public sidéré et ignorant, victime de ces contrôleurs de l'esprit particulièrement habiles.

CHAPITRE 16

La propagande scientifique peut tromper les grands électeurs

L a grande majorité des gens dans le monde d'aujourd'hui ont certainement entendu parler de la "Bête de Berlin" et de la façon dont les "Alliés" ont mis fin à son déchaînement en Europe. Ces derniers temps, la plupart des gens ont également entendu parler de la "Bête de Bagdad".

Mais combien ont entendu parler du nom de Sir Harold Nicholson, un érudit distingué, dont l'examen approfondi de centaines de milliers de documents entre 1912 et 1925 a absolument disculpé l'empereur Guillaume II d'avoir déclenché la Première Guerre mondiale ?

Combien de personnes le savent ? Mettez-les à l'épreuve. Essayez votre talk-show local, et voyez ce qui se passe. Ainsi, pendant plus de vingt-cinq ans, le mythe du Kaiser a fait la une des journaux et a eu pour effet de monter des millions de personnes en Grande-Bretagne et en Amérique contre l'Allemagne, conséquence injuste et malheureuse de la vaste machine de propagande qui tient le peuple britannique à la gorge depuis son ouverture en 1913. Nous parlons de Wellington House et de son successeur, le Tavistock Institute for Human Relations.

Ce qui est étonnant dans ce mythe, c'est sa longévité. Mais le but de la propagande est précisément de perpétuer un mythe, un mensonge ou un élément de désinformation qui perdure longtemps après que la vérité a été oubliée. Le Japon sera à jamais accusé de Pearl Harbor et du "viol de Nankin", tandis que Churchill sera à jamais salué comme un grand homme et non comme un belliciste brutal.

De la même manière, Colin Powell s'est récemment rendu en Irak et a fait une déclaration qui a fait la une des journaux sur le fait que Hussein avait "gazé les Kurdes" pendant la guerre Irak-Iran.

La vérité est que les missiles remplis de gaz qui sont tombés sur le village kurde étaient du Phosgène, un type de produit que l'Irak ne possède pas, mais qui figurait dans l'arsenal de l'Iran. Ce qui s'est passé, c'est que lors d'une offensive irakienne, les Iraniens ont tiré un grand nombre de roquettes remplies de gaz sur les positions irakiennes, mais certaines sont tombées sur les Kurdes le long de la frontière. Cela a été confirmé par le rapport du Collège militaire américain de la guerre, qui a entièrement disculpé l'Irak.

Pourtant, bien que l'accusation ait été soigneusement réfutée, en 2005, près de 30 ans plus tard, lors d'une tournée de bienveillance en Malaisie, Karen Hughes, représentant le président George Bush, a répété le mensonge, l'enjolivant en affirmant que "30 000 Kurdes" avaient été gazés à mort par "Saddam Hussein". Un membre du public a contesté sa déclaration, et le lendemain, Hughes a été contrainte de se rétracter, affirmant qu'elle s'était "mal exprimée". Une enquête sur l'incident a révélé que Hughes croyait en fait les mensonges qu'elle avait entendus répétés à l'envi par le président Bush, le Premier ministre Blair, le secrétaire d'État Colin Powell et le secrétaire à la défense Donald Rumsfeld, ce qui devrait nous en dire long sur le pouvoir de la propagande.

Les faits rapportés par l'École de guerre ont été confirmés ultérieurement par l'armée américaine et par une deuxième source américaine. Le monde entier le sait-il ? Nous en doutons. La vérité est oubliée alors que le mensonge perdure. Ainsi, la propagande de Colin Powell contre l'Irak suivra le chemin de la propagande contre l'empereur Guillaume II, encore et encore pendant plus de 100 ans, alors que la vérité est morte au moment où la première explosion de propagande est apparue dans les journaux. C'est là que réside la valeur de la propagande. Les spécialistes en sciences sociales de Tavistock le savent et aujourd'hui, ils peuvent profiler n'importe quel public pour qu'il accepte les mensonges les mieux adaptés à sa perception sans comprendre les enjeux qui se cachent derrière.

De cette manière, une position "moralement correcte" et un soutien solide pour l'attaque de l'Afghanistan ont été créés. Peu de gens parmi le peuple américain ont soulevé des doutes quant à savoir si ce que leur gouvernement faisait en Afghanistan était conforme à la Constitution des États-Unis. Il n'y a pas eu de référendum ni de mandat pour confirmer ou infirmer l'acceptation par le peuple de la politique de l'administration Bush envers l'Afghanistan.

La propagande et le lavage de cerveau n'appellent pas de mandat. Le fait qu'aucun des pirates de l'air présumés des avions utilisés contre les tours jumelles n'était originaire d'Afghanistan a complètement échappé au public américain, dont 74% croient encore que c'est "Al-Qaïda" qui a fait le coup et qu'il vit en Afghanistan ! Le même pourcentage d'Américains a subi un lavage de cerveau pour croire que les talibans et le président Hussein ont travaillé ensemble pour provoquer cette tragédie ! Le peuple américain ne sait pas que Saddam Hussein n'aurait rien à voir avec les dirigeants talibans.

Pourquoi le peuple américain se laisse-t-il traiter de la sorte ? Pourquoi permettent-ils aux politiciens de mentir, de tricher, d'être de connivence, de dissimuler, de tergiverser, d'obscurcir et de les tromper continuellement ? Ce que nous devrions bien marquer, c'est la façon dont Woodrow Wilson a traité le peuple américain, comme des moutons.

Lorsqu'on lui a demandé pourquoi il gardait un petit troupeau de moutons qui broutait sur les pelouses de la Maison-Blanche, Wilson a répondu : "Ils me rappellent le peuple américain." Wilson avait l'ambition brûlante de précipiter l'Amérique dans la Première Guerre mondiale et il a utilisé les mensonges (propagande) de la Wellington House contre les dissidents (le gros du peuple) pour les persuader de changer de point de vue.

Roosevelt a répété ce stratagème pour faire entrer les États-Unis dans la Seconde Guerre mondiale par le biais de mensonges et de propagande (le plus souvent la même chose) qui ont culminé avec le "succès" de Pearl Harbor. Nous avons vu la même ligne utilisée par le président Clinton. Avant et pendant la guerre injuste contre la Serbie, toute la persuasion de Clinton a consisté en mensonges et en désinformation.

Il n'est pas étonnant que les déclarations de Rumsfeld soient toujours accueillies avec suspicion. Interrogé sur le rôle joué par la propagande, Rumsfeld a répondu fadement : "Les représentants du gouvernement, le ministère de la Défense, ce secrétaire à la Défense et les personnes qui travaillent avec moi disent la vérité au peuple américain."

CHAPITRE 17

Propagande et guerre psychologique

Une liste de documents émanant du gouvernement américain, certains librement disponibles et d'autres non, révèle de manière frappante à quel point les nations du monde (y compris les États-Unis) sont devenues contrôlées grâce à l'exercice de méthodes de propagande couvrant un large éventail opérant à divers niveaux.

Au mieux, je ne peux que mentionner les titres et paraphraser le contenu en raison de l'immensité du matériel. J'espère que les informations que nous avons rassemblées feront sortir le peuple américain de son apathie et lui feront réaliser à quel point il est en passe de devenir l'esclave du Nouvel Ordre Mondial Socialiste au sein d'un Gouvernement Mondial Unique.

Définitions officielles : Une collection utile de termes et de définitions utilisés par l'establishment du pouvoir de Washington. Tous les programmes cités ici, sans exception, sont nés et ont été conçus par Tavistock.

Sciences sociales et intervention politique : Ce qui se fait passer pour une "aide au développement" centrée sur un projet peut en réalité consister en une dangereuse manipulation de la culture et des relations sociales dans l'hémisphère sud.

En raison de l'énorme avantage monétaire dont jouissent les donateurs d'"aide", ils sont souvent en mesure de réaliser des études psychosociales approfondies sur les groupes cibles et de les exploiter d'une manière qui ne viendrait pas à l'esprit de la plupart des gens, même dans leurs pires cauchemars.

C'est un exemple typique de tout ce que John Rawlings Reese a enseigné à Tavistock et qui a été repris dans tous les aspects de la vie américaine.

Shock and Awe: Achieving Rapid Dominance —Il s'agit du texte de la National Defense University (1996) qui est devenu la théorie derrière l'intervention américaine au Moyen-Orient et la guerre contre l'Irak en mars et avril 2003. Selon le texte, "Shock and Awe" est destiné à être "l'équivalent non nucléaire" des bombardements d'Hiroshima et de Nagasaki en 1945.

Selon le guide d'étude de cette terrible tragédie, aujourd'hui définitivement actée,

> "l'impact de ces armes a été suffisant pour transformer à la fois l'état d'esprit du citoyen japonais moyen et la vision des dirigeants en les plongeant dans un état de choc et de crainte. Les Japonais ne pouvaient tout simplement pas comprendre la puissance destructrice d'un seul avion. Cette incompréhension a engendré un état de crainte durable."

Outre l'utilisation d'une puissance de feu massive à des fins psychologiques, la publication comprend également une discussion approfondie des opérations de propagande.

> "Le principal mécanisme pour parvenir à cette domination consiste à imposer à l'adversaire des conditions suffisantes de "choc et de crainte" pour le convaincre ou le contraindre à accepter nos buts stratégiques et nos objectifs militaires", indiquent les auteurs. "Il est clair qu'il faut recourir à la tromperie, à la confusion, à la désinformation et à l'information erronée, peut-être en quantités massives."

La guerre psychologique au combat : Il s'agit du texte intégral de la tristement célèbre doctrine "Shock and Awe", publiée en 1996 par la National Defense University de Washington. Le concept consiste à prendre le contrôle total de la volonté d'un adversaire, ainsi que des perceptions et de la compréhension des populations cibles, rendant littéralement l'ennemi impuissant à agir ou à réagir.

Il convient de noter que tous ces mots et descriptions se trouvent dans les manuels utilisés pour conditionner les étudiants qui suivent les cours dispensés par John Rawlings Reese au British

Army Psychological Warfare Bureau, où Rawlings était un maître théoricien.

La doctrine "Shock & Awe" est décrite comme une stratégie visant à détruire systématiquement les capacités militaires par l'attrition, le cas échéant, et à utiliser une force écrasante pour paralyser, choquer et finalement détruire moralement l'adversaire.

La Conférence internationale sur la population et le développement (CIPD) : Un programme d'action présenté à la conférence a appelé à un effort de propagande massif, utilisant les médias de masse, les organisations non gouvernementales, les divertissements commerciaux et les institutions académiques dans le but de "persuader" les populations des pays en développement de changer leurs préférences en matière de fertilité.

Une révision du texte original, ajoutée pour tenir compte des représentants des pays en développement, demande instamment que les activités de communication menées par les donateurs "à des fins de sensibilisation ou pour promouvoir des modes de vie particuliers" soient étiquetées de manière à ce que le public soit conscient de leur objectif et que "l'identité des sponsors soit indiquée de manière appropriée."

Malgré cette recommandation, qui n'impose aucune restriction obligatoire aux donateurs d'aide, la section "communication" du document reste une partie très dangereuse et politiquement explosive de l'agenda du Nouvel Ordre Mondial.

Le projet de communication sur la population : L'Agence américaine pour le développement international (USAID) a versé des dizaines de millions de dollars dans une campagne d'influence des "médias de masse" qui utilise des tactiques empruntées aux agents militaires de guerre psychologique. L'USAID n'est qu'une des centaines d'agences du gouvernement américain qui ont passé un contrat avec Tavistock pour rédiger ses programmes.

En fait, le contractant travaillant comme mandataire de l'USAID dans cette affaire était également sous contrat avec l'armée américaine pour préparer des manuels d'enseignement pour les opérations psychologiques.

Enter-Educate: L'utilisation du divertissement comme propagande : Le jeune public est susceptible d'être plus vulnérable aux messages présentés dans le contexte du "divertissement" qu'à d'autres communications qui pourraient tendre à soulever des questions sur la légitimité des idées étrangères.

Ainsi, l'approche divertissement-propagande est devenue une partie énorme de l'effort international de contrôle de la population de l'USAID. Là encore, des millions de dollars sont allés à Tavistock pour des programmes enseignés par des opérateurs d'Enter-Educate.

Quand la propagande se retourne contre nous : Une étude sur les attitudes et les comportements en matière de planning familial réalisée dans le nord du Nigeria en 1994. Selon un rapport publié, la réaction négative a illustré

> "l'opposition aux impropriétés de l'étranger, au planning familial en général et aux programmes de planning familial parrainés par les États-Unis en particulier".

Programme bilatéral de population du Nigeria : (document du Département d'État américain). Le principal document de planification de la stratégie de contrôle de la population du gouvernement américain pour le Nigeria.

Il est également utilisé comme un élément important de la propagande dans la guerre psychologique employée dans les programmes du gouvernement américain pour saper les mouvements politiques latino-américains, l'effort anti-guerre, le mouvement et l'organisation politique de base. Le contrat pour la rédaction de ce programme a été attribué à Tavistock.

Guerre post-moderne : Un menu de ressources sur la guerre politique/psychologique, les activités secrètes et le génocide.

La déconcentration urbaine et autres tactiques : Le contenu de ce document est si diabolique que je ne propose pas de le publier, du moins pour l'instant.

Influence sociale : Propagande et Persuasion : — Quelques informations de base utiles.

Les opérations psychologiques dans la guérilla : Le Manuel tactique de la CIA pour les forces paramilitaires en Amérique centrale, préparé par Tavistock. La CIA a passé un contrat avec Tavistock et travaille en étroite collaboration avec lui.

Institut d'analyse de la propagande : Une collection de documents contenant des faits de base sur les campagnes d'influence secrètes. Là encore, l'institut n'est qu'un centre d'échange de données Tavistock et de méthodes de lavage de cerveau destinées à être utilisées sur la masse.

Les bureaux de renseignements des États-Unis : Descriptions officielles et fonctions des bureaux du gouvernement américain impliqués dans la collecte ou l'analyse des renseignements.

Consignes gouvernementales secrètes : Une collection de documents prônant l'ouverture du gouvernement aux acteurs du secteur privé.

Collectif de presse : Une source de matériel de recherche fiable sur les institutions internationales et leur rôle de façade pour les nations riches et puissantes qui contrôlent leurs politiques. Les scientifiques en sciences sociales de Tavistock ont enseigné à de nombreux dirigeants des institutions citées.

Propagande, diffusion d'idées et d'informations dans le but d'induire ou d'intensifier des attitudes et des actions spécifiques : Parce que la propagande s'accompagne souvent de déformations des faits et d'appels à l'émotion et aux préjugés, on pense souvent qu'elle est invariablement fausse ou trompeuse. Comme l'indiquent les manuels de Tavistock, la distinction essentielle réside dans les intentions du propagandiste de persuader un public d'adopter l'attitude ou l'action qu'il préconise. Wilson et Roosevelt sont des exemples de ce truisme, tous deux ayant été rodés à l'art de la diplomatie par la tromperie, tel que défini par Boukanine en 1814.

CHAPITRE 18

Wilson fait entrer les États-Unis dans la Première Guerre mondiale grâce à la propagande

Les techniques de propagande moderne massive qui sont devenues un élément familier des gouvernements américain et britannique en particulier ont commencé avec la Première Guerre mondiale (1914-1918). Dès le début de la guerre, les propagandistes allemands et britanniques ont travaillé dur pour gagner la sympathie et le soutien des États-Unis. Les propagandistes allemands font appel aux nombreux Américains d'origine allemande, et à ceux d'origine irlandaise, traditionnellement hostiles à la Grande-Bretagne qui vit en Amérique. La propagande est plutôt grossière selon les normes d'aujourd'hui, mais son manque de finesse est compensé par le volume de l'énorme production de la Wellington House.

Bientôt, cependant, l'Allemagne est pratiquement coupée de tout accès direct aux États-Unis. Par la suite, la propagande britannique n'eut que peu de concurrence aux États-Unis, et elle fut menée plus habilement que celle des Allemands qui n'avaient pas l'équivalent de Wellington House, Bernays ou Lippmann.

Une fois engagé dans la guerre, Woodrow Wilson organise le Committee on Public Information, une agence de propagande officielle, pour mobiliser l'opinion publique américaine. Ce comité a connu un grand succès, notamment dans la vente des Liberty Bonds. Et ce n'est pas étonnant. Son programme était écrit pour la Maison-Blanche par Tavistock et était largement dirigé depuis Londres.

L'exploitation par les Alliés des quatorze points du président Woodrow Wilson, qui semblaient promettre une paix juste tant pour les vainqueurs que pour les vaincus, a largement contribué à cristalliser l'opposition des puissances centrales à la poursuite de la guerre.

Ailleurs dans le présent ouvrage, nous avons décrit en détail les mensonges et les déformations auxquels s'est livrée la Commission Bryce, qui reste l'un des exemples les plus troublants de mensonge flagrant ayant réussi à se faire passer pour la vérité. Le rôle joué par les Américains à la Wellington House, le premier centre de propagande au monde à l'époque, est également expliqué plus loin dans ce document.

Les aspects de la propagande de la Seconde Guerre mondiale étaient similaires à ceux de la Première Guerre mondiale, sauf que la Seconde Guerre mondiale, également déclenchée par la Grande-Bretagne et financée par les banquiers internationaux, était de plus grande envergure. La radio y joua un rôle majeur, les "émissions d'information" étant toujours un mélange de faits fortement teintés de fiction. Les activités de propagande à l'étranger furent plus intenses encore. Le Tavistock Institute a pu mettre en pratique toutes les précieuses leçons qu'il avait apprises en 1914-1919, et il a utilisé son expérience de plusieurs façons nouvelles dans les anciens pays comme dans les nouveaux.

L'Allemagne et le Royaume-Uni cherchèrent à nouveau à influencer l'opinion américaine. Les propagandistes allemands jouaient sur le sentiment anti-britannique, présentaient la guerre comme une lutte contre le communisme et dépeignaient l'Allemagne comme le champion invincible d'une nouvelle vague d'anticommunisme. Les agents allemands apportèrent également leur soutien aux mouvements qui, aux États-Unis, soutenaient l'"isolationnisme", une étiquette descriptive attachée à tous les Américains qui s'opposaient à la guerre avec l'Allemagne.

Les efforts de propagande allemands ne furent pas à la hauteur de l'expertise de Wellington House et de Tavistock ou des ressources de la Grande-Bretagne (secrètement aidée par d'énormes sommes d'argent versées par l'administration Roosevelt) et, une fois de plus, ils s'avérèrent inefficaces.

L'attaque soigneusement planifiée de Pearl Harbor était connue de Roosevelt, Stimson et Knox des mois avant l'attaque réelle.

Ce coup d'éclat de décembre 1941 fut une aubaine pour Roosevelt qui tentait désespérément de forcer les États-Unis à entrer en guerre aux côtés de la Grande-Bretagne, car dès l'attaque japonaise sur Pearl Harbor ; le peuple américain fut persuadé par la propagande et les mensonges purs et simples que l'Allemagne était l'agresseur.

Les terribles avertissements de Lindbergh, le célèbre aviateur, et d'un certain nombre d'autres sénateurs opposés à la guerre, selon lesquels il ne fallait pas faire confiance à Roosevelt et que, comme lors de la Première Guerre mondiale, les États-Unis n'avaient pas à s'immiscer dans la guerre en Allemagne, ont été étouffés par la propagande. En outre, la "situation artificielle" de Pearl Harbor a modifié l'opinion publique, comme Roosevelt savait qu'elle le ferait. Les efforts de propagande des Alliés qui émanaient de Tavistock visaient à séparer les peuples des nations de l'Axe de leurs gouvernements, qui étaient tenus pour seuls responsables de la guerre. Les émissions de radio et les innombrables tracts aériens transmettaient la propagande des Alliés à l'ennemi.

Les agences de propagande officielles des États-Unis pendant la Seconde Guerre mondiale étaient l'Office of War Information (OWI), chargé de diffuser les "informations" de Tavistock sur le territoire national et à l'étranger, et l'Office of Strategic Service (OSS), ancêtre de la CIA et création de Tavistock, chargé de mener une guerre psychologique contre l'ennemi.

Au quartier général suprême, sur le théâtre d'opérations européen, l'OWI et l'OSS étaient coordonnés avec les activités militaires par la Division de la guerre psychologique, sous la direction de spécialistes en sciences sociales de l'Institut Tavistock.

À l'époque de la guerre froide — un conflit d'intérêts marqué entre les États-Unis et l'Union soviétique après la Seconde Guerre mondiale — la propagande est restée un instrument important de la politique nationale.

Les deux blocs d'États, démocratique et communiste, ont tenté, par des campagnes soutenues, de gagner à leur cause les grandes masses de peuples non-engagés et, ainsi, d'atteindre leurs objectifs sans recourir au conflit armé. Tous les aspects de la vie et de la politique nationales ont été exploités à des fins de propagande.

La guerre froide a également été marquée par l'utilisation de transfuges, de procès et de confessions à des fins de propagande. Dans cette guerre de l'information, les nations communistes semblaient initialement avoir un net avantage. Comme leurs gouvernements contrôlaient tous les médias, ils pouvaient largement isoler leur population de la propagande occidentale.

Dans le même temps, les gouvernements fortement centralisés pouvaient planifier des campagnes de propagande élaborées et mobiliser des ressources pour mettre leurs plans à exécution. Ils pouvaient également compter sur l'aide des partis communistes et des sympathisants dans d'autres pays. Les États démocratiques, en revanche, ne pouvaient ni empêcher leurs populations d'être exposées à la propagande communiste ni mobiliser toutes leurs ressources pour la contrer. Cet avantage apparent des gouvernements communistes s'est érodé au cours des années 1980, avec les progrès des technologies de communication. L'incapacité à contrôler la diffusion de l'information a été un facteur majeur dans la désintégration de nombreux régimes communistes en Europe de l'Est à la fin de la décennie. L'Agence d'information des États-Unis (USIA), créée en 1953 pour mener des activités de propagande et culturelles à l'étranger, exploitait la "Voix de l'Amérique", un réseau radiophonique qui diffusait des nouvelles et des informations sur les États-Unis dans plus de 40 langues dans toutes les régions du monde.

CHAPITRE 19

L'histoire se répète-t-elle ?
Le cas de Lord Bryce

A lors que les historiens sont fortement impliqués dans la défense ou la condamnation de la guerre en Irak, il est peut-être temps de réfléchir au cas du vicomte James Bryce, l'historien très respecté qui s'est vendu et a passé à la postérité comme un menteur confirmé, ignoble et impénitent. Avant son implication malheureuse avec Wellington House, Bryce jouissait d'un grand respect en tant qu'historien honnête.

Dès le début de la Première Guerre mondiale, les récits d'atrocités allemandes remplissent les journaux britanniques et américains. La grande majorité d'entre eux étaient préparés à la Wellington House et diffusés par les médias. La plupart du temps, ils étaient censés émaner de récits de "témoins oculaires", de "reporters et de photographes", qui avaient accompagné la marche de l'armée allemande à travers la Belgique pour contourner les défenses françaises dans sa course vers Paris.

Des témoins oculaires ont décrit des fantassins allemands transperçant des bébés belges à la baïonnette alors qu'ils marchaient en chantant des chants de guerre. Les récits de garçons et de filles belges amputés des mains (soi-disant pour les empêcher d'utiliser des armes à feu) abondent. Les récits de femmes amputées du sein se multiplient encore plus vite.

Les histoires de viols figurent en tête du hit-parade des atrocités. Un témoin affirme que les Allemands ont fait sortir vingt jeunes femmes de leurs maisons dans une ville belge capturée et les ont étendues sur des tables sur la place du village, où chacune a été violée par au moins douze "Huns", tandis que le reste de la division regardait et applaudissait. Aux frais des Britanniques, un groupe de Belges a fait le tour des États-Unis pour raconter ces histoires.

Le président Woodrow Wilson les a reçus solennellement à la Maison-Blanche. Leur histoire a horrifié l'Amérique. Personne n'a pensé à vérifier leur récit du viol dont elles avaient été témoins. Leurs récits des brutalités qu'elles auraient subies n'ont jamais été remis en question.

Les Allemands ont démenti ces histoires avec colère. Les reporters américains de l'armée allemande aussi. En 1914, Wilson n'avait pas encore "géré" les reporters du champ de bataille, contrairement à George Bush lors de l'invasion de l'Irak en 2002. Il n'y avait pas de reporters "embarqués" dans l'armée britannique. Tavistock n'avait pas encore appris comment censurer la vérité en "intégrant" des journalistes sélectionnés dans les troupes.

Lorsque les dépêches des journalistes britanniques commencent à être publiées en Angleterre, mettant en doute les "atrocités", Northcliffe a l'idée de nommer Lord Bryce à la tête d'une commission d'enquête chargée d'examiner les récits d'atrocités allemandes et de lui faire un rapport. En fait, la suggestion venait d'Edward Bernays et est approuvée par Walter Lippmann.

Puis, au début de 1915, le gouvernement britannique officialisa la chose en demandant au vicomte Bryce de diriger une commission royale chargée d'enquêter sur les rapports d'atrocités. Bryce était l'un des historiens les plus connus de l'époque ; il avait écrit des livres très appréciés sur le gouvernement américain et sur l'histoire de l'Irlande, décrivant avec sympathie le dur destin du peuple irlandais sous la domination britannique. En 1907, il avait collaboré avec un diplomate anglo-irlandais, Roger Casement, pour révéler l'horrible exploitation des peuples indiens de l'Amazone par une entreprise britannique de caoutchouc.

De 1907 à 1913, il avait été ambassadeur britannique à

Washington, où il était devenu une figure populaire, voire adulée.

Il aurait été difficile de trouver un érudit plus admiré et jouissant d'une réputation établie d'honnêteté et d'intégrité. Bryce et ses six collègues commissaires, un amalgame d'avocats, d'historiens et de juristes distingués, ont "analysé" 1200 dépositions de "témoins oculaires", qui prétendaient avoir vu toutes sortes de comportements atroces des Allemands.

La quasi-totalité des témoignages provenait de Belges réfugiés en Angleterre ; il y avait aussi quelques déclarations de soldats belges et britanniques, recueillies en France. Mais les commissaires n'ont pas interrogé un seul de ces témoins directs ; cette tâche a été confiée à des "messieurs ayant des connaissances et une expérience juridiques" — des avocats. Les crimes allégués ayant eu lieu dans ce qui restait une zone de guerre, aucune enquête sur place n'a été menée sur les rapports existants.

Pas un seul témoin n'a été identifié par son nom ; les commissaires ont déclaré que cela était justifié dans le cas des Belges par la crainte de représailles allemandes contre les membres de leur famille. Mais les témoins soldats britanniques sont restés tout aussi anonymes, sans raison apparente. Néanmoins, dans son introduction, Bryce a affirmé que lui et ses collègues commissaires avaient testé les preuves "sévèrement". Personne ne se doutait que les témoins militaires ne devaient pas être "testés" du tout, et encore moins sévèrement. Aucune raison n'a jamais été donnée pour une si grave erreur, et ce que Tavistock a depuis qualifié non pas de mensonge, mais de "fausse déclaration".

Le rapport Bryce est publié le 13 mai 1915. Le quartier général de la propagande britannique, situé à Wellington House, près du palais de Buckingham, veille à ce qu'il soit transmis à pratiquement tous les journaux d'Amérique. L'impact est stupéfiant, comme le montrent clairement le titre et les sous-titres du *New York Times*.

> *LES ATROCITÉS ALLEMANDES SONT PROUVÉES SELON LA COMMISSION BRYCE*

Non seulement des crimes individuels, mais aussi un abattage prémédité en Belgique

JEUNES ET VIEUX MUTILÉS

Femmes attaquées, enfants sauvagement tués, incendies et pillages systématiques.

APPROUVÉ PAR LES OFFICIERS

Tirs injustifiés sur la Croix Rouge et le Drapeau Blanc : Prisonniers et blessés abattus

DES CIVILS UTILISÉS COMME BOUCLIERS.

Le 27 mai 1915, les agents de la Wellington House en Amérique font un rapport à Londres sur les résultats de leur initiative de propagande massive :

> "Même dans les journaux hostiles aux Alliés, il n'y a pas la moindre tentative de mettre en doute l'exactitude des faits allégués. Le prestige de Lord Bryce en Amérique a mis le scepticisme hors de question."

Charles Masterman, chef de la Wellington House, a dit à Bryce :

> "Votre rapport a balayé l'Amérique."

Parmi le petit nombre de critiques du rapport Bryce se trouve Sir Roger Casement. "Il suffit de se tourner vers James Bryce, l'historien, pour condamner Lord Bryce, le partisan", écrit Casement dans un essai furieux, *The Far Extended Baleful Power of the Lie*.

À cette époque, Casement était devenu un fervent défenseur de l'indépendance de l'Irlande, si bien que peu de gens ont prêté attention à sa position en dissidence, qui a été rejetée comme étant biaisée.

Clarence Darrow, le célèbre avocat américain iconoclaste, qui s'était spécialisé dans l'acquittement de clients apparemment coupables, est un autre sceptique. Il s'est rendu en France et en Belgique à la fin de 1915 et a cherché en vain un seul témoin oculaire qui pourrait confirmer ne serait-ce qu'une seule des histoires de Bryce. De plus en plus sceptique, Darrow annonça qu'il paierait 1000 dollars — une somme très importante en 1915 — plus de 17 000 dollars d'aujourd'hui — à toute personne pouvant présenter un garçon belge ou français dont les mains ont été amputées par un soldat allemand ou un enfant unique des deux sexes qui a été passé à la baïonnette par les troupes allemandes.

Il n'y a jamais eu de preneur, pas une seule "victime" ne s'est présentée pour réclamer la récompense, bien que Darrow ait dépensé une somme considérable de son propre argent pour en faire la publicité à grande échelle.

Après la guerre, les historiens qui ont cherché à examiner les documents relatifs aux récits de Bryce ont appris que les dossiers avaient mystérieusement disparu. Aucun fonctionnaire ou service du gouvernement n'a proposé de lancer une recherche pour retrouver les documents "manquants".

Ce refus flagrant de soumettre les documents "sévèrement testés" à un nouveau test, totalement impartial, a incité la plupart des historiens à rejeter 99% des atrocités de Bryce comme étant des fabrications. L'un d'entre eux a déclaré que le rapport était "en soi l'une des pires atrocités de la guerre". Des études plus récentes ont revu à la baisse le pourcentage d'affabulations du rapport Bryce, car il s'est avéré que plusieurs milliers de civils belges, dont des femmes et des enfants, ont apparemment été fusillés par les Allemands au cours de l'été 1914 et que Bryce a résumé plus ou moins précisément certains des pires excès, comme les exécutions dans la ville de Dinant.

Mais même ces spécialistes de l'époque admettent que le rapport de Bryce a été "sérieusement contaminé" par les viols, les amputations et les bébés transpercés. Ils attribuent cette grave erreur à l'hystérie et à la rage de la guerre.

Cela revient à donner un laissez-passer à Bryce. Le nombre de corrections qui ont dû être apportées par les critiques des rapports de Darrow était inférieur à un pour cent et n'a pas permis d'innocenter Bryce. Comme on l'a souligné à l'époque, 99% du rapport de la commission Bryce étaient des mensonges. La correspondance entre les membres de la commission Bryce a survécu à la "disparition" des documents ; elle révèle de sérieux doutes sur les récits de mutilations et de viols. Ces doutes sérieux n'ont jamais été diffusés en Grande-Bretagne et en Amérique à la manière des rapports de brutalité de la Wellington House. L'un des secrétaires de la commission a admis qu'il avait reçu de nombreuses adresses anglaises de femmes belges censées être tombées enceintes à la suite de viols allemands, mais qu'en dépit de recherches intensives, il n'avait pas été en mesure d'en localiser une seule sur la liste.

Même l'histoire très médiatisée d'un membre du Parlement abritant deux femmes enceintes s'est avérée frauduleuse. Bryce a apparemment balayé ces preuves négatives d'un revers de main, comme Bush et Blair l'ont fait à maintes reprises lorsque, en de rares occasions, quelques journalistes ont fait leur travail et posé des questions embarrassantes.

Lord Bryce l'érudit aurait dû savoir — et savait presque certainement — que les histoires de bébés transpercés à la lance, de viols et de seins coupés de femmes assassinées étaient des fables classiques de "haine de l'ennemi" vieilles de plusieurs centaines d'années, tout comme les viols collectifs dans les champs et sur les places publiques.

Un examen même sommaire des campagnes de Napoléon en Europe fait apparaître des centaines d'"atrocités" de ce type, dont une infime partie s'est avérée vraie.

Bryce, l'historien érudit, bénéficiant d'une large confiance publique, réputé pour son honnêteté, aurait dû rejeter d'emblée de telles affabulations. Il savait très certainement que la grande majorité des récits d'"atrocités" émanaient de la Wellington House (l'ancêtre de l'Institut Tavistock). Au lieu d'examiner leur origine et de les rejeter comme de la propagande, Bryce les a tous regroupés dans un "rapport" décrit comme factuel et a ensuite émis une condamnation générale de l'armée et du peuple allemands. Cela rappelle G.W. Bush et sa classification générale selon laquelle l'ensemble de la population de plusieurs États musulmans appartenait à un "Axe du mal."

Pourquoi Bryce n'a-t-il pas écarté ces fabrications et ne s'est-il pas concentré sur les exécutions de civils par les Allemands ? Comme nous l'avons dit, il savait que la plupart des "incidents" étaient des produits de la Wellington House ; et s'il l'avait fait, cela aurait ouvert un sujet très délicat, à savoir l'utilisation massive de la propagande par le gouvernement britannique.

Il y a une raison importante pour laquelle Bryce a choisi d'abandonner une voie honorable plutôt que de salir sa réputation : Un pourcentage élevé de l'armée belge en 1914/1915 était composé de "Home Guards" (partisans) qui ne portaient pas d'uniformes à l'exception d'un insigne épinglé sur leur chemise ou leur chapeau. Les Allemands, qui tentaient désespérément de remporter la victoire à l'Ouest avant que l'armée russe n'envahisse les lignes qu'ils tenaient à peine à l'Est, étaient exaspérés par ces combattants apparemment civils et n'avaient aucune pitié pour eux.

Le fait que l'armée allemande avait le droit de riposter aux tirs des civils, voire de les initier, en vertu des règles de guerre des conventions de Genève applicables à l'époque, n'a jamais été évoqué dans la presse.

Le fait est qu'en 1915, les "partisans", jusqu'en 1945, étaient des proies faciles. Les civils, même avec des insignes épinglés à leurs chapeaux, n'avaient pas le droit de tirer sur des soldats en uniforme ni de bénéficier d'une protection. Oui, c'est ce que prévoient les règles de la guerre dans les Conventions de Genève, et Lord Bryce et ses commissaires le savent. Ce fait important n'a pas non plus été claironné à travers l'Angleterre et l'Amérique à la manière de la propagande qui avait réussi à capter les cœurs et les esprits des peuples britannique et américain.

Certains commandants de campagne allemands ont manifestement perdu la tête et ont exercé des représailles excessives contre des villes entières, comme Dinant.

Mais une sorte de défense pouvait être organisée, même pour ces hommes. Le débat qui s'ensuivit sur ce que la Convention de

Genève autorisait aurait fait bâiller les lecteurs de journaux. Ils voulaient ce que Bryce leur donnait — du sang et de la luxure, des viols et des horreurs perpétrés par les "bêtes" allemandes ("boche") contre des femmes et de jeunes enfants et des "civils non armés". Ils voulaient la preuve que le "Hun" allemand était un barbare, une bête sauvage. Et si le public n'avait pas été trompé, Wellington House, et l'effort de guerre du gouvernement britannique auraient été en grande difficulté.

Le rapport Bryce a incontestablement aidé l'Angleterre à gagner la guerre. Il a incontestablement influencé l'opinion publique américaine et convaincu des millions d'Américains et d'autres neutres — il a été traduit en 27 langues — que les Allemands étaient des bêtes hideuses sous forme humaine. Personne, à l'exception de quelques étrangers "partiaux" comme Sir Roger Casement et Clarence Darrow, n'a jamais reproché à Lord Bryce les mensonges vicieux qu'il avait répandus dans le monde. Aucun homme impartial ne pourra jamais pardonner à Bryce de s'être compromis de la sorte.

Pendant tout ce temps, la Wellington House est restée à l'arrière-plan — peu de gens connaissaient son existence — et encore moins son rôle vital, mais elle avait accompli un travail important et perfectionné la technique de lavage de cerveau. Quant à Bryce, il est allé dans sa tombe chargé d'honneurs royaux et académiques, un menteur de première catégorie, un homme qui s'est sali lui-même et qui avait le sang de millions de personnes sur les mains, une brillante canaille, un voleur qui a dérobé la vérité à un public en droit de la connaître, et qui a réussi à échapper à la détection et à l'exposition et à la condamnation totale qui a été universellement accordée à Judas Iscariote.

Avec un recul de cent ans, nous devrions avoir une vision beaucoup plus sévère de cet homme. Le rapport Bryce avait des liens évidents avec la décision britannique de maintenir le blocus de l'Allemagne pendant sept mois après l'armistice de 1918, provoquant la mort par famine d'environ 600 000 Allemands âgés et très jeunes, ce qui faisait partie du plan visant à affaiblir l'Allemagne au point qu'elle ne serait plus jamais une "menace" pour les "alliés".

Les mensonges de propagande de Wellington House au sujet de l'armée allemande ont été de loin la plus grande atrocité de la Première Guerre mondiale et ont donné à chaque Allemand et Allemande le désir de se venger. En créant une haine aveugle de l'Allemagne, Bryce a semé les dents du dragon de la Seconde Guerre mondiale.

CHAPITRE 20

L'art du mensonge réussi : La guerre du Golfe de 1991

D ans ce contexte, ce que nous avons vu lors de la guerre du Golfe, vers 1991, était suffisamment effrayant pour nous rappeler avec force l'origine de l'art sombre du mensonge pratiqué par Lord Bryce et quel menteur congénital et conscient il était devenu. Cela nous a également rappelé comment la Wellington House, puis le Tavistock ont définitivement scellé l'utilisation du lavage de cerveau comme outil de guerre. C'est l'un des facteurs décisifs qui m'a poussé à écrire cet ouvrage et à dénoncer Tavistock et son influence néfaste et tout à fait maléfique.

Lors de la guerre du Golfe, le ministère américain de la Défense a exclu tous les médias et nommé son propre porte-parole, qui a donné sa version grossièrement mensongère des événements par le biais d'émissions télévisées. J'ai surnommé ce type "Pentagon Pete" et il parlait allègrement de "dommages collatéraux", une nouvelle expression de Tavistock utilisée pour la première fois. Il a fallu beaucoup de temps au public pour comprendre ce que cela signifiait : pertes humaines, morts humaines et destruction de biens.

Ensuite, nous avons eu une pause pendant laquelle CNN a été autorisée à venir présenter un reportage sur le succès de la défense antimissile "Patriot" abattant des SCUDS irakiens, ce qui s'est avéré être un autre exercice de propagande de base. Selon CNN, au moins un SCUD attaquant Israël a été abattu chaque nuit. Seul *World In Review*, au milieu de la guerre, a rapporté que pas un seul missile SCUD n'avait été abattu. Personne n'a osé signaler qu'un total de 15 SCUDS avaient frappé Tel-Aviv et d'autres parties d'Israël. La désinformation et la mésinformation ont prévalu. Seul WIR a rapporté la vérité, mais avec un petit lectorat, cela n'avait aucune importance pour les propagandistes.

Ensuite, il y a eu la gigantesque fraude perpétrée sur le peuple américain par l'une des plus grandes sociétés de relations publiques de Washington, Hilton et Knowles.

Là encore, seul WIR a révélé que l'épisode des soldats irakiens arrachant des couveuses des nouveau-nés koweïtiens et les jetant par terre était un mensonge grossier. Il est intéressant de noter que, comme Benton et Bowles, Hilton et Knowles avaient des liens de longue date avec l'Institut Tavistock. Les deux sociétés étaient des agences de "publicité" de premier plan.

L'affabulation de Hilton et Knowles, racontée en larmes par un "témoin oculaire" (qui se trouvait être la fille adolescente de l'ambassadeur koweïtien de la famille Al Sabah à Washington), est ce qui a influencé le Sénat à violer la Constitution américaine et à "donner" à Bush père la "permission" d'attaquer l'Irak, malgré le fait qu'aucune disposition de ce genre n'existe dans la Constitution américaine. Bien que Bush père puisse dire : "Je ne savais pas cela, je n'ai pas embauché Hilton et Knowles", il savait clairement tout du coup de propagande clé réalisé contre le peuple américain. Personne ne croira jamais qu'il n'a pas reconnu la fille de seize ans de l'ambassadeur du Koweït, qu'il avait déjà rencontrée auparavant.

L'ambassadeur du Koweït a payé Hilton et Knowles 600 000 dollars pour mettre en scène cette fraude élaborée devant le Sénat, pour laquelle il aurait dû être arrêté pour avoir menti à une commission sénatoriale. Ce qui était si exaspérant, c'est que la fille est également restée impunie pour le rôle qu'elle a joué en racontant en larmes son expérience : "J'ai vu les soldats irakiens arracher les nouveau-nés des couveuses et les jeter par terre", s'est-elle écriée.

Le fait est que Narita Al Sabah n'avait pas mis les pieds au Koweït depuis des années, et certainement pas pendant la guerre ! Elle était à Washington D.C. avec son père, dans la résidence de l'ambassadeur à Washington. Pourtant, cette enfant et son père n'ont pas été poursuivis. C'est ce que les experts en propagande de Tavistock appellent "un remake réussi des événements". Le témoignage de Narita Al Sabah est devenu la pièce maîtresse d'une énorme campagne médiatique en Amérique, et il est connu pour avoir influencé non seulement le Sénat, mais mis le peuple américain du côté de la guerre contre l'Irak.

Bush père s'est livré à un vieux morceau de propagande en disant au monde que "Saddam" devait être destitué en Irak "pour rendre le Moyen-Orient plus sûr". (Rappelez-vous que Wilson a envoyé des troupes américaines à la mort en France pour "rendre le monde sûr pour la démocratie"). Bush père s'est soudainement mis à vilipender et à diaboliser le président irakien pour servir les intérêts de ses amis du cartel du pétrole et, comme dans le cas du Kaiser en 1913, cela a fonctionné.

Peu de gens se souviennent du stratagème mis en place par Wilson, sinon ils auraient pu remarquer la similitude frappante entre les propos du président Bush, ce que Bryce a dit à Wilson et ce que Wilson a dit au peuple américain pour l'inciter à soutenir la Première Guerre mondiale. Maintenant que Hussein est pratiquement oublié et que les menaces qu'il aurait pu représenter ont toutes été rejetées comme un tissu de mensonges, c'est soudainement d'"Al-Qaïda" que nous devons nous inquiéter.

Woodrow Wilson a utilisé de la propagande pure et simple lorsqu'il a dit à un peuple américain réticent que la guerre allait "rendre le monde sûr pour la démocratie". Bush a entonné la même véritable tromperie. Le prix à payer pour rendre le monde "sûr pour la démocratie" fut effroyable. Selon le professeur William Langer, les morts connus de la Première Guerre mondiale s'élèvent à 10 millions de soldats, hommes et femmes, et à 20 millions de blessés. À elle seule, la Russie a perdu 9 millions d'hommes, soit 75% de son armée. Le coût total de la guerre en dollars a été évalué à 180 millions de dollars, auxquels il faut ajouter les coûts indirects de 151 612 500 000 dollars.

CHAPITRE 21

Le Mémorial des soldats et les cimetières de la Première Guerre mondiale

L e coût de la guerre de Bush contre l'Irak s'élevait à environ 420 milliards de dollars à la mi-2005, et la famille Bush veut plus d'argent pour son entreprise mal famée. Et connaissant le peuple américain et ses représentants infortunés, impuissants mais inutiles au sein de la législature, Bush obtiendra ce qu'il veut.

Les chiffres du coût en dollars de la Première Guerre mondiale ne disent rien de la peine et de la souffrance infligées à l'Amérique par Wilson, le transgresseur. Nous insérons ici un article récent, qui donne une touche personnelle et poignante aux terribles pertes de vies humaines dans cette guerre cauchemardesque.

"Il y a plusieurs semaines, j'ai visité avec ma famille le Soldier's Memorial Museum, au cœur du centre-ville de Saint-Louis. Il s'agit d'un bâtiment immense et profondément impressionnant, inauguré en 1936 par le président Roosevelt en tant que mémorial pour les 1075 hommes de Saint-Louis morts pendant la Première Guerre mondiale. Le mémorial est douloureusement beau, tout en mosaïques et en marbre, avec des sols en terrazzo et des sculptures en pierre de Bedford. Il est dominé par le vaste cénotaphe de granit noir en son centre, couvert des noms des centaines de morts, rangés en rangées bien ordonnées."

"Le jour où nous avons visité ce lieu remarquable mais hanté, il semblait complètement vide. S'il était vide de visiteurs, il était cependant plein des esprits, des voix et des visages des garçons pâles, aux cheveux ébouriffés et aux uniformes soigneusement repassés, qui avaient quitté Saint-Louis il y a 86 ans pour se battre dans une guerre glorieuse si loin dans un pays lointain, des garçons qui n'étaient jamais revenus chez eux.

Le caractère poignant de cet événement était d'autant plus fort que nous vivons quotidiennement les répercussions du conflit actuel, la guerre sanglante et sauvage en Irak. Nous lisons chaque jour le récit des garçons qui ne reviendront jamais chez eux."

"Ce qui m'a le plus frappée, alors que je me promenais autour du mémorial et du musée, tenant dans mes bras ma petite fille nouveau-née, c'est qu'il ressemblait à tant de mémoriaux que j'avais visités dans mon pays, l'Écosse. Il ressemblait également à ceux que j'avais visités en France, en Angleterre, au Canada et en Nouvelle-Zélande, et il ressemblait aux monuments commémoratifs de presque tous les autres pays touchés par le carnage de la Première Guerre mondiale."

"Dans presque tous les pays touchés par le carnage de la Première Guerre mondiale, la soi-disant "guerre qui devait mettre fin à toutes les guerres", les hommes se sont précipités pour s'engager dans l'armée et sont partis à la guerre avec beaucoup d'enthousiasme. Ils croyaient qu'il s'agirait d'une guerre courte, tranchante et fructueuse, menée pour de bonnes raisons, et glorieuse pour les vainqueurs. Ils croyaient qu'ils construisaient un monde meilleur."

"Ils avaient tort. Une moyenne de 5500 hommes est morte chaque jour pendant quatre ans et demi au cours de la Première Guerre mondiale ; cela représente environ quatre hommes par minute, chaque minute, pendant quatre ans et demi, jusqu'à ce que 10 millions d'hommes soient morts. La Première Guerre mondiale a fait plus que détruire des vies ; elle a détruit la confiance dans le progrès, dans la prospérité et dans le caractère raisonnable des êtres humains civilisés, qui était devenue si caractéristique du XIXe siècle. La guerre a détruit une grande partie de la génération suivante qui aurait pu assurer le leadership de l'Europe…"

"Et ce matin, alors que je tiens dans les bras ma petite fille et que je lis des rapports quotidiens sur l'escalade de la violence en Irak, avec des Britanniques, des Irakiens et des Américains qui continuent de mourir, le Soldat de Saint-Louis — un mémorial pour une guerre qui n'aurait jamais dû avoir lieu — me hante et leurs fantômes hantent le Mémorial. C'était la pire de toutes les catastrophes, la guerre qui n'aurait jamais dû être menée — me hante."

"Les cerveaux néoconservateurs de l'administration américaine auraient été bien avisés de visiter des endroits comme celui-ci et de réfléchir longuement aux leçons de tels mémoriaux avant de se lancer dans une guerre au Moyen-Orient qui a déjà tué un nombre incroyable de personnes et qui en tuera certainement beaucoup plus, directement et indirectement.

(Rédigé par le professeur Dr. James Lachlan MacLeod, professeur associé d'histoire, Université d'Evansville, Indiana).

Mes expériences sont parallèles à celles du professeur MacLeod. J'ai visité les champs de bataille de Verdun et de Passchendale où s'est déroulé le gros du massacre qu'il raconte si bien. J'ai essayé d'imaginer 10 millions de soldats mourant si jeunes, la terreur, l'horreur et le chagrin qu'ils ont éprouvés, et le chagrin inconsolable de ceux qu'ils ont laissés derrière eux. Alors que je me tenais dans la lumière déclinante de l'après-midi dans l'un des nombreux cimetières militaires de France, et que je regardais les milliers et milliers de croix blanches bien rangées qui traversaient les cimetières militaires, j'ai été envahi par la colère, puis submergé par le chagrin, à tel point que je jure avoir entendu les cris et les hurlements d'angoisse des morts réclamant que justice soit faite, si cruellement abattus dans la fleur de l'âge, et qu'il m'a semblé voir leurs visages se refléter dans les nuages.

C'était une expérience mystique que je n'oublierai jamais, tout comme l'expérience d'un officier britannique qui a visité ces champs de bataille en 1919 :

Hier, j'ai visité les champs de bataille de ces dernières années. L'endroit était à peine reconnaissable. Au lieu d'une terre sauvage déchirée par les obus, le terrain était un jardin de fleurs sauvages et de hautes herbes. Le plus remarquable était l'apparition de plusieurs milliers de papillons blancs qui voltigeaient tout autour. C'était comme si les âmes des soldats morts étaient venues hanter l'endroit où tant de soldats étaient tombés. C'était sinistre de les voir. Et le silence ! C'était si calme que je pouvais presque entendre le battement des ailes des papillons. (D'après les archives du British War Museum de Londres)

Mon intense sentiment d'indignation m'a rendu déterminé à découvrir tout ce que je pouvais sur une guerre terrible qui a commencé par une propagande massive, le fléau du monde moderne. C'était une autre raison décisive pour écrire ce livre et exposer le mal de Tavistock. Sir Roger Casement pensait que Lord Bryce aurait dû être pendu pour trahison et je pense que Wilson aurait dû subir un sort similaire, ce qui aurait empêché Roosevelt et Churchill de plonger le monde dans un deuxième cycle de carnage. La propagande a prévalu, et le monde civilisé occidental a été perdu.

Le monde que nous connaissions, le monde établi par la civilisation occidentale, a disparu. Les sombres prédictions de Spengler se sont avérées exactes. À la place de notre monde civilisé occidental, nous verrons bientôt l'effroyable édifice du nouveau gouvernement communiste socialiste mondial unique se profiler dans l'obscurité de la longue nuit à venir.

Il ne fait aucun doute que la Première Guerre mondiale a été provoquée par la Grande-Bretagne et son allié, les États-Unis d'Amérique, avec l'aide de Wellington House. La guerre n'aurait pas pu avoir lieu sans la propagande active déversée par ces forces obscures. Le nom de Lord Grey, son principal architecte, restera dans l'histoire comme celui d'un politicien malhonnête et traître à son peuple.

Il n'y a pas de consensus sur la raison pour laquelle la Grande-Bretagne a provoqué la Première Guerre mondiale. Mais en 1916, l'armée allemande avait vaincu les armées française et britannique de la manière la plus décisive. Wilson subit de fortes pressions pour que des troupes américaines soient envoyées en Europe. Wellington House déclenche donc une guerre de propagande totale contre le peuple américain, mais qui reste néanmoins inefficace jusqu'à la publication du rapport Bryce.

Il est impossible de comprendre ce qui se passe en Irak si nous ne prenons pas pleinement conscience de la terrible propagande déployée contre les peuples britannique et américain en 1913 et 1940. Ce fut l'un des chapitres les plus sombres et les plus abjects de l'histoire, avec Wilson débitant des mensonges tels qu'une "guerre juste", et "une guerre pour mettre fin à toutes les guerres", une guerre "pour rendre le monde sûr pour la démocratie". L'objectif de la guerre était de sécuriser le commerce, en particulier pour la Grande-Bretagne et la France, désormais menacées par l'industrie allemande.

Mais ce n'étaient que des mots qui masquaient sa véritable intention et qui n'avaient aucun sens dans ce contexte, exactement ce que l'on attend d'un politicien. Le genre de bêtises qu'on trouve sur un encart de panneau publicitaire.

Le discours de Wilson visant à "rendre le monde sûr pour la démocratie" n'était rien de plus que des bulles de gaz colorées. Il proposait d'entrer en guerre aux côtés des Anglais, qui s'assuraient à ce moment précis qu'il n'y avait pas de démocratie populaire dans l'Empire.

Les Anglais venaient d'achever brutalement les Boers en Afrique du Sud dans une guerre cruelle qui a duré trois ans. Si Wilson voulait rendre le monde "sûr pour la démocratie", il aurait dû entrer en guerre aux côtés de l'Allemagne contre l'Angleterre, l'agresseur et l'instigateur de la guerre.

Au lieu de "rendre le monde sûr pour la démocratie", elle s'est avérée être la plus grande calamité qui ait jamais frappé les nations civilisées tombées dans les griffes d'hommes corrompus, immoraux et menteurs, dans une guerre appelée à juste titre "La Grande Guerre". Elle n'était bien sûr "grande" que par son ampleur et sa portée.

Nous ne comprendrons jamais comment les États-Unis sont devenus la "seule grande puissance", à moins de confesser les péchés de Wilson et de l'establishment britannique d'il y a 100 ans. Les États-Unis se sont continuellement empêtrés dans les affaires d'autres nations souveraines, en dépit de l'avertissement de George Washington, et le premier exemple en a été notre entrée dans la Première Guerre mondiale et l'échec de la Société des Nations. Wilson a fait pleinement usage des maîtres propagandistes de Wellington House, utilisant le slogan comme une arme coercitive et a déclaré au Sénat réticent que s'il ne ratifiait pas la Société des Nations, "cela briserait le cœur du monde".

Grâce au sénateur Cabot Lodge, et à un certain nombre de sénateurs américains qui après une réflexion et un examen sérieux de l'affaire sous l'égide de la Constitution des États-Unis, a refusé de ratifier le traité de la Société des Nations parce qu'ils ont découvert qu'il cherchait à tuer la souveraineté des États-Unis. Usant et abusant de son penchant pour la propagande, Wilson tenta de l'emporter en déclarant que sa campagne de réélection était "un grand et solennel référendum pour l'acceptation du traité" mais, n'ayant pas Lord Bryce pour le soutenir, il perdit et fut balayé.

Malheureusement, il n'a pas fallu longtemps aux rouleaux compresseurs de la propagande pour faire un retour en force avec la version remaniée des Nations Unies de la Société des Nations. Truman (pas le simple vendeur de chapeaux du Missouri mais le Maître Maçon) a trahi le peuple américain en autorisant la constitution de cet édifice mondial unique aux États-Unis et Truman a utilisé la propagande laissée par Wilson pour persuader les sénateurs de voter pour ses mensonges.

Ce que Truman a fait, c'est forcer la nation américaine à conclure un pacte avec le diable — le diable du pouvoir sur la justice et la vérité, la justice par le canon d'une arme. Nous avons appliqué cette "justice" au cours de la Seconde Guerre mondiale en bombardant massivement des centres civils sans tenir compte des pertes en vies humaines et nous avons utilisé des bombes atomiques sur le Japon, bien que la guerre soit terminée, dans le cadre du stratagème de propagande "choc et effroi" repris par Rumsfeld dans la guerre inconstitutionnelle contre l'Irak.

CHAPITRE 22

La paix n'est pas populaire

L a Seconde Guerre mondiale suit un schéma presque identique à celui de la Première Guerre mondiale. Pour avoir conclu un accord de paix avec Hitler, Neville Chamberlain est immédiatement soumis à un puissant barrage de propagande dirigé par le Tavistock Institute. Chamberlain avait défié le Comité des 300 et soutenu un nouveau venu, un outsider qui était considéré comme une menace pour le socialisme mondial.

Le monde n'a pas appris la vérité sur Chamberlain, ni qu'il était un politicien capable et déterminé à éviter une autre guerre, ni qu'il avait de l'expérience et qu'il avait élaboré un plan de paix équitable — ce qui, bien sûr, ne convenait pas aux vautours marchands de munitions assis sur la barrière, attendant de se repaitre de la richesse des nations et de planer sur les cadavres de leurs fils.

La vaste machine de propagande mise en place à l'Institut Tavistock de Londres se met immédiatement en action contre Chamberlain, après qu'il ait annoncé son plan de paix réussi. Shakespeare a dit que "le mal que les hommes font vit après eux ; le bien est souvent enterré avec leurs os". Le bien fait par Chamberlain ne convient pas aux bellicistes et ils l'enterrent sous un catalogue de propagande et de mensonges purs et simples.

Ces mensonges étaient l'œuvre de spécialistes de la propagande employés à l'Institut Tavistock, notamment Peter Howard, Michael Foot et Frank Owen. L'un de ces hommes, sous le nom de plume de "Cato", a tellement vilipendé Chamberlain que l'infamie qu'ils ont attachée à son nom vit encore aujourd'hui, en juillet 2005. Tel est le pouvoir de la puissante machine de propagande de Tavistock.

Plus tard, bien après que les experts en propagande mensongère aient fait leur travail, l'historien et universitaire britannique David Dutton a écrit un livre, *Neville Chamberlain*, dans lequel il donne une évaluation équilibrée de l'ancien premier ministre.

Loin d'être une "dupe d'Hitler" et un "imbécile", Chamberlain a fait preuve d'un grand talent de négociateur et était un dirigeant très compétent, qui s'est battu vaillamment pour éviter une autre guerre. Mais cela allait à l'encontre des souhaits du Comité des 300. Churchill a obtenu sa "délicieuse guerre", mais en 1941, les "Alliés" avaient pratiquement été chassés du continent européen avec d'énormes pertes d'effectifs. La France, la Belgique, la Hollande et le Danemark étaient occupés.

L'Allemagne offrit des conditions généreuses à l'Angleterre, mais le belliciste Churchill rejeta les ouvertures de paix et se tourna vers son vieil allié, les États-Unis, pour fournir des hommes, de l'argent et du matériel afin de poursuivre "la délicieuse guerre".

Au peuple américain, nous disons avec une profonde tristesse :

> "Quand apprendrez-vous un jour ? Quand allez-vous faire la distinction entre la propagande et l'information authentique ? Quand allez-vous soumettre les propositions de guerre au test constitutionnel ?"

Wilson était un menteur invétéré et un détracteur de la Constitution américaine ; pourtant, grâce à une énorme campagne de propagande organisée, dirigée et entretenue par la Wellington House, il a pu accomplir sa mission en opérant sous la bannière du patriotisme, qui a permis de surmonter la vigoureuse opposition à la guerre. Entre Wilson, Churchill et Roosevelt, d'énormes dommages ont été causés à la civilisation chrétienne occidentale. Pourtant, en dépit de ce fait, une vague de propagande continue de déferler sur leurs noms, comme pour les débarrasser du sang de millions de personnes qu'ils ont sur les mains.

Au lieu d'être vilipendés, de nombreux monuments en leur honneur se trouvent dans toute l'Europe et, en Amérique, un monument de plusieurs milliards de dollars doit être érigé en l'honneur de Franklin D. Roosevelt, dont la trahison a poussé les Japonais à "tirer le premier coup de feu", comme l'indiquent les laiteries Stimson. Pearl Harbor a ouvert la voie au contrôle de la Chine par les communistes et, en fin de compte, la voie à un nouvel ordre mondial communiste-socialiste au sein d'un gouvernement mondial unique. Notre seul espoir dans cette vallée de désespoir est que ce travail puisse aider à ouvrir les yeux du peuple américain, afin qu'il se résolve à ne plus jamais se laisser prendre à la propagande, bien qu'à la suite de la tragédie du 11 septembre, cela semble maintenant un vain espoir.

Nous avons récemment vécu l'expérience troublante d'être précipités dans une guerre inutile en Serbie, en Afghanistan et en Irak grâce aux outils de propagande élargis entre les mains des experts de Tavistock, le même outil utilisé pour vilipender le Kaiser et Chamberlain. Le président Milosevic a été diabolisé, vilipendé, rabaissé et finalement chassé du pouvoir. Le président Milosevic a été arrêté illégalement et transporté illégalement en Hollande pour y être "jugé" par un tribunal fantoche qui tente depuis près de quatre ans de le condamner pour "crimes de guerre".

George Bush fils a refusé de donner aux médiateurs en Irak le temps de travailler parce qu'il savait que cela empêcherait la guerre. Il a refusé de donner aux inspecteurs en désarmement de l'ONU le temps d'achever leur travail et, au lieu de cela, il a déclaré, avec la mauvaise intention de tous les propagandistes, que le monde ne pouvait pas attendre dix jours de plus en raison du "danger imminent" que représentaient les "armes de destruction massive" entre les mains du "dictateur irakien". (Le "boucher de Bagdad".)

Ainsi, une fois de plus, le peuple des États-Unis a été emporté par un flot de mensonges diffusés par les propagandistes de l'Institut Tavistock et repris par les médias américains, notamment le principal organe de propagande des États-Unis,

Fox News.

Cependant, les Américains ont plus de chance cette fois-ci : Nous n'avons pas eu à attendre qu'un siècle s'écoule pour que la vérité éclate : Il n'y avait pas d'"armes de destruction massive", pas d'"usines chimiques et bactériologiques", pas de fusées à longue portée pour provoquer un "champignon atomique au-dessus de Boston" (grâce à l'apologiste de la propagande de Tavistock et du lavage de cerveau de masse, Mme Rice), et M. Bush et son complice, le Premier ministre britannique Blair. Mais bien qu'ils aient été pris dans un tissu de mensonges, tous ceux mentionnés ci-dessus restent en fonction. Ils n'ont pas été renvoyés pour les innombrables mensonges qu'ils ont juré être vrais et dont ils ne prennent même pas la peine de s'extirper aujourd'hui, ignorant les critiques avec l'aide de spinmasters (menteurs patentés) comme Karl Rove et Alaister Campbell. Espérons que la cause de la justice sera servie, et que les responsables de la tragédie des bombardements de la Serbie et de l'Afghanistan, et des invasions injustifiées de l'Irak seront amenés devant la barre de la justice internationale pour répondre de leurs crimes.

Les voix des morts s'élèvent des champs de bataille d'Europe, du Pacifique, de Serbie et d'Afghanistan, et d'Irak, se lamentant d'être mortes parce que le "lavage de cerveau" a triomphé et que la propagande a prévalu, le fléau du monde moderne, s'échappant de l'Institut Tavistock comme les miasmes nauséabonds d'une tourbière humide et bruyante, enveloppant le monde pour le rendre aveugle à la vérité.

Lord Northcliffe

Walter Lippman

Edward Bernays
et Eleanor Roosevelt

Edward Bernays

Les Scientifiques en sciences sociales à Tavistock

W.R. Bion

Gregory Bateson

R.D. Laing

Eric L. Trist. Chercheur en sciences
sociales à l'Institut Tavistock

Léon Trotsky. Leader
marxiste (Vrai nom Lev.
Bronstein.)

Willy Munzenberg. Le
brillant espion russe et
principal propagandiste

Lord Northcliffe et Adolph Hitler.

H.G. Wells. Auteur britannique. Fabianiste de premier plan, et agent des services secrets. A écrit *La Guerre des Mondes*.

George Bernard Shaw. Dramaturge irlandais et fabianiste

Walter Rathenau. Industriel allemand de premier plan. Conseiller financier du Kaiser Guillaume II.

Lord Bertrand Russell. Socialiste britannique, auteur et homme d'État aîné des "300".

Kaiser Guillaume II
Wellington House a
faussement qualifié le
dirigeant allemand de
"boucher sanglant".

La reine Victoria était une
cousine de Guillaume II.

Le roi George V.

Woodrow Wilson, Président
des États-Unis. Un socialiste
avoué

Le tristement célèbre dessin de propagande représentant l'empereur Guillaume II debout sur des femmes et des enfants belges qu'il avait abattus. Ce dessin, ainsi qu'un autre similaire produit par la Wellington House, montrant Guillaume II debout au-dessus d'enfants belges, une épée dégoulinant du sang de leurs mains coupées, a été publié dans les journaux de Grande-Bretagne et des États-Unis.

(ci-dessus) Trotsky "passe en revue" ses "troupes" à Moscou. C'est l'une des centaines de photographies de propagande qui ont inondé les journaux occidentaux volontaires.

(ci-dessous) Représentation de l'une des nombreuses et terribles batailles au corps à corps de la Première Guerre mondiale. La brutalité et le massacre ont laissé les survivants des deux camps mentalement handicapés et hantés par ce qu'ils ont vécu.

(1) Sean Hannity. (2) Rush Limbaugh.

(3) Tucker Carlson. (4) Matt Drudge.

(5) G. Gordon Liddy. (6) Peggy Noonan.

(7) Brian Williams. (8) Bill O'Reilly.

(9) Lawrence Kudlow. (10) Dick Morris.

(11) John Stossel. (12) William Bennet.

(13) Oliver North. (14) Michael Savage.

(15) Michael Reagan. (16) Joe Scarborough.

CHAPITRE 23

L'Institut Tavistock : Le contrôle de la Grande-Bretagne sur les États-Unis

Le Tavistock Institute of Human Relations est situé à Londres et sur le terrain de l'université de Sussex, dans le Sussex, en Angleterre, où se trouvent la plupart de ses installations de recherche. Tavistock reste aussi important aujourd'hui qu'il l'était lorsque j'ai révélé son existence au début de 1969. On m'a accusé d'avoir fait partie de Tavistock parce que je travaillais à proximité de ses installations du Sussex et que je connaissais bien son histoire.

La plupart des activités plus récentes de Tavistock ont eu, et ont encore, une profonde influence sur la façon dont nous vivons en Amérique, et sur nos institutions politiques. On pense que Tavistock est à l'origine de la publicité en faveur de l'avortement, de la prolifération des drogues, de la sodomie et du lesbianisme, des traditions familiales, et de l'attaque féroce contre la Constitution, de notre mauvaise conduite en politique étrangère et de notre système économique, programmé pour échouer.

À part John Rawlings Reese, aucun autre homme n'a autant influencé la politique et les événements mondiaux que Edward Bernays (le neveu de Sigmund Freud) et Kurt Lewin. Un "troisième homme" doit être inclus ici, bien qu'il n'ait jamais fait partie de la faculté de Tavistock. Il s'agit de Willi Munzenberg dont les méthodes de propagande et les applications si cruciales à l'ère moderne de la communication de masse lui ont valu le titre de "plus grand propagandiste du monde". Sans doute l'homme le plus brillant de son époque (il a commencé son travail avant la Première Guerre mondiale), Munzenberg a été chargé de blanchir l'image des bolcheviks après qu'ils aient renversé la dynastie Romanov.

Munzenberg a définitivement façonné les idées et les méthodes mises en pratique par Bernays et Lewin. Ses exploits légendaires dans la manipulation de Leon Tepper, le Kappelmeister de la Rot Kappell (chef d'orchestre de l'"Orchestre rouge", réseau d'espionnage), ont fait de Munzenberg le maître-espion de toutes les agences de renseignement existantes. Tepper a été formé par Munzenberg et il n'a jamais été pris. Tepper a pu obtenir tous les secrets de la Grande-Bretagne et des États-Unis pendant la Seconde Guerre mondiale. Il n'y a pratiquement aucun plan secret lancé par les "alliés" qui n'était pas déjà connu de Tepper, qui a transmis l'information au KGB et au GRU à Moscou.

Dans son domaine, Bernays était tout aussi brillant, mais je soupçonne que la plupart de ses idées provenaient de son célèbre oncle Sigmund. Quant à ses idées sur la propagande, il ne fait guère de doute qu'il a "emprunté" à Munzenberg, ce qui se reflète dans le classique *Propagande* de Bernays, publié en 1928. La thèse de ce livre est qu'il est tout à fait approprié et un droit naturel pour le gouvernement d'organiser l'opinion publique pour qu'elle se conforme aux politiques officielles. Nous reviendrons plus tard sur ce sujet.

Munzenberg a eu l'audace de mettre en pratique ses principes de base en matière de propagande bien avant Bernays, ou Joseph Goebbels, le ministre allemand des Lumières populaires (comme on appelait le ministère de la Propagande).

Le spécialiste de la propagande du parti nazi admirait beaucoup le travail de Munzenberg et a calqué son propre programme de propagande sur les méthodes de Munzenberg. Goebbels a toujours pris soin de créditer Munzenberg comme le "père" de la propagande, même si peu de gens le connaissaient.

Goebbels avait particulièrement étudié la façon dont Munzenberg avait utilisé sa maîtrise de la science de la propagande lorsque Lénine l'avait recruté pour atténuer l'effroyable publicité faite en 1921, lorsque 25 millions de paysans de la région de la Volga moururent des ravages de la famine. C'est ainsi que Munzenberg, né en Allemagne, est devenu la coqueluche des bolcheviks. Pour citer un récit historique récent :

> "Munzenberg, qui était alors retourné à Berlin où il a été élu plus tard au Reichstag en tant que député communiste, a été chargé de créer une fausse "organisation caritative", le Comité étranger pour l'organisation de l'aide aux travailleurs affamés en Union soviétique, dont le but était de faire croire au monde que l'aide humanitaire provenait d'une autre source que l'American Relief Organization d'Herbert Hoover. En cela, Munzenberg a tout à fait réussi.

Munzenberg a attiré l'attention de la direction de l'ancienne Wellington House qui, en 1921, avait changé de nom pour devenir le Tavistock Institute of Human Relations sous la direction du major général John Rawlings Reese, anciennement de l'école du bureau de guerre psychologique de l'armée britannique.

Les lecteurs qui ont suivi mon travail ne seront pas surpris d'apprendre que la plupart des techniques adoptées et perfectionnées par Munzenberg ont été reprises par Bernays et ses collègues, Kurt Lewin, Eric Trist, Dorwin Cartwright et H. V. Dicks W. R. Bion à Tavistock, qui a ensuite enseigné ces méthodes à la Central Intelligence Agency.

Munzenberg n'a pas été le seul communiste à influencer profondément les événements aux États-Unis. Je crois que le Tavistock a contribué à la préparation du "mémoire sur l'avortement", qui a ensuite été présenté à la Cour suprême en 1973, comme une œuvre originale, alors qu'il s'agissait en fait d'une simple récitation de ce qu'avait écrit Madame Kollontei, fondatrice du mouvement de "libération des femmes" et partisane de l'"amour libre" en URSS.

Commissaire et chef de file des bolcheviks, son livre est une diatribe contre le caractère sacré du mariage et de la famille en tant qu'unité sociale la plus importante dans les pays chrétiens.

Kollontei, bien sûr, a puisé son "féminisme" directement dans les pages du Manifeste communiste de 1848.

George Orwell, l'agent du MI6 qui a écrit le célèbre *1984*, a étudié en détail le travail de Munzenberg. En fait, sa déclaration la plus connue reposait sur ce que Munzenberg avait dit être la base de la propagande :

> "Le langage politique est conçu pour que les mensonges paraissent véridiques et les meurtres respectables et pour donner l'apparence de la solidité au pur vent."

Comme l'a dit son homologue allemand Munzenberg :

> "Toutes les nouvelles sont des mensonges et toute la propagande est déguisée en nouvelles."

Il est utile de connaître Munzenberg car cela nous aide à comprendre comment les politiciens opèrent et comment les forces secrètes contrôlent l'accès à l'information, et comment l'opinion publique est façonnée et modelée. Bernays a certainement suivi le maître et n'a jamais dévié de sa méthodologie. Sans savoir ces choses, nous ne pourrons jamais comprendre comment le président George Bush peut faire les choses qu'il fait et ne pas avoir à en assumer les conséquences. Cela m'a certainement permis de retracer l'origine des soi-disant "néoconservateurs" qui façonnent sa politique, jusqu'à son fondateur, Irving Kristol, qui admet avoir été un disciple avoué de Léon Trotsky.

Tavistock reste la mère de toutes les installations de recherche liées aux modifications du comportement, à la formation de l'opinion et à l'élaboration des événements politiques. Ce que Tavistock a fait, c'est créer un "trou noir de la tromperie au 20ème siècle". Sa tâche aurait été rendue beaucoup plus difficile s'il n'y avait pas eu la prostitution des médias et leur rôle dans la diffusion de "l'évangile selon George Orwell".

Lord Northcliffe, le chef du prédécesseur de Tavistock, Wellington House, était un magnat des médias et, à un moment donné, il est allé jusqu'à expédier des milliers d'exemplaires de son *Daily Mail* en France chaque semaine, puis à les faire livrer par une flotte de camions aux troupes britanniques sur le front, "pour gagner leur cœur et leur esprit en faveur de la guerre" (Première Guerre mondiale).

En particulier ici, aux États-Unis, elle a pratiquement pris le contrôle du Massachusetts Institute of Technology (MIT), de Stanford Research, de l'Esalen Institute, de la Wharton School of Economics, de l'Hudson Institute, de Kissinger Associates, de la Duke University et de bien d'autres institutions que nous en sommes venus à considérer comme totalement américaines.

La Rand Research and Development Corporation, sous la tutelle de Tavistock, a eu une profonde influence sur de nombreuses institutions et segments de notre société. En tant que l'une des principales institutions de recherche directement contrôlée par Tavistock, Rand dirige notre programme ICBM, effectue des analyses de premier ordre pour les responsables de la politique étrangère des États-Unis et les conseille sur les politiques nucléaires, réalise des centaines de projets pour la CIA dans le domaine du contrôle mental.

Parmi les clients de Rand, on compte AT&T, la Chase Manhattan Bank, l'armée de l'air américaine, le ministère de l'énergie américain et le ministère de la Santé.

B.M. Rand est l'une des principales institutions contrôlées par Tavistock dans le monde, et elle travaille sur le lavage de cerveau à tous les niveaux, y compris le gouvernement, l'armée, les organisations religieuses. Desmond Tutu, de l'Église anglicane, était l'un des projets de Rand.

Prenons un autre exemple : l'université de Georgetown, qui est peut-être l'un des meilleurs établissements d'enseignement supérieur d'Amérique. À partir de 1938, toute la structure de Georgetown a été revue par Tavistock — tous ses formats et programmes d'apprentissage ont été modifiés pour s'adapter à un plan élaboré par l'équipe du "brain trust" de Tavistock.

Cela a eu une grande importance pour les politiques américaines, en particulier dans le domaine des relations de politique étrangère. Sans exception, les agents de terrain du département d'État des États-Unis sont formés à Georgetown.

Parmi les diplômés les plus connus de Georgetown (Tavistock) figurent Richard Armitage et Henry Kissinger. L'ampleur des dégâts que ces deux membres de l'armée invisible de John Rawlings Reese ont causés au bien-être de notre pays devra être racontée à un autre moment.

Il y a de plus en plus de preuves d'un apport accru de Tavistock dans nos agences de renseignement. Lorsque nous pensons au renseignement aux États-Unis, nous pensons généralement à la CJA ou à la division cinq du FBI.

Mais il existe un grand nombre d'autres agences de renseignement qui reçoivent des instructions de Tavistock. Il s'agit notamment des services de renseignement du ministère de la Défense (DIA), du National Reconnaissance Office (NRO) et de l'Office of Naval Intelligence (ONI), du Treasury Intelligence Service (TIS), du State Department Intelligence Service, de la Drug Enforcement Agency (DEA) et d'au moins dix autres.

Comment et quand Tavistock a-t-il commencé sa carrière ? Comme je l'ai dit dans mes ouvrages de 1969 et 1983, quand on pense à Tavistock, on pense automatiquement à son fondateur, le major de l'armée britannique John Rawlings Reese. Jusqu'en 1969, très peu de personnes en Grande-Bretagne, en dehors des cercles du renseignement, connaissaient l'existence de Tavistock, et encore moins ce qui se faisait dans ses installations de Londres et du Sussex.

Tavistock a fourni des services de nature sinistre à ces personnes que l'on trouve dans toutes les villes de ce pays ; des personnes qui ont les fonctionnaires des gouvernements locaux et d'État et les services de police dans la paume de leur main.

C'est également le cas dans toutes les grandes villes américaines, où les membres Illuminati de la franc-maçonnerie utilisent leurs pouvoirs secrets de contrôle pour fouler aux pieds la Déclaration des droits, intimider et brutaliser à volonté des citoyens innocents. Où sont les hommes d'État qui ont fait la grandeur de ce pays ? Ce que nous avons à leur place, ce sont des législateurs qui n'appliquent pas les lois qu'ils font, et qui sont terrifiés à l'idée de corriger les erreurs évidentes qui abondent de toutes parts, effrayés par le fait que s'ils obéissaient à leur serment, ils pourraient se retrouver sans emploi.

Ce sont aussi des législateurs qui n'ont même pas la plus vague idée de ce qu'est le droit constitutionnel, et ils ne semblent pas s'en soucier. Ils adoptent des "lois" qui n'ont jamais été testées quant à leur constitutionnalité. La majorité des législateurs ne savent pas comment faire, de toute façon. En conséquence, l'anarchie règne à Washington. La plupart des candidats qui se présentent à la Chambre des représentants et au Sénat peuvent être choqués par le fait que chacun d'entre eux est soigneusement contrôlé et profilé par les scientifiques de la modification du comportement de Tavistock, ou d'une ou plusieurs de ses filiales aux États-Unis.

Il suffit de dire qu'un esprit d'anarchie inconstitutionnelle règne au Congrès, ce qui explique pourquoi nous sommes insultés par des mesures telles que la loi "Brady" et la loi Feinstein sur les "armes d'assaut" et, en 2003, le "Homeland Security Bill" et le "Patriot Act", n'apparaissent nulle part dans la Constitution et constituent tous, par conséquent, une interdiction. La "loi" de Feinstein ressemble étrangement au travail de l'Institut Tavistock. La Constitution étant la loi suprême du pays, les lois de "contrôle des armes" sont nulles et non avenues.

Les armes à feu sont une propriété privée. Les armes à feu ne relèvent pas du commerce interétatique. Tout citoyen américain sain d'esprit, majeur et non criminel a le droit de conserver et de porter des armes en toute quantité et en tout lieu.

C'est ce qu'a déclaré le grand Saint-Georges Tucker :

> "Le Congrès des États-Unis ne possède aucun pouvoir de réglementer ou d'interférer avec les préoccupations intérieures de l'un des États, il leur appartient (aux États) d'établir toute règle concernant le droit de propriété, et la Constitution ne permettra aucune interdiction d'armes au peuple ou de rassemblement pacifique par celui-ci, dans quelque but et en quelque nombre que ce soit, quelle qu'en soit l'occasion."

(Opinions de Blackstone sur la Constitution, page 315)

Tout candidat qui ne sera pas facile à contrôler ou qui ne correspond pas aux profils de Tavistock est écarté. Dans ce contexte, la presse écrite et les médias internet — sous la direction de Tavistock ou de l'un de ses affiliés — jouent un rôle clé. Que l'électeur prenne garde, que le grand public en soit avisé.

Notre processus électoral est devenu une farce, grâce au travail effectué par Tavistock pour contrôler les pensées et les idées des gens de cette nation au moyen d'un "conditionnement directionnel interne" et d'une "pénétration à longue distance" dont la science de contrôle mental des sondages fait partie intégrante. Tavistock sert la Noblesse Noire dans tous ses éléments, travaillant à nous voler la victoire de la Révolution américaine de 1776. Si le lecteur n'est pas familier avec la noblesse noire, il faut savoir que ce terme ne désigne pas les Noirs. Il désigne un groupe de personnes extrêmement riches, des dynasties, dont l'histoire remonte à plus de cinq cents ans et qui constituent l'épine dorsale du Comité des 300.

Sur le front international, ainsi que dans les domaines des institutions américaines qui décident de la politique étrangère, le Tavistock pratique le profilage psychologique à tous les niveaux du gouvernement, ainsi que l'intrusion dans la vie privée, à une échelle vraiment vaste.

Tavistock a élaboré des profils et des programmes pour le Club de Rome, la Fondation Cini, le German Marshall Fund, la Fondation Rockefeller, les Bilderbergers, le CFR et la Commission trilatérale, la Fondation Ditchley, la Banque des règlements internationaux, l'I.M.F., les Nations unies et la Banque mondiale, Microsoft, la Citibank, la Bourse de New York, etc. Cette liste d'institutions aux mains des planificateurs de Tavistock est loin d'être exhaustive.

Le barrage de propagande qui a précédé la guerre du Golfe de 1991 était basé sur un profilage psychologique d'énormes groupes de population aux États-Unis, établi par Tavistock. Les résultats ont été transmis aux faiseurs d'opinions, également connus sous le nom d'"'agences de publicité" sur Madison

Avenue.

Cette propagande était si efficace qu'en l'espace de deux semaines, des personnes qui ne savaient même pas où se trouvait l'Irak sur la carte, et encore moins qui étaient ses dirigeants ont commencé à crier et à réclamer la guerre contre "un dictateur qui menace les intérêts de l'Amérique". Effrayant ? OUI, mais malheureusement 100% vrai ! Les mots mêmes de "crise du Golfe" ont été élaborés par l'Institut Tavistock pour susciter un soutien maximal à la guerre de Bush au nom d'un comité de 300 personnes dont la société phare est British Petroleum (BP).

Nous savons maintenant — du moins certains d'entre nous — quel rôle important joue Tavistock lorsqu'il s'agit de créer une opinion publique fondée sur l'obscurcissement, le mensonge, la dissimulation, la déformation des faits et la fraude pure et simple. Aucune autre institution au monde ne peut rivaliser avec l'Institut Tavistock pour les relations humaines. Citation de mon rapport mis à jour en 1984 :

> "Il y a quelques institutions et entreprises d'édition qui se rendent compte des changements qui se produisent. Le dernier numéro de *Esquire Magazine* contient un article intitulé "Discovering America". *Esquire* ne mentionne pas le nom de Tavistock, mais voici ce qu'il dit : Pendant la révolution sociale (une expression très significative) des années 70, la plupart des rituels et des interactions personnelles ainsi que la vie institutionnelle ont été radicalement modifiés. Naturellement, ces changements ont affecté la façon dont nous percevons l'avenir... La base économique de l'Amérique change et de nouveaux services et produits sont proposés."

L'article poursuit en affirmant que nos vies professionnelles, nos loisirs, nos systèmes éducatifs sont modifiés et, plus important encore, que la pensée de nos enfants est modifiée. L'auteur de l'article d'*Esquire* conclut :

> "L'Amérique est en train de se transformer, tout comme la direction qu'elle prendra à l'avenir... À l'occasion, notre nouvelle section américaine (promise pour les prochaines éditions d'*Esquire*) ne semblera pas si nouvelle, puisque la plupart des nouvelles pensées se sont insinuées dans le courant

principal de la vie américaine, mais jusqu'à présent, elles sont passées inaperçues."

Je n'aurais pas pu donner une description plus appropriée du sophisme "le temps change les choses". **Rien ne change par lui-même, tous les changements sont conçus, que ce soit en secret ou en public.** Bien que *Esquire* n'ait pas dit qui est responsable des changements — pour la plupart des changements non désirés — auxquels nous, le peuple, avons tenté de résister.

Esquire n'est pas le seul à affirmer cela. Des millions d'Américains vivent dans l'ignorance totale des forces qui façonnent leur avenir. Ils ne sont pas conscients que l'Amérique est complètement "conditionnée" par la "méthode de pénétration intérieure directionnelle à longue portée" de Tavistock. Le pire, c'est que ces millions de personnes, à cause du conditionnement de Tavistock (qui fait que les Américains pensent comme Tavistock voudrait qu'ils pensent), ne semblent plus s'en soucier. Ils ont été "conditionnés intérieurement" par la "pénétration à longue portée" — le plan de contrôle principal mis en place par Tavistock pour laver le cerveau de la nation depuis si longtemps qu'ils souffrent maintenant d'un état constant de "choc des obus".

Comme nous le verrons, il y a de bonnes raisons à cette apathie et à cette ignorance. Les changements forcés et non désirés auxquels nous avons été soumis en tant que nation sont l'œuvre de plusieurs maîtres théoriciens et techniciens qui ont rejoint John Rawlings Reese à l'Institut Tavistock.

CHAPITRE 24

Le lavage de cerveau sauve un président américain

Je me risquerais à dire que même après toutes mes années passées à exposer Reese et son travail, 95% des Américains ne savent pas qui il est ni quel mal il a fait aux États-Unis.

Ce nombre important de nos citoyens est encore aujourd'hui totalement inconscient de la façon dont ils ont été manipulés et forcés d'accepter de "nouvelles idées", de "nouvelles cultures" et de "nouvelles religions". Ils ont été grossièrement violés et ne le savent pas. Ils sont toujours violés et ne savent toujours pas ce qui se passe, surtout lorsqu'il s'agit de se faire une opinion par le biais de sondages.

Pour illustrer mon propos, l'ancien président Clinton a pu survivre à un scandale après l'autre grâce à des sondages montrant que le peuple américain ne se souciait pas assez de son comportement farfelu pour demander une procédure de destitution. Cela pourrait-il être vrai ? Serait-il vrai que les gens ne se soucient plus vraiment de la moralité publique ? Bien sûr que non !

Il s'agit d'une situation artificielle enseignée par l'institut Tavistock et chaque scrutateur est formé aux méthodes Tavistock de formation de l'opinion et de manipulation de l'opinion publique, afin que les réponses "sonnent justes".

Nous pouvons ajouter le président G. W. Bush aux "survivants". Il n'a pas été démis de ses fonctions malgré les mensonges flagrants qui ont été utilisés pour déclencher une guerre illégale (inconstitutionnelle) en Irak. Elle est inconstitutionnelle parce que la guerre n'a jamais été déclarée conformément à la Constitution.

En outre, aucune disposition de la Constitution américaine ne permet aux États-Unis d'attaquer une autre nation qui n'a pas commis d'actes de belligérance à son encontre. Comment le président Bush a-t-il pu s'en tirer sans être mis en accusation ? La réponse se trouve dans l'Institut Tavistock et ses capacités de lavage de cerveau de masse.

L'une des premières tâches entreprises par Tavistock après avoir lancé la guerre totale contre les États-Unis en 1946 a été de forcer le peuple américain à accepter des "styles de vie alternatifs". Les documents de Tavistock ont montré comment les leaders d'une campagne visant à forcer l'acceptation publique légale de groupes dont le comportement était, jusqu'à ce que les changements soient imposés par le Congrès, reconnu comme un crime dans presque tous les États de l'Union, et dans certains États, reste un crime. Je fais référence au "mode de vie gay" tel qu'il est connu aujourd'hui.

Le profilage minutieux qui a été effectué avant le lancement de ce programme de "changement" n'a pas été cru par les non-initiés, qui l'ont rejeté comme de la "science-fiction affreuse", même si cela a été expliqué dans les termes les plus simples. Une grande majorité d'Américains n'ont jamais entendu (et ne savent toujours pas en 2005) que l'Institut Tavistock est entré en guerre contre eux en 1946 ni que le peuple a perdu cette guerre depuis lors.

Tavistock a porté son attention sur les États-Unis à la fin de la Seconde Guerre mondiale. Les méthodes qui ont abattu l'Allemagne ont été utilisées contre les États-Unis. Le lavage de cerveau massif de notre nation a été appelé "Long Range Penetration" et "Inner Directional Conditioning".

L'objectif principal de cette entreprise était d'installer des programmes socialistes à tous les niveaux du gouvernement, ouvrant ainsi la voie à un nouvel âge sombre, un nouvel ordre mondial au sein d'un gouvernement unique, une dictature communiste.

En particulier, il a été conçu pour briser le caractère sacré du mariage et de la vie familiale. Et il visait la Constitution, également, pour la "rendre sans effet". L'homosexualité, le lesbianisme et l'avortement sont des programmes conçus par Tavistock, tout comme l'objectif de "changer" la Constitution des États-Unis.

La plupart des programmes de Tavistock sont basés sur l'élection des "bons" candidats, avec l'aide de ses sondeurs qualifiés et de leurs questions astucieuses. Le projet de "mode de vie gay" de Tavistock prévoyait la création de plusieurs unités de "task force" chargées d'aider les médias à dissimuler l'attaque des homosexuels et à faire passer les croisés du "nouveau mode de vie" pour "des gens comme les autres".

Les "talk-shows" font aujourd'hui partie intégrante de ces plans, mais à l'époque, ils n'étaient pas aussi largement utilisés pour provoquer des changements sociaux qu'aujourd'hui. Les leaders choisis par Tavistock pour promouvoir des changements considérables sur la scène sociale et politique par le biais des talk-shows étaient Phil Donahue et Geraldo Riviera, Bill O'Reilly, Barbara Walters et de nombreuses autres personnes dont les noms sont devenus familiers en Amérique. Ce sont eux qui ont promu les personnes qui allaient se présenter aux élections ; des personnes qui, jusqu'à présent, auraient été écartées de la plate-forme par des rires. Mais maintenant, grâce à l'utilisation habile des sondages, ces personnes sont prises au sérieux.

La planification qui a été faite pour amorcer le public par l'intermédiaire des animateurs de talk-shows télévisés, a coûté des millions de dollars pour mettre en œuvre ce plan à long terme de changement social forcé par Tavistock, et comme le montrent les résultats, Tavistock a bien fait ses devoirs. Avec toute mon expérience, je suis toujours étonné de voir comment ce grand coup a été réalisé.

Des communautés entières à travers la nation ont été profilées ;

les invités des talk-shows et leur public ont été sélectionnés en fonction de leur profil, sans jamais se rendre compte de ce qui était fait à leur insu et sans leur consentement. Les Américains ont été trompés à grande échelle et ne le savaient pas à l'époque et ne le savent toujours pas ! Ils ne savaient pas non plus que l'Institut Tavistock pour les relations humaines leur donnait des coups de fouet.

Enfin, après trois ans de préparation, l'attaque sodomite/lesbienne de Tavistock lancée contre un peuple américain totalement insoupçonné peut être comparée à la tempête qui a éclaté sur la nation française insoupçonnée au moment de la Révolution française.

La campagne bien planifiée et exécutée a commencé en Floride, comme prévu, et exactement comme prévu, Anita Bryant s'est présentée pour prendre les armes contre les envahisseurs de la "communauté gay" — des mots soigneusement sélectionnés par Tavistock, qui sont maintenant devenus totalement acceptables. Avant cet épisode, le mot "gay" n'était jamais utilisé pour décrire les homosexuels ou leur comportement.

Tavistock a été fondé en 1921 pour succéder à la Wellington House qui avait réussi un grand coup en 1914 et 1917, et, comme nous l'avons déjà dit, fait entrer la Grande-Bretagne et l'Amérique dans une guerre sauvage contre l'Allemagne.

Tavistock devait servir de principal outil de recherche pour les services de renseignement britanniques, qui restent les meilleurs au monde. Le major, puis le brigadier général John Rawlings Reese, mandaté par le monarque, ont été choisis pour diriger le projet. La famille royale britannique a financé le projet avec l'aide des Rockefeller et des Rothschild.

Au milieu de la Seconde Guerre mondiale, Tavistock a reçu des fonds supplémentaires de David Rockefeller, en échange de son aide pour reprendre les services secrets allemands de l'ancien Reynard Heydrich. L'ensemble de l'appareil et du personnel du brillant service de sécurité nazi a été transporté à Washington, D.C., en violation de la loi suprême du pays. On commença à l'appeler "Interpol".

Pendant la Seconde Guerre mondiale, les installations de Tavistock à Londres et dans le Sussex ont servi de quartier général au bureau de guerre psychologique de l'armée britannique.

En effet, grâce à l'accord de "meilleur ami" conclu entre Churchill et Roosevelt, Tavistock a pu prendre le contrôle total des renseignements et des politiques militaires des États-Unis par l'intermédiaire du Special Operations Executive (SOE) et a conservé ce contrôle tout au long de la Seconde Guerre mondiale. Eisenhower est sélectionné par le Comité des 300 pour devenir le commandant général des forces alliées en Europe, mais seulement après un profilage approfondi par Tavistock. Il est ensuite nommé à la Maison-Blanche. Eisenhower a été autorisé à conserver son siège à la Maison-Blanche jusqu'à ce que, son utilité étant épuisée et les souvenirs de la guerre s'estompant, il soit écarté. L'amertume d'Eisenhower concernant le traitement qu'il a reçu des mains du Comité des 300 et de l'Institut Tavistock se reflète dans ses déclarations sur les dangers posés par le complexe militaro-industriel — une référence voilée à ses anciens patrons, les "Olympiens".

Le livre *Comité des 300*[9] raconte l'histoire complète de ce corps d'hommes ultra-secret et ultra-élitiste qui dirige le monde. Le Comité des 300 a à sa disposition un vaste réseau imbriqué de banques, de sociétés financières, de médias de la presse écrite et en ligne, de grands "groupes de réflexion", de scientifiques des nouvelles sciences qui sont en réalité les créateurs modernes de ce qui passe pour être l'opinion publique façonnée par ses sondeurs d'opinion nationaux, et ainsi de suite. Aujourd'hui, plus de 450 des plus grandes entreprises du Fortune 500 sont sous l'emprise du Comité des 300.

Il s'agit notamment de Petro-Canada, de la Hong Kong and Shanghai Bank, d'Halliburton, Root, Kellogg and Brown, British Petroleum, Shell, Xerox, Rank, Raytheon, ITT, Eagle Insurance,

---

[9] Publié par Omnia Veritas Limited, www.omnia-veritas.com.

toutes les plus grandes compagnies d'assurance, toutes les entreprises et organisations de premier plan aux États-Unis, en Grande-Bretagne et au Canada. Le soi-disant mouvement environnemental est entièrement contrôlé par le Comité, par le biais de l'Institut Tavistock.

La plupart des gens ont tendance à croire que le "lavage de cerveau" est une technique coréenne/chinoise. Ce n'est pas le cas. Le lavage de cerveau remonte à Tavistock, qui est à l'origine de cet art. La science des modifications comportementales a vu le jour à Tavistock, qui a formé une armée d'agents de renseignements pour qu'ils fassent de même.

Les États-Unis, peut-être plus que tout autre pays, ont ressenti l'emprise de la poigne de Tavistock dans notre vie nationale à presque tous les niveaux, et sa mainmise sur ce pays n'a pas diminué : Au contraire, avec l'avènement de William Jefferson Clinton et de Bush, père et fils, elle s'est considérablement resserrée. Nous avons vraiment subi un lavage de cerveau en 1992 et 1996. Nous sommes vraiment une nation qui a subi un lavage de cerveau en 2005. Les États-Unis sont la principale victime de la guerre de pénétration à longue portée utilisant les techniques de Reese.

Les autres pays victimes sont la Rhodésie (aujourd'hui Zimbabwe), l'Angola, l'Afrique du Sud, les Philippines, la Corée du Sud, l'Amérique centrale, l'Iran, l'Irak, la Serbie, la Yougoslavie et le Venezuela.

La technique ne fonctionne pas en Irak et en Iran, et dans l'ensemble, les pays musulmans semblent moins réceptifs aux méthodes de contrôle de la population de masse de Tavistock que les pays occidentaux.

Il ne fait aucun doute que leur stricte adhésion aux lois du Coran et leur foi islamique sont ce qui a fait échouer les plans de Tavistock pour le Moyen-Orient, du moins, temporairement. Par conséquent, une campagne concertée a été mise en place pour faire la guerre au monde musulman.

Le fait que Reese ait réussi à imposer des changements à un grand nombre de pays se reflète dans les événements qui se sont produits depuis. Chez nous, Tavistock a remodelé toute une série d'institutions américaines majeures, tant privées que gouvernementales, parmi lesquelles nos agences de renseignement, les unités du Pentagone, les comités du Congrès, les grandes entreprises, le monde du spectacle, etc.

CHAPITRE 25

L'assaut de Tavistock sur les États-Unis

L'un des principaux acteurs de l'équipe Tavistock était le Dr Kurt Lewin. Né en Allemagne, il fut contraint de fuir lorsque ses expériences de contrôle de la population ont été découvertes par le gouvernement allemand. Lewin était déjà bien connu de Reese — les deux hommes ayant largement coopéré dans des expériences de sondage et d'autres expériences similaires de formation de l'opinion. On dit que le Dr Goebbels a adopté avec enthousiasme les méthodes de Tavistock.

Lewin s'enfuit en Angleterre, où il rejoint Reese à Tavistock et se voit confier sa première grande tâche : Il a admirablement réussi ce qui s'est avéré être la plus grande campagne de propagande de l'histoire, une campagne qui a plongé le peuple américain dans une frénésie de haine contre l'Allemagne et, plus tard, le Japon. Le blitz a finalement coûté la vie à des centaines de milliers de soldats américains et a versé des milliards de dollars dans les coffres de Wall Street, des banques internationales et des marchands d'armes.

Nos pertes en vies humaines et en trésors nationaux ne peuvent être récupérées.

Juste avant l'assaut contre l'Irak, les États-Unis ont été soumis à une explosion de propagande à peine inférieure à celle qui avait été mise au point pour pousser les États-Unis dans la Seconde Guerre mondiale. Des analyses minutieuses des mots et phrases clés élaborés par Lewin pour la Seconde Guerre mondiale ont montré que dans 93,6% des cas examinés, ces mots et phrases déclencheurs correspondaient à ceux utilisés pendant la guerre de Corée, la guerre du Vietnam et la guerre du Golfe.

À l'époque de la guerre du Vietnam, des sondages utilisant la méthodologie de Tavistock ont été utilisés avec un effet dévastateur contre le peuple américain.

Pendant la guerre du Golfe, un exemple des méthodes de Tavistock a été la façon dont le département d'État a continué à désigner son personnel d'ambassade au Koweït comme des "otages", alors qu'aucun n'a jamais été emprisonné. En fait, chacun d'entre eux était libre de partir à tout moment, mais on leur a ordonné de rester au Koweït afin de pouvoir faire de la propagande sur leur situation.

En fait, les "otages" étaient des otages du département d'État ! Incapable d'inciter le président Hussein à tirer les premiers coups de feu, une autre "situation artificielle" comme Pearl Harbor a dû être montée. Le nom d'April Glaspie sera à jamais associé à la traîtrise et à l'infamie. S'ensuit un vol élaboré de millions de barils de pétrole irakien par le Koweït. Hussein a reçu le "feu vert" de l'ambassadeur américain à Bagdad, April Gillespie, pour attaquer l'Irak et mettre fin à une situation qui coûtait des milliards de dollars au peuple irakien. Mais lorsque l'attaque a été montée, Bush l'aîné n'a pas perdu de temps pour envoyer l'armée américaine aider le Koweït.

Le président Bush a suscité un soutien contre l'Irak en utilisant la fausse revendication des "otages". C'est là que l'Institut Tavistock échouera : S'il a réussi à convaincre la majorité des Américains que nos politiques pour le Moyen-Orient sont bonnes, le Tavistock n'a pas réussi à prendre le contrôle de la Syrie, de l'Iran, de l'Irak, de l'Algérie et de l'Arabie saoudite.

C'est à ce stade que le plan sournois de Tavistock visant à déposséder les nations arabes de leur pétrole s'effondre. L'époque où le MI6 pouvait envoyer des "arabisants" comme les Philby et le capitaine Hill pour saper les États musulmans est révolue depuis longtemps.

Les pays arabes ont appris de leurs erreurs, et aujourd'hui, ils font beaucoup moins confiance au gouvernement britannique qu'au début de la Première Guerre mondiale. La dictature de Moubarak en Égypte est en difficulté. Les fondamentalistes musulmans cherchent à rendre le tourisme dangereux, et l'Égypte dépend des devises fortes de l'étranger pour continuer à se maintenir, en plus du don annuel de 3 milliards de dollars des contribuables américains. De même, la Syrie ne va pas rester longtemps aux côtés des politiques américaines qui favorisent Israël au détriment des Palestiniens.

Chez nous, des milliards de dollars ont été versés dans les coffres de Tavistock par le gouvernement américain : Parmi les bénéficiaires de ces milliards de dollars figurent les National Training Laboratories, la Harvard Psychological Clinic, la Wharton School, le Stanford's Hoover Institute, la Rand, le MIT, le National Institute of Mental Health, l'université de Georgetown, l'Esalen Institute, le Center for Advanced Study in Behavioral Sciences, l'Institute for Social Research at Michigan et de nombreux autres groupes de réflexion et établissements d'enseignement supérieur.

La tâche de mettre en place ces filiales aux États-Unis dans les services de renseignement du monde entier a été confiée à Kurt Lewin, que nous avons déjà rencontré, mais dont le nom n'était probablement pas connu de plus de 100 personnes avant que mon histoire sur Tavistock n'éclate au grand jour. Pourtant, cet homme et John Rawlings Reese ont fait plus pour endommager les institutions sur lesquelles repose la République américaine que tout ce qu'Hitler ou Staline auraient pu accomplir. La manière dont Tavistock a démêlé la chaîne et la trame de notre tissu social, qui maintient la cohésion de la nation, constitue un récit effrayant et glaçant dont la "normalisation" des modes de vie homosexuels et lesbiens n'est qu'une petite mais importante réalisation ; une réalisation bien plus grande et plus effrayante a été le succès du lavage de cerveau de masse par le biais des sondages d'opinion.

Pourquoi les techniques de Tavistock de Reese fonctionnent-elles si bien dans la pratique ? Reese a perfectionné ses expériences de lavage de cerveau de masse par des tests de stress, ou chocs psychologiques, également appelés événements stressants. La théorie de Reese, aujourd'hui amplement prouvée, était que si des populations entières pouvaient être soumises à des tests de stress, il serait alors possible de déterminer à l'avance quelles seraient les réactions de la population à des événements stressants donnés.

De manière très explicite, cette technique est au cœur de la création de l'opinion publique souhaitée par le biais des sondages, qui ont été utilisés avec un effet dévastateur pour protéger l'administration Clinton des scandales qui ont éclaté autour de la Maison-Blanche, et qui protègent aujourd'hui Bush fils de l'éviction de la Maison-Blanche.

CHAPITRE 26

Comment les politiciens, acteurs et chanteurs médiocres sont "promus"

Cette technique, connue sous le nom de "profilage", peut être appliquée à des individus, à des groupes de personnes de petite ou de grande taille, à des groupes de masse et à des organisations de toutes tailles. Ils sont ensuite "gonflés" pour devenir des "stars". Alors qu'il n'avait qu'une vingtaine d'années en Arkansas, William Clinton a été profilé pour être accepté dans le programme de bourses Rhodes. Ses progrès ont été profilés tout au long de sa carrière, et surtout pendant la période de la guerre du Vietnam. Ensuite, après avoir fait ses preuves, Clinton a été "toiletté" pour la Maison-Blanche, puis constamment "gonflé".

Toute l'opération était sous le contrôle des laveurs de cerveau de l'Institut Tavistock. C'est ainsi que ces choses fonctionnent. C'est ainsi que sont forgés les outils permettant de fabriquer littéralement des candidats, en particulier ceux qui sont jugés aptes à occuper des fonctions publiques ; des candidats sur lesquels on peut toujours compter pour faire la "bonne" chose. Le Congrès en est rempli. Gingrich était un "produit Tavistock" typique et réussi jusqu'à ce que sa conduite soit découverte. Trent Lott, Dick Cheney, Charles Schumer, Barney Frank, Tom DeLay, Dennis Hastert, Dr. Frist, etc. sont d'autres exemples de "diplômés" de Tavistock. La même technique est appliquée aux acteurs, chanteurs, musiciens et artistes.

Une propagande lourde a été utilisée pour convaincre la population que les "turbulences sociales environnementales" malvenues étaient le résultat du changement d'époque dans lequel nous vivons, alors que, comme nous le savons maintenant, des scientifiques spécialisés dans les nouvelles sciences ont conçu des programmes (programmes de stress) pour créer artificiellement des "turbulences sociales environnementales" et les faire passer ensuite pour le résultat d'une condition naturelle, mieux connue sous le nom de "changement d'époque".

Les nouveaux scientifiques de Tavistock étaient convaincus que nous n'appliquerions pas le principe "pour tout effet, il doit y avoir une cause" — et ils avaient raison. Par exemple, nous avons docilement accepté les "Beatles", leur "nouvelle musique" et leurs paroles — si l'on ose appeler cela de la musique et des paroles, car on nous a dit que le groupe avait tout écrit lui-même.

En fait, la musique a été écrite par Theo Adorno, diplômé de Tavistock, dont les accords à 12 tons ont été scientifiquement réglés pour créer des "turbulences sociales environnementales" de masse dans toute l'Amérique. Aucun des Beatles ne savait lire la musique. Néanmoins, ils ont été "gonflés" jour et nuit sans relâche jusqu'à ce que tout ce qui les concernait, mensonges et autres, soit accepté comme vérité.

Tavistock a prouvé à maintes reprises que lorsqu'un groupe important est profilé avec succès, il peut être soumis à un "conditionnement directionnel interne" dans pratiquement tous les aspects de la vie sociale et politique. Partie intégrante des expériences de contrôle mental de masse menées par Tavistock aux États-Unis depuis 1946, les sondages et les prises de position ont été de loin ses entreprises les plus réussies. L'Amérique a été trompée et ne le savait pas.

Pour prouver le succès de ses techniques, Reese a demandé à Tavistock de tester un grand groupe de personnes sur un sujet lié à la conspiration. Il s'est avéré que 97,6% des personnes interrogées ont rejeté catégoriquement l'idée qu'il existe une conspiration globale. Dans quelle mesure notre peuple ne croirait-il pas qu'il a été directement attaqué par Tavistock au cours des 56 dernières années ? Nous avons des animateurs de talk-show radio comme Rush Limbaugh, qui répètent sans cesse à leur public qu'il n'y a pas de conspiration.

Combien de personnes croiraient que, depuis 56 ans, Tavistock envoie une armée invisible de troupes de choc dans chaque hameau, village, ville et cité de notre pays ? La tâche de cette armée invisible est d'infiltrer, d'altérer et de modifier le comportement social collectif, au moyen du "conditionnement directionnel intérieur".

L'"armée invisible" de Reese est composée de véritables professionnels qui connaissent leur métier et se consacrent à la tâche qui leur a été confiée. On les trouve aujourd'hui dans les palais de justice, la police, les églises, les commissions scolaires, les instances sportives, les journaux, les studios de télévision, les commissions consultatives du gouvernement, les conseils municipaux, les législatures des États, et ils sont légion à Washington. Ils se présentent à tous les postes, du conseiller de comté au shérif en passant par le juge, du membre du conseil scolaire au conseiller municipal, et même au poste de président des États-Unis d'Amérique. Le fonctionnement de ce système a été expliqué par John Rawlings Reese, en 1954 :

> "Leur travail consiste à appliquer les techniques avancées de la guerre psychologique telles que nous les connaissons à des groupes entiers de population qui ne cesseront de croître, afin de pouvoir contrôler plus facilement des populations entières. Dans un monde rendu complètement fou, des groupes de psychologues du Tavistock liés entre eux, capables d'influencer le champ politique et gouvernemental doivent être des arbitres, la cabale du pouvoir."

Cette franche confession convaincra-t-elle les sceptiques de la conspiration ? Probablement pas, car il est douteux que des esprits aussi fermés puissent avoir une connaissance réelle de ces choses. De telles informations sont gaspillées par les "têtes parlantes" de la radio.

Un des directeurs de l'armée invisible de Reese était Ronald Lippert, dont la spécialité était de manipuler l'esprit des enfants.

Le Dr Fred Emery, un autre des "psychologues liés" de Tavistock, faisait partie du conseil d'administration de la commission Kerner du président Johnson.

Emery était ce que Tavistock appelait un spécialiste des "turbulences environnementales sociales", dont le principe repose sur le fait que lorsqu'un groupe de population entier est soumis à des crises sociales, il se décompose en idéalisme synoptique et finit par se fragmenter, c'est-à-dire qu'il renonce à essayer de faire face au problème ou aux problèmes.

Le mot "environnemental" n'a rien à voir avec les questions d'écologie, mais concerne l'environnement particulier dans lequel le spécialiste s'est implanté avec l'intention spécifique de créer des problèmes — des "turbulences" ou des "modèles de stress".

C'est déjà le cas avec le rock and roll, la drogue, l'amour libre (avortement), la sodomie, le lesbianisme, la pornographie, les gangs de rue, une attaque constante contre la vie familiale, l'institution du mariage, l'ordre social, la Constitution et surtout les 2ème et 10ème amendements.

Là où cela s'est produit, nous trouvons des communautés impuissantes face à un système judiciaire en panne, des commissions scolaires qui enseignent l'évolution, des mineurs qui sont encouragés à acheter des préservatifs et même des "droits de l'enfant". Les "droits de l'enfant" signifient généralement que les enfants devraient être autorisés à désobéir à leurs parents, un élément clé du programme socialiste de "garde d'enfants". Les membres de l'armée invisible de Reese sont enracinés à la Chambre et au Sénat, dans l'armée, la police et dans pratiquement tous les bureaux gouvernementaux du pays.

Après avoir étudié l'État de Californie, je suis arrivé à la conclusion qu'il possède le plus grand contingent de troupes de choc de l'"Armée invisible" du pays, ce qui a fait de la Californie quelque chose de très proche d'un État socialiste et policier. Je crois que la Californie sera le "modèle" pour le reste de la nation.

À l'heure actuelle, aucune loi ne rend ce type de conditionnement illégal. Reese et Lewin ont fait des recherches sur les lois de l'Angleterre et des États-Unis et ont conclu qu'il était légal de "conditionner" une personne sans son consentement ou sa connaissance.

Nous devons changer cela. Les sondages font partie intégrante du "conditionnement". L'"armée invisible" des troupes de choc de Tavistock a changé la façon dont l'Amérique pense au rock, aux relations sexuelles avant le mariage, à la consommation de drogues, aux enfants nés hors mariage, à la promiscuité, au mariage, au divorce, à la vie de famille, à l'avortement, à l'homosexualité et au lesbianisme, à la Constitution et oui, même au meurtre, sans oublier que l'absence de morale est acceptable tant que l'on fait du bon travail.

Dans les premières années de Tavistock, le "concept de groupe sans chef" a été utilisé pour réduire en poussière l'Amérique que nous avons connue. Le responsable du projet était W.R. Bion, qui a dirigé pendant des années la Wharton School of Economics, où sont enseignées des absurdités telles que le libre-échange et l'économie keynésienne. Le Japon est resté fidèle au modèle américain enseigné par le général McArthur — et non à la fraude de la Wharton School — et regardez le Japon d'aujourd'hui. Ne blâmez pas les Japonais pour leur succès — blâmez Tavistock pour avoir détruit notre système économique. Mais le tour du Japon arrive ! Aucune nation ne sera épargnée lors de l'assaut final visant à instaurer un gouvernement mondial unique dans un nouvel ordre mondial.

Le "Brain Trust" chargé de la guerre de Tavistock contre l'Amérique (1946), était composé de Bernays, Lewin, Byron, Margaret Meade, Gregory Bateson, H. V. Dicks, Lippert, Nesbit et Eric Trist. Où les troupes de choc de l'"Armée Invisible" ont-elles été formées ? Chez Reese, à Tavistock, d'où ils se sont dispersés dans toute l'Amérique pour semer leurs graines de "schémas de stress de turbulence sociale environnementale".

Ils se sont dispersés à tous les niveaux de la société américaine, obtenant des postes dans des endroits où ils pouvaient exercer l'influence que Reese leur avait appris à utiliser. Les décisions prises par les membres de l'armée invisible des troupes de choc ont profondément affecté l'Amérique à tous les niveaux, et le pire est encore à venir.

Pour ne citer que quelques exemples des principales troupes de choc, citons George Schultz, Alexander Haig, Larry King, Phil Donahue, l'amiral Burkley (profondément impliqué dans la dissimulation des assassins de Kennedy), Richard Armitage, Billy Graham, William Paley, William Buckley, Pamela Harriman (décédée depuis), Henry Kissinger, George Bush et la regrettée Katherine Meyer Graham, sans oublier la caravane qui est arrivée à Washington en provenance de l'Arkansas en 1992, dirigée par M. et Mme Clinton, dont la nation allait bientôt être déchirée. Parmi les nouveaux venus figurent Rush Limbaugh, Bill O'Reilly, Larry King et Karl Rove.

Les chefs d'entreprise faisant partie des troupes de choc sont légion, bien trop nombreux pour être énumérés ici. Des milliers de ces troupes de choc de l'Armée Invisible de la Brigade des Affaires se sont présentées à la conférence de Tavistock.

L'installation américaine, le National Training Laboratory (NTL), a commencé son existence dans l'immense et tentaculaire propriété new-yorkaise d'Averill et Pamela Harriman. Comme nous le savons maintenant, c'est Mme Harriman qui a sélectionné Clinton pour une formation spéciale et, finalement, pour le Bureau ovale.

Au National Training Laboratory, les dirigeants d'entreprise ont été formés aux situations de stress et à la manière de les gérer. Parmi les entreprises qui ont envoyé leurs cadres supérieurs au NTC pour recevoir une formation Tavistock, citons Westinghouse, B.F. Goodrich, Alcoa, Halliburton, BP, Shell, Mobil-Exxon Eli Lily, DuPont, la Bourse de New York, Archer Daniels Midland, Shell Oil. Mobil Oil, Conoco, Nestlé, AT&T, IBM et Microsoft. Pire encore, le gouvernement américain a envoyé son personnel d'échelon supérieur issu de la marine américaine, du département d'État américain, de la commission de la fonction publique et de l'armée de l'air. Vos impôts, par millions, ont payé l'"éducation" que Tavistock a donnée à ces employés du gouvernement à Arden House, sur le domaine d'Harriman.

CHAPITRE 27

La formule de Tavistock qui a entraîné les États-Unis dans la Seconde Guerre mondiale

L'aspect le plus important de leur formation est sans doute l'utilisation des sondages pour faire en sorte que les politiques publiques soient conformes à ce que les objectifs du Tavistock considèrent comme souhaitable. Cette technique d'altération de l'esprit est appelée "sondage d'opinion".

Les réponses inadaptées rendues possibles par le profilage à grande échelle de Tavistock, et dans lesquelles les réponses inadaptées de l'"armée invisible" de Tavistock ont fonctionné à la perfection pendant la guerre du Golfe.

Au lieu de nous rebeller contre le fait d'entraîner cette nation dans une guerre contre un pays ami avec lequel nous n'avions aucun différend, une guerre déclenchée sans une déclaration de guerre en bonne et due forme du Congrès, nous avons été "tournés" en sa faveur. En bref, nous avons été gravement trompés sans le savoir, en raison du "conditionnement interne de longue portée" que le peuple américain subit depuis 1946.

Tavistock a conseillé au président Bush l'aîné d'utiliser la formule simple suivante, que Reese et Lewin ont demandé à Allen Dulles d'utiliser en 1941, lorsque Roosevelt se préparait à entraîner l'Amérique dans la Seconde Guerre mondiale :

(1) Quel est l'état du moral et son évolution probable dans le pays visé ? (Ceci s'applique également au moral aux États-

Unis).

(2) Quel est l'état de sensibilité des États-Unis à l'idée qu'une guerre dans le Golfe persique est nécessaire ?

(3) Quelles techniques pourraient être utilisées pour affaiblir l'opposition des États-Unis à la guerre dans le Golfe Persique ?

(4) Quels types de techniques de guerre psychologique parviendraient à saper le moral du peuple irakien ? (C'est ici que Tavistock a fait un très mauvais pas).

Une fois que Bush s'est engagé dans la guerre du Golfe de 1991 du Premier ministre Thatcher au nom de la reine Elizabeth et de sa compagnie pétrolière BP, Tavistock a constitué une équipe comprenant des psychologues, des faiseurs d'opinions publiques, dirigés par les menteurs effrontés de Hill and Knowlton, et une foule de profileurs de Tavistock. Chacun des discours prononcés par le président Bush dans le but de promouvoir la guerre contre l'Irak a été rédigé par des équipes pluridisciplinaires de rédacteurs formés par Tavistock.

Des informations top secrètes sur la manière dont la guerre du Golfe a été propagée et dont le président George Bush a fait basculer le peuple américain derrière cette guerre vicieuse reposant sur la corruption ont été communiquées récemment à une commission du Congrès. Le rapport indique qu'à un stade précoce du plan visant à éliminer l'Irak, l'administration Bush a été informée que le soutien de l'opinion publique était primordial et qu'il n'avait pas le peuple américain derrière lui.

La première règle était d'établir dans l'esprit du peuple américain le "grand besoin de protéger les champs pétroliers saoudiens menacés par une invasion irakienne sous la direction d'un fou". Ainsi, bien que l'on ait su dès le début que l'Irak n'avait aucune intention de s'attaquer aux champs pétrolifères saoudiens, l'Agence de sécurité nationale (NSA) a diffusé des informations fausses et trompeuses selon lesquelles les champs pétrolifères saoudiens étaient la cible ultime de l'Irak. Il s'agissait d'une fabrication totale, mais c'était la clé du succès. La National

Security Agency n'a jamais été sanctionnée pour sa conduite mensongère.

Le rapport indiquait qu'une couverture télévisuelle sans précédent serait nécessaire pour que le public soutienne la guerre. L'administration Bush s'est très tôt assurée de la pleine coopération des trois grands réseaux, ABC, CBS et NBC, puis de CNN. Plus tard, une station de propagande virtuelle, Fox News (également connue sous le nom de Faux News) a été ajoutée. En 1990, la couverture de la guerre du Golfe et des sujets connexes par ces chaînes était trois fois plus importante que celle de n'importe quel sujet couvert en 1989, et une fois la guerre commencée, la couverture était cinq fois plus importante que n'importe quel autre sujet, y compris la place Tiananmen.

En 2003, Bush fils a suivi de très près la formule qui avait réussi à son père, mais avec quelques adaptations supplémentaires. Les nouvelles mélangées à de la fiction (voir la section sur la "Guerre des mondes" de H.G. Wells) sont devenues davantage de la fiction mélangée à des nouvelles et on a eu recours à des mensonges flagrants, de sorte qu'il est devenu impossible de distinguer les reportages directs des nouvelles mélangées à de la fiction.

L'un des principaux acteurs de la couverture de la guerre a été CNN, qui a passé un contrat avec l'administration Bush pour présenter la guerre du Golfe dans les salons américains 24 heures sur 24. Grâce à la masse de nouvelles favorables et biaisées, le déploiement des troupes dans le Golfe a été accueilli favorablement par environ 90% des Américains. Ce n'était qu'une autre façon de pratiquer le sondage d'opinion sur le peuple américain, une autre façon de lui laver le cerveau.

Des conseillers de la National Security Agency (NSA) ont dit à l'administration Bush que, dès le début, il fallait persuader le public de suivre ses plans pour la guerre du Golfe. Il a été décidé de créer un parallèle entre Hitler et Saddam Hussein, avec les mots "Saddam Hussein doit être arrêté" répétés à l'envi, suivis du mensonge selon lequel le président irakien "agit comme Hitler".

Plus tard, une terrible menace a été ajoutée, à savoir que l'Irak avait la capacité de frapper les États-Unis avec des armes de destruction massive à longue portée. C'était l'adaptation de l'édit de Staline selon lequel pour capturer et asservir son propre peuple, il faut d'abord le terroriser.

Le Premier ministre britannique Blair est allé encore plus loin. S'exprimant devant le Parlement, il a déclaré au peuple britannique que "Saddam Hussein" avait la capacité de frapper la Grande-Bretagne et pouvait le faire en 45 minutes. Il est allé jusqu'à avertir les touristes britanniques en vacances à Chypre de rentrer en Grande-Bretagne dès que possible, car les services de renseignements britanniques avaient appris que l'Irak se préparait à lancer une frappe nucléaire contre l'île. Blair a fait son annonce en sachant parfaitement que le programme d'armement nucléaire de l'Irak avait été complètement détruit en 1991.

L'"habileté" de la première administration Bush à communiquer la nécessité d'une guerre dans le Golfe a atteint son apogée avec l'histoire de "couveuse" fabriquée par Hill et Knowlton et racontée en larmes par la fille de l'ambassadeur du Koweït à Washington. Le Sénat — et le pays tout entier — a avalé cette fraude massive.

Le Kaiser Guillaume II a recommencé à "couper les bras des jeunes enfants belges", avec un succès encore plus grand. Après le "gros mensonge" de Hill et Knowlton, 77% des Américains interrogés ont déclaré approuver l'utilisation des troupes américaines contre l'Irak, même si 65% des personnes interrogées ne savaient même pas situer l'Irak sur la carte.

Tous les grands sondages ont révélé que le viol de la Constitution par Bush a été approuvé, car les personnes interrogées n'avaient aucune idée de ce qu'était une déclaration de guerre constitutionnelle ni du fait qu'elle était obligatoire. Le rôle joué par les Nations unies a renforcé les "compétences en communication" de l'administration Bush, selon le rapport.

La deuxième administration Bush a utilisé les mêmes méthodes de Tavistock et, une fois de plus, le peuple américain a accepté les mensonges et les déformations qui lui ont été présentés comme des faits. La guerre a été vigoureusement promue par le vice-président Cheney qui a mené une campagne massive pour forcer l'opinion publique à se ranger du côté de George Bush. Aucun autre vice-président dans l'histoire des États-Unis n'avait pris une part aussi active pour forcer le peuple américain à entrer en guerre contre l'Irak.

Cheney est apparu à la télévision 15 fois en un mois et a déclaré sans ambages que les Talibans étaient derrière l'attaque des tours du World Trade Center à New York et que les Talibans étaient sous le contrôle du président Hussein. "La lutte contre le terrorisme devait être menée contre les "terroristes" en Irak", a déclaré Cheney, "avant qu'ils ne puissent à nouveau frapper les États-Unis".

Cheney a continué dans la même veine longtemps après que son affirmation ait été prouvée absolument fausse. Bien que les plus grandes autorités du monde aient annoncé que l'Irak n'avait rien à voir avec le 11 septembre et qu'il n'y avait pas de combattants talibans en Irak, Cheney a continué à mentir, jusqu'à ce que Hans Blix, l'ancien inspecteur en chef des armes de l'ONU, lui coupe les vivres et que la Central Intelligence Agency rapporte au Sénat américain qu'aucun lien n'avait été découvert entre l'Irak, les talibans et le 11 septembre.

En fait, selon le rapport de la CIA, Hussein détestait les talibans et les avait chassés d'Irak de nombreuses années auparavant. Nous publions ces informations dans l'espoir que le peuple américain ne sera pas aussi crédule la prochaine fois que son président voudra l'impliquer dans une guerre. Nous aimerions également que le peuple américain sache qu'il est grossièrement trompé par un "think tank" étranger qui l'induit constamment en erreur sur une multitude de sujets.

Examinons certaines de ces questions et espérons que le peuple américain ne sera plus jamais trompé par les habiles "communicateurs".

Le peuple américain a été grossièrement trompé au sujet de cinq guerres majeures, et cela devrait être suffisant pour toute nation. Mais malheureusement, le bombardement non-stop de l'Irak et de la Serbie par les avions américano-britanniques a montré que le peuple américain n'avait rien appris de la guerre du Golfe et de la façon dont elle a été déclenchée, et qu'on lui a menti et qu'on l'a manipulé d'une manière tout à fait répréhensible.

La deuxième guerre du Golfe a amplement prouvé que les méthodes de Tavistock fonctionnent toujours, à tel point que l'administration Bush a eu recours à des mensonges éhontés, sachant que même s'ils étaient découverts, leurs mystifications seraient simplement ignorées, car le peuple américain était désormais conditionné dans un état de "choc" permanent, pour ne pas se préoccuper de ce qui était une situation très grave pour une nation.

Que peut-on faire contre l'emprise de Tavistock et de ses nombreuses institutions affiliées sur le pays, la droite chrétienne, le Congrès, nos agences de renseignement et le Département d'État, une emprise qui s'étend jusqu'au Président et à nos hauts gradés militaires ? Comme je l'ai déjà dit, le principal problème est de parvenir à convaincre la grande masse des Américains que ce qui leur arrive, à eux et au pays, n'est pas un cas de "changement de temps" dû à des circonstances indépendantes de leur volonté, mais un complot soigneusement élaboré, une menace réelle pour notre avenir à tous, et pas seulement une théorie du "complot".

Nous pouvons réveiller la nation, mais seulement si un effort concerté est fait au niveau de la base. La solution au problème réside dans l'éducation des Américains et dans une action unifiée.

Il est impératif d'éduquer des millions de personnes sur ce que font les manipulateurs secrets et, plus important encore, sur la manière et les raisons de le faire. Une action constitutionnelle urgente est nécessaire pour y parvenir. Il existe de nombreux citoyens de premier plan qui ont le pouvoir et les moyens financiers de lancer une campagne populaire. Ce que nous ne voulons pas, c'est un troisième parti politique.

Un mouvement populaire, correctement éduqué et agissant de concert est la seule façon (du moins à mon avis) de reconquérir notre pays pour l'arracher aux forces obscures et maléfiques qui le tiennent à la gorge. Ensemble, dans un mouvement populaire, nous pouvons libérer l'Amérique de l'emprise des puissances étrangères, des puissances que l'Institut Tavistock sert si bien, des puissances étrangères qui sont déterminées à détruire l'Amérique telle qu'elle a été constituée par nos Pères fondateurs.

Ce travail sur l'Institut Tavistock est une autre "première" dans ma série sur les grandes organisations dont les noms seront nouveaux pour la plupart des lecteurs. Tavistock est le centre nerveux le plus important des États-Unis, et il a empoisonné et progressivement modifié pour le pire toutes les facettes de nos vies depuis 1946, date à laquelle il a commencé ses activités en Amérique du Nord.

Tavistock a joué et joue encore le rôle principal dans l'élaboration des politiques américaines et des événements mondiaux. C'est sans aucun doute la mère de tous les centres de contrôle et de conditionnement de l'esprit dans le monde. Aux États-Unis, il exerce un contrôle considérable sur les affaires courantes et influence directement le cours et la direction de groupes de réflexion américains tels que le Stanford Research, Esalen Institute, la Wharton School, le MIT, la Hudson Institute, Heritage Foundation, la Georgetown University et, plus directement encore, étend son influence à la Maison-Blanche et au Département d'État. Tavistock exerce une influence profonde sur l'élaboration de la politique intérieure et étrangère des États-Unis.

Tavistock est un centre d'études au service de la Noblesse Noire et de ceux qui se consacrent à la promotion du Nouvel Ordre Mondial au sein d'un Gouvernement Mondial Unique.

Tavistock travaille pour le Club de Rome, le CFR, la Commission trilatérale, le German Marshall Fund, la Société Mont Pelerin, le Ditchley Group, la loge de contrôle franc-maçonne Quator Coronati et la Banque des règlements internationaux.

CHAPITRE 28

Comment le Tavistock rend malades les gens sains

L'histoire de Tavistock commence avec son fondateur, le général de brigade John Rawlings Reese, en 1921. C'est Reese qui a mis au point les méthodes de "lavage de cerveau" de masse de Tavistock. Tavistock a été fondé en tant que centre de recherche pour les services secrets britanniques (SIS).

C'est Reese qui a lancé la méthode de contrôle des campagnes politiques, ainsi que les techniques de contrôle mental, qui se poursuivent encore aujourd'hui, et c'est Reese et Tavistock qui ont enseigné à l'URSS, au Nord-Vietnam, à la Chine et au Vietnam comment appliquer ses techniques — tout ce qu'ils ont toujours voulu savoir sur la façon de laver le cerveau d'individus ou d'une masse de personnes.

Reese était un proche confident de la regrettée Margaret Meade et de son mari Gregory Bateson, qui ont tous deux joué un rôle majeur dans l'élaboration des institutions américaines chargées de la politique gouvernementale. Il était également un ami de Kurt Lewin, qui a été expulsé d'Allemagne après avoir été accusé d'être un sioniste actif. Lewin a fui l'Allemagne lorsqu'il est devenu évident que le NSDAP allait contrôler l'Allemagne. Lewin est devenu le directeur de Tavistock en 1932. Il a joué un rôle majeur dans la préparation du peuple américain à l'entrée dans la Seconde Guerre mondiale. Lewin est responsable de l'organisation de la plus grande machine de propagande connue de l'humanité, qu'il dirigea contre l'ensemble de la nation allemande. La machine de Lewin était chargée de fouetter l'opinion publique américaine en faveur de la guerre en créant un climat de haine contre l'Allemagne. Qu'est-ce qui a fait le succès de la méthode Reese ? En gros, c'était ceci : Les mêmes techniques de psychothérapie utilisées pour soigner un malade mental pouvaient être appliquées dans le sens inverse.

Il pouvait également être utilisé pour rendre malades mentalement des personnes en bonne santé. Reese a commencé sa longue série d'expériences dans les années 30 en utilisant des recrues de l'armée britannique comme cobayes. À partir de là, Reese a perfectionné les techniques de lavage de cerveau de masse, qu'il a ensuite appliquées aux pays promis au changement. L'un de ces pays était les États-Unis, qui restent le centre d'intérêt de Tavistock. Reese a commencé à appliquer ses techniques de modification du comportement au peuple américain en 1946. Peu de gens, voire personne, ne se rendent compte de la menace extrême que Reese représente pour l'Amérique.

Le Bureau de guerre psychologique de l'armée britannique a été créé à Tavistock grâce à des accords secrets avec Churchill, bien avant que ce dernier ne devienne Premier ministre. Ces accords donnaient au Special Operations Executive britannique, communément appelé SOE, un contrôle total sur les politiques des forces armées américaines, agissant par des canaux civils, et qui, invariablement, devenaient la politique officielle du gouvernement américain.

Cet accord est toujours fermement en place, aussi inacceptable pour les Américains patriotes aujourd'hui, qu'il l'était lorsqu'il a été établi. C'est la découverte de cet accord qui a conduit le général Eisenhower à lancer son avertissement historique sur les pouvoirs accumulés entre les mains du "complexe militaro-industriel."

Afin que nous comprenions bien l'influence de Tavistock dans la vie quotidienne politique, sociale, religieuse et économique des États-Unis, permettez-moi d'expliquer que c'est Kurt Lewin, le commandant en second, qui a été à l'origine de la fondation des institutions américaines suivantes, dont beaucoup ont été responsables de changements profonds dans les politiques étrangères et locales des États-Unis :

> La clinique psychologique de Harvard

> Le Massachusetts Institute of Technology (MIT).

> Le comité du moral national

> La Rand Corporation

> Le Conseil des ressources de la défense nationale

> L'Institut national de la santé mentale

> Les laboratoires nationaux de formation

> Le centre de recherche de Stanford

> La Wharton School of Economics.

> Le département de la police de New York

> Le FBI

> La CIA

> L'Institut Rand

C'est à Lewin qu'est revenue la tâche de sélectionner le personnel clé de ces institutions et d'autres institutions de recherche très prestigieuses, dont Esalen, la Rand Corporation, l'armée de l'air américaine, la marine, les chefs d'état-major et le département d'État. Plus tard, Tavistock conditionna les personnes choisies pour faire fonctionner les installations de modification des conditions météorologiques ELF situées dans le Wisconsin et le Michigan, afin de se défendre contre celles exploitées depuis la péninsule de Kola en Russie.

C'est par le biais d'institutions telles que Stanford et Rand que le tristement célèbre projet "MK Ultra"[10] a vu le jour. "MK Ultra" était une expérience de 20 ans utilisant le LSD et d'autres drogues "altérant l'esprit", menée sous la direction d'Aldous

[10] Voir *MK — Abus rituels et contrôle mental*, Alexandre Lebreton, Omnia Veritas Limited. www.omnia-veritas.com, NDÉ

Huxley et du gourou du mouvement "Interdire la bombe", Bertrand Russell (l'homme d'État le plus éminent du comité des 300) tout cela pour et au nom de la CIA.

Au cours de la deuxième guerre du Golfe, les agents formés par Tavistock ont montré au général américain Miller comment pratiquer la torture systématique pour extraire des "informations" des prisonniers musulmans détenus à la prison d'Abu Graib en Irak et à Guantanamo Bay à Cuba, qui ont choqué et dégoûté le monde lorsqu'elles ont été révélées. Grâce à ces drogues et à d'autres substances similaires qui contrôlent l'esprit et altèrent l'humeur, Lewin, Huxley et Russell ont pu causer des dommages indescriptibles à la jeunesse américaine, dommages dont nous, en tant que nation, ne nous remettrons probablement jamais complètement. Leurs horribles expériences sur les drogues ont été menées à partir du centre de recherche de Stanford, de l'université McGill, de l'hôpital naval de Bethesda et de sites de l'armée américaine disséminés dans tout le pays.

Il convient de répéter que le mouvement, qui a germé parmi nos jeunes dans les années 1950-1960, connu sous le nom de "Nouvel Âge" ou "Âge du Verseau", était un programme supervisé par Tavistock. Il n'y avait rien de spontané dans tout cela. La nudité a été introduite en conformité avec les mesures prises pour rabaisser les femmes.

En 2005, la "nouvelle" mode s'appelle "Hip-Hop", un type de jeu de danse joué principalement par les enfants des banlieues les plus pauvres des villes américaines. Il a été repris par Tavistock et transformé en une industrie à part entière, ses spécialistes écrivant la "musique et les paroles" jusqu'à ce qu'il devienne l'une des meilleures sources de profit pour l'industrie du disque.

Les méthodes de Reese ont été suivies de près par Aldous Huxley, Bertrand Russell, Arnold Toynbee et Alistair Crowley. Russell était particulièrement habile à utiliser les méthodes de Tavistock pour former sa campagne "CND" : La campagne "Ban the Bomb" qui s'opposait aux expériences nucléaires américaines Les "think tanks" de Tavistock ont reçu un financement massif du gouvernement américain. Ces institutions mènent des expériences de recherche sur le conditionnement de masse de la population. Le mouvement CND était une façade derrière laquelle Huxley dispensait des drogues à la jeunesse britannique.

Dans ces expériences, le peuple américain a été plus ciblé que tout autre groupe national dans le monde. Comme je l'ai révélé en 1969 et en 2004, depuis 1946, le gouvernement américain a versé des milliards de dollars dans des projets que l'on peut qualifier d'"opérations secrètes", c'est-à-dire que les programmes expérimentaux sont présentés sous d'autres noms et titres afin que le peuple américain, qui ne se doute de rien, ne soulève aucune protestation face à ces dépenses gouvernementales somptuaires.

Dans ces expériences de Tavistock, chaque aspect du mode de vie de l'Amérique, ses coutumes, ses traditions, son histoire, est examiné pour voir s'il peut être soumis à des changements. Chaque aspect de notre vie psychologique et physiologique est constamment examiné dans les institutions américaines de Tavistock.

Les "agents du changement" travaillent sans relâche pour modifier notre mode de vie et faire croire que ces changements ne sont que des "changements d'époque" auxquels nous devons nous adapter. Ces changements forcés se retrouvent dans la politique, la religion, la musique, la façon dont les nouvelles sont fabriquées et rapportées, le style de livraison des lecteurs de nouvelles avec la prépondérance des lectrices américaines chez qui a été éliminée toute trace de féminité ; le style et la livraison des discours de M. Bush (phrases courtes et staccato) accompagnés de contorsions faciales et de mouvements corporels enseignés par les agents du changement, sa façon de marcher (style marine américain), la montée des soi-disant fondamentalistes chrétiens en politique, le soutien massif aux "ismes", la liste est sans fin.

L'issue, le résultat net de ces programmes expérimentaux déterminent comment et où nous vivrons dans le présent et l'avenir, comment nous réagirons aux situations de stress dans notre vie nationale et personnelle, et comment notre réflexion au niveau national concernant l'éducation, la religion, la morale, l'économie et la politique peut être canalisée dans la "bonne direction".

Nous, le peuple, avons été et sommes sans cesse étudiés dans les institutions de Tavistock. Nous sommes disséqués, profilés, lus par la pensée, et les données sont entrées dans des banques de données informatiques dans le but de façonner et de planifier la façon dont nous réagirons aux chocs et aux situations stressantes prévus dans le futur. Tout cela se fait sans notre consentement et en violation flagrante de notre droit constitutionnel à la vie privée.

Ces résultats de profilage et ces pronostics sont saisis dans des bases de données dans les ordinateurs de l'Agence nationale de sécurité, du FBI, de l'Agence de renseignement du ministère de la Défense et des chefs d'état-major interarmées, de l'Agence centrale de renseignement, de l'Agence nationale de sécurité, pour ne citer que quelques endroits où ces données sont stockées.

La frontière entre espionnage interne et externe s'estompe à mesure que le peuple américain est préparé à l'avènement d'un gouvernement mondial unique dans lequel la surveillance des individus atteindra des niveaux sans précédent.

C'est ce genre d'information qui a permis au FBI de se débarrasser de David Koresh et ses davidiens, pendant que la nation regardait ce qui se passait à la télévision nationale, sans la moindre réaction du peuple et un étonnant manque de protestation du Congrès. En un seul geste, les droits des États du Texas ont été détruits. Waco devait servir de test pour voir comment la population réagirait en voyant le $10^{\text{ème}}$ Amendement être détruit sous ses yeux, et, selon le profil, les habitants du Texas et des États-Unis ont agi exactement de la manière décrite dans le profil de Tavistock ; ils ont agi comme des moutons broutant paisiblement l'herbe pendant que la chèvre de Judas qui les conduirait à l'abattoir encerclait le troupeau.

Ce qui s'est produit, et se produit en permanence, a été prédit par le conseiller à la sécurité nationale de Carter, Zbigniew

Brzezinski, dans son livre *New Age, 'The Technocratic Era'*, publié en 1970. Ce qu'il a prédit se produit sous nos yeux, mais la nature sinistre et mortelle de ces événements est perdue pour les gens. La réalité de ce que Brzezinski a prédit en 1970 s'est réalisée. Je vous suggère de lire le livre — s'il est disponible — puis, comme je l'ai fait, de comparer les événements qui se sont produits depuis 1970 avec ce qui est dit dans *"L'ère technotronique"*. L'exactitude des prévisions de Brzezinski est non seulement étonnante, mais aussi plutôt effrayante.

Si vous êtes toujours sceptique, lisez *1984* de George Orwell, un ancien agent des services secrets britanniques du MI6. Orwell a dû écrire sa révélation surprenante sous forme de fiction pour éviter d'être poursuivi en vertu de la loi britannique sur les secrets officiels. La "novlangue" d'Orwell est maintenant partout et, comme il l'avait prédit, elle ne suscite aucune opposition.

Les lecteurs pensaient qu'Orwell décrivait la Russie, mais il annonçait l'arrivée d'un régime bien pire que le régime bolchevique, le gouvernement du Nouvel Ordre Mondial de la Grande-Bretagne.

Il suffit de jeter un coup d'œil aux lois adoptées par le régime Blair pour constater que les libertés ont été écrasées, que la dissidence politique a été écrasée, que la Magna Carta a été réduite en cendres et qu'elle a été remplacée par un ensemble de lois draconiennes dont la lecture est de mauvais augure. Selon un vieux dicton, "là où l'Angleterre va aujourd'hui, les États-Unis iront demain".

Qu'on le veuille ou non, Brzezinski a prédit que nous, le peuple, n'aurions plus rien de notre droit à la vie privée ; chaque petit détail de notre vie serait connu du gouvernement et pourrait être rappelé instantanément à partir de banques de données. D'ici l'an 2000, a-t-il dit, les citoyens seront sous l'emprise du contrôle gouvernemental comme aucune autre nation ne l'a jamais connu auparavant.

Aujourd'hui, en 2005, nous sommes sous une surveillance constante telle qu'on ne pouvait l'imaginer il y a quelques années, le quatrième amendement a été piétiné, notre meilleure protection contre un État gargantuesque, le 10ème amendement n'existe plus, et tout cela a été rendu possible grâce au travail de Reese et des scientifiques des sciences sociales qui contrôlent le Tavistock Institute.

En 1969, par un ordre du Comité des 300, Tavistock a créé le Club de Rome, comme cela a été rapporté pour la première fois dans mes monographies de 1969. Le Club de Rome a ensuite créé l'Organisation du Traité de l'Atlantique Nord (OTAN) en tant qu'alliance politique.

En 1999, nous avons découvert la vérité sur l'OTAN : il s'agit d'une entité politique bénéficiant du soutien militaire de ses pays membres. Tavistock a fourni du personnel clé à l'OTAN dès sa création et continue de le faire. Ils rédigent toutes les politiques clés de l'OTAN. En d'autres termes, Tavistock contrôle l'OTAN.

La preuve en est que l'OTAN a pu bombarder la Serbie pendant 72 jours et nuits et s'en tirer, bien qu'elle ait violé les quatre conventions de Genève, la convention de La Haye, les protocoles de Nuremberg et la charte des Nations unies. Il n'y a eu aucun tollé de la part du peuple américain ou du peuple britannique contre cette action barbare.

Bien sûr, tout cela avait été prédéterminé à partir des banques de données de Tavistock : Ils savaient exactement comment le public allait réagir ou non aux bombardements. Si une détermination défavorable avait été faite à l'avance quant à la réaction du public, il n'y aurait pas eu de bombardements sur la Serbie.

Ce sont précisément les mêmes études de Tavistock qui ont été utilisées pour évaluer la réaction de l'opinion publique à la pluie de missiles de croisière et de bombes sur la ville ouverte de Bagdad en 2002, la tristement célèbre tactique "choc et effroi" de Rumsfeld. Un comportement barbare de cette ampleur a été autorisé parce que le président et ses hommes savaient déjà à l'avance qu'il n'y aurait pas de tollé de la part du public américain.

Le Club de Rome et l'OTAN exercent tous deux une influence considérable sur les décisions de politique étrangère prises par le gouvernement américain, et ils continuent de le faire aujourd'hui, comme nous l'avons vu dans le cas des attaques non provoquées contre la Serbie et l'Irak auxquelles ont procédé les administrations Clinton et Bush, respectivement. L'histoire fournit d'autres exemples de contrôle national des États-Unis par Tavistock.

Lorsque la Seconde Guerre mondiale a éclaté, les États-Unis ont été soumis à une campagne de lavage de cerveau planifiée à l'avance et aux proportions les plus massives, préparée et exécutée par le Tavistock Institute.

Cela ouvrirait la voie à une entrée en douceur des États-Unis dans une guerre qui ne nous regarde pas et musèlerait ceux qui s'y opposent. Tous les grands discours de Roosevelt ont été composés par des techniciens spécialisés dans le contrôle des esprits à Tavistock, dont beaucoup émanaient de la Fabian Society.

On a dit aux Américains que la guerre avait été déclenchée par l'Allemagne ; que le danger de l'Allemagne pour la paix mondiale était bien plus grand que la menace du bolchevisme ne le serait jamais. Un nombre important de spécialistes des sciences sociales travaillant dans les institutions américaines de Tavistock ont été sélectionnés pour mener la charge de persuader le peuple américain que l'entrée en guerre de l'Amérique était la voie à suivre. Cependant, ils n'ont pas réussi jusqu'à ce que le Japon soit "forcé de tirer le premier coup de feu" à Pearl Harbor.

CHAPITRE 29

La psychologie topologique entraîne les États-Unis dans la guerre en Irak

L a psychologie topologique de Kurt Lewin, qui est la norme dans les institutions de Tavistock, a été enseignée à des scientifiques américains sélectionnés envoyés là-bas pour apprendre sa méthodologie, et le groupe est rentré aux États-Unis pour être le fer de lance de la campagne visant à forcer les Américains à croire que le soutien à la Grande-Bretagne — l'instigateur de la guerre — était dans notre meilleur intérêt. La psychologie topologique reste la méthode la plus avancée pour induire des modifications de comportement, que ce soit chez des individus ou dans des groupes de population de masse.

Malheureusement, la psychologie topologique a été utilisée avec trop de succès par les médias pour précipiter l'Amérique dans une situation créée par les Britanniques en Irak, une autre guerre dans laquelle nous n'avions pas à nous impliquer. Les menteurs professionnels qui dirigent ce pays, les prostitués des médias, les "porte-parole" traîtres du Gouvernement mondial unique du Nouvel Ordre mondial ont utilisé la psychologie topologique exacte contre ceux qui disaient que nous ne devions pas attaquer l'Irak.

Bush, Baker, Haig, Rumsfeld, Rice, Powell, le général Myers, Cheney et les membres du Congrès qui se sont prosternés devant eux dans une démonstration servile de lèche-bottes ont lavé le cerveau du peuple américain en lui faisant croire que le président Saddam Hussein d'Irak était un monstre, un homme mauvais, un dictateur, une menace pour la paix mondiale, qui devait être écarté du pouvoir, même si l'Irak n'avait jamais rien fait pour nuire aux États-Unis. S'il est vrai que les allégations selon lesquelles Hussein avait commis des actes terribles pouvaient avoir une part de vérité, on pouvait dire la même chose de Wilson et de Roosevelt, amplifiée un million de fois.

La guerre de Tavistock contre la Constitution américaine a complètement abruti le peuple américain au point qu'il a cru que les États-Unis avaient le droit d'attaquer l'Irak et de destituer son dirigeant, même si la Constitution interdit expressément une telle action, sans compter qu'elle viole le droit international et les protocoles de Nuremberg. Comme nous l'avons déjà dit, il faut une "situation inventée" pour que le peuple américain s'enflamme.

Pendant la Première Guerre mondiale, il s'agissait des "atrocités" commises par le Kaiser. Pendant la Seconde Guerre mondiale, c'était Pearl Harbor, en Corée, c'était les "torpilleurs fantômes" de l'attaque de la Corée du Nord contre la marine américaine qui n'a pourtant jamais eu lieu.

En Irak, c'était la tromperie et les mensonges d'April Glaspie ; en Serbie, c'est la "préoccupation" de Madame Albright pour la prétendue "persécution" des étrangers albanais illégaux qui affluent en Serbie pour échapper à la misère économique de leur pays qui a servi de prétexte à sa croisade bien-pensante contre la Serbie.

Tavistock a inventé un nouveau nom pour les Albanais illégaux ; désormais, ils devaient être appelés "Kosovars". Bien entendu, le public américain, profilé et programmé, n'a émis aucune objection lorsque la Serbie, sans raison valable et sans avoir jamais fait de mal aux États-Unis, a été impitoyablement bombardée pendant soixante-seize jours et nuits !

Le véritable danger pour la paix vient de notre politique unilatérale envers les nations du Moyen-Orient et de notre attitude envers les gouvernements socialistes. Les appels au rassemblement autour du drapeau au début de la Seconde Guerre mondiale étaient de la pure psychologie topologique de Reese — et cela s'est répété lors de la guerre du Golfe, de la guerre de

Corée, en Irak (deux fois) et en Serbie.

Bientôt, ce sera à nouveau la Corée du Nord. Les États-Unis ont persécuté cette nation pendant plus de 25 ans — sauf que cette fois, l'excuse sera que la Corée du Nord est sur le point de lâcher une bombe nucléaire sur une ville américaine ! Dans toutes ces guerres, le peuple américain a succombé au grand tambour du lavage de cerveau de Tavistock sous le couvert du "patriotisme" teinté d'une forte dose de peur, martelée nuit et jour. Les Américains ont cru au mythe selon lequel l'Allemagne était le "méchant" qui voulait dominer le monde ; nous avons rejeté la menace du bolchevisme.

Par deux fois, nous avons été poussés à la frénésie contre l'Allemagne. Nous avons cru nos contrôleurs mentaux parce que nous ne savions pas que nous avions subi un lavage de cerveau, que nous étions manipulés et contrôlés. C'est ainsi que nos fils ont été envoyés mourir sur les champs de bataille d'Europe pour une cause qui n'était pas celle de l'Amérique.

Immédiatement après que Winston Churchill soit devenu le Premier ministre de la Grande-Bretagne après avoir évincé Neville Chamberlain parce qu'il avait réussi à conclure un accord de paix avec l'Allemagne, Churchill, le grand parangon de la croyance dans le respect du droit international, a commencé à enfreindre les lois internationales qui régissent la conduite civilisée pendant les guerres.

Agissant sur les conseils du théoricien de Tavistock Richard Crossman-Winston Churchill a adopté le plan de Tavistock pour le bombardement de terreur de la population civile. (Nous allions voir la même politique mise en œuvre en Irak et en Serbie).

Churchill donna à la Royal Air Force (RAF) l'ordre de bombarder la petite ville allemande de Freiberg, une ville non défendue, figurant sur la liste des villes de ce type en Allemagne et en Grande-Bretagne, dont les deux parties avaient convenu dans un pacte écrit qu'elle était une "ville ouverte et non défendue" à ne pas bombarder.

Le mardi 27 février 1940, dans l'après-midi, des bombardiers

"Mosquito" de la RAF ont effectué un raid sur Freiberg, tuant 300 civils, dont 27 enfants qui jouaient dans une cour d'école, clairement identifiable comme telle.

Ce fut le début de la campagne de bombardement de terreur de la RAF contre des cibles civiles allemandes ; la tristement célèbre enquête de bombardement Prudential inspirée par Tavistock, qui était dirigée uniquement contre les logements ouvriers allemands et l'infrastructure civile. Tavistock a assuré à Churchill que ces bombardements de terreur massifs mettraient l'Allemagne à genoux une fois que l'objectif de destruction de 65% des logements ouvriers allemands serait atteint.

La décision de Churchill de lancer des bombardements de terreur contre l'Allemagne était un crime de guerre et reste un crime de guerre. Churchill était un criminel de guerre et aurait dû être jugé pour ses crimes hideux contre l'humanité.

Le bombardement de Freiberg, en Allemagne, sans consultation de la France, a été la première entorse à la conduite civilisée au cours de la Seconde Guerre mondiale et le gouvernement britannique a été le seul à blâmer pour les raids aériens allemands qui ont suivi. Les tactiques de terreur de Churchill ont été suivies à la lettre par les États-Unis dans la guerre non déclarée contre l'Irak, la Serbie, l'Irak de nouveau et l'Afghanistan, qui a commencé en mars 1999, dans la même veine de l'absence de pitié affichée par Churchill.

Kurt Lewin, dont la haine de l'Allemagne ne connaissait aucune limite, a développé la politique de bombardement de terreur des logements civils. Lewin est le "père" de l'enquête sur les bombardements stratégiques, délibérément conçue pour détruire 65% des logements des travailleurs allemands et tuer de manière indiscriminée le plus grand nombre possible de civils allemands.

Les pertes militaires allemandes ont été largement dépassées par les pertes civiles de la guerre, à cause de "Bombardeur" Harris et de ses raids nocturnes de bombardiers lourds de la RAF sur les logements des travailleurs allemands. Il s'agit d'un crime de guerre majeur qui est toujours resté impuni.

Cela dément la propagande de Tavistock selon laquelle l'Allemagne a commencé ces raids de terreur. En réalité, ce n'est qu'après huit semaines de raids de terreur sur Berlin, qui ont causé de lourds dommages aux habitations civiles et aux cibles non militaires, et qui ont coûté la vie à des milliers de civils, que la Luftwaffe a riposté par des attaques sur Londres. Les représailles allemandes n'ont eu lieu qu'après d'innombrables appels lancés par Hitler, directement à Churchill, pour qu'il cesse de rompre leur accord, que le "grand homme" a ignoré.

Churchill, le maître menteur, le menteur consommé, avec l'aide et sous la direction de Lewin, a réussi à persuader le monde que l'Allemagne avait commencé à bombarder des civils dans le cadre d'une politique délibérée alors que, comme nous l'avons vu, c'est Churchill qui en a pris l'initiative. Les documents du War Office britannique et de la RAF reflètent cette position. Les dommages causés à Londres par la Luftwaffe étaient relativement légers par rapport à ce que la RAF a fait aux villes allemandes, mais le monde n'en a jamais entendu parler.

Le monde n'a vu que de petites sections de Londres endommagées par les raids aériens allemands, avec Churchill marchant sur les décombres, la mâchoire saillante et un cigare serré entre les dents, l'incarnation du défi ! Comme Tavistock lui avait bien appris à mettre en scène de tels événements ! (Nous voyons l'écho des manières affectées de Churchill apparaître chez George Bush qui semble avoir subi un certain "entraînement" de sa part).

Le caractère de "bouledogue" de Churchill a été créé par Tavistock. Sa véritable personnalité n'a jamais été révélée. Le bombardement sans pitié de Freiberg n'était qu'une ombre par rapport au bombardement calleux, barbare, non chrétien et inhumain de la ville ouverte et non défendue de Dresde, qui a fait plus de victimes que l'attaque à la bombe atomique d'Hiroshima.

Le bombardement de Dresde et le moment choisi pour l'effectuer étaient une décision prise de sang-froid, en consultation avec Tavistock, par le "grand homme" pour provoquer un "choc" et impressionner son ami, Joseph Staline. Il s'agissait également d'une attaque directe contre le christianisme, programmée pour avoir lieu pendant le carême.

Il n'y avait aucune raison militaire ou stratégique de bombarder Dresde sous un déluge de feu, qui avait été choisie comme cible par Lewin. À mon avis, le bombardement incendiaire de Dresde, bondée de réfugiés civils allemands fuyant l'assaut russe venu de l'Est, alors que l'on célébrait le carême, est le crime de guerre le plus odieux jamais commis. Pourtant, comme les Britanniques et les Américains ont été soigneusement programmés, conditionnés et ont subi un véritable lavage de cerveau, on n'a pas entendu un seul murmure de protestation. Les criminels de guerre, "Bombardeur" Harris, Churchill, Lewin et Roosevelt, s'en sont tirés avec ce terrible crime contre l'humanité.

Le 5 mai 2005, lors d'une visite d'État à Berlin, le président russe Vladimir Poutine a tenu une conférence conjointe avec le chancelier allemand Gerhard Schroeder. Il a déclaré au journal allemand *Beeld* que les forces alliées ne peuvent être absoutes des horreurs de la Seconde Guerre mondiale, et notamment du bombardement de Dresde :

> "Les alliés occidentaux ne regorgeaient pas d'une humanité particulière", a-t-il déclaré. "Je ne comprends pas, à ce jour, pourquoi Dresde a été détruite. Il n'y avait aucune raison militaire à cela."

Peut-être que le dirigeant russe ne connaissait pas Tavistock et son enquête sur les bombardements de Prudential qui a ordonné le terrible bombardement, mais certainement, les lecteurs de cet ouvrage sauront désormais pourquoi cette atrocité barbare et horrible a été commise.

Revenons à Reese et à ses premiers travaux à Tavistock impliquant des expériences de lavage de cerveau sur 80 000 soldats de l'armée britannique. Après avoir "reprogrammé" ces hommes pendant cinq ans, Reese était convaincu que son système consistant à rendre malades des personnes mentalement stables fonctionnerait sur n'importe quel groupe de masse. Reese était persuadé qu'il pouvait administrer un "traitement" à des groupes de masse, qu'ils le souhaitent ou non, et sans même que les victimes aient conscience de ce qui était fait à leur esprit. Interrogé sur le bien-fondé de ses actions, Reese répond qu'il n'est pas nécessaire d'obtenir la permission des "sujets" avant de commencer ses expériences.

Le modus operandi mis au point par Reese et ses gourous s'est avéré efficace. La méthode Reese-Lewin de manipulation des esprits s'est avérée très efficace et est encore largement utilisée en Amérique aujourd'hui, en 2005. On nous manipule, on fabrique nos opinions pour nous, tout cela sans notre permission. Quel était le but de ces modifications du comportement ? C'était d'apporter des changements forcés à notre mode de vie, sans notre accord et sans même avoir conscience de ce qui se passe.

Parmi ses étudiants les plus brillants, Reese a sélectionné ce qu'il a appelé "ma première équipe" pour devenir le premier niveau de ses "diplômés d'université invisibles", les "troupes de choc" qui devaient être placées à des postes clés au sein des services de renseignement britanniques, de l'armée, du Parlement et, plus tard, du SHAEF (Supreme Headquarters Allied Expeditionary Forces).

Les "diplômés de la première équipe" ont ensuite contrôlé entièrement le général Eisenhower, qui n'est devenu qu'une marionnette entre leurs mains. Les "diplômés de la première équipe" ont été insérés dans tous les organes décisionnels des États-Unis.

La "première équipe de diplômés" prenait les décisions politiques des États-Unis. L'"équipe secrète", comme elle se faisait appeler, fut responsable de l'exécution publique du Président. John F. Kennedy, sous les yeux de l'Amérique et du monde entier, afin de montrer aux futurs présidents qu'ils devaient obéir à toutes les directives reçues des "Olympiens". Kissinger était l'un des nombreux "diplômés de la première équipe" placés dans une position d'autorité au sein du gouvernement américain, à l'O.S.S. et au FBI.

Citoyen canadien, le major Louis Mortimer Bloomfield dirigeait la division cinq du contre-espionnage du FBI pendant la Seconde

Guerre mondiale. En Grande-Bretagne, c'est H.V. Dicks qui était chargé de placer les "diplômés de la première équipe" aux postes clés du renseignement, de l'Église d'Angleterre, du Foreign Office et du War Office, sans parler du Parlement.

Tavistock a pu mener des expériences en temps de guerre en temps de paix, étant donné toutes les installations mises à sa disposition, et grâce à cette expérience, il a pu resserrer son emprise sur les établissements militaires et les services de renseignements américains et britanniques.

En Amérique, les sinistres expériences de Tavistock ont changé le mode de vie américain, complètement et pour toujours. Lorsque cette vérité sera reconnue par la majorité de nos concitoyens, lorsqu'ils comprendront l'étendue du contrôle que Tavistock exerce sur nos vies quotidiennes, alors seulement nous pourrons nous défendre, si tant est que nous ne soyons pas devenus des automates en état de choc permanent.

En 1942, la structure de commandement des services militaires et de renseignements britanniques et américains était devenue si imbriquée qu'il n'était plus possible de les séparer ou de les distinguer les uns des autres.

Cela a donné lieu à de nombreuses politiques étranges et bizarres suivies par notre gouvernement, dont la plupart contredisaient directement la Constitution américaine et la Déclaration des droits et allaient à l'encontre des souhaits de Nous, le peuple, tels qu'exprimés par nos représentants élus au Congrès. En bref, nos représentants élus avaient perdu le contrôle de notre gouvernement. Winston Churchill a appelé cela "une relation spéciale".

À la fin de la Seconde Guerre mondiale, un certain nombre de hauts responsables politiques et militaires de Grande-Bretagne et des États-Unis, soigneusement sélectionnés et dont le profil a été établi, ont été invités à assister à une conférence présidée par Reese. Ce que Reese a dit au groupe est tiré de notes confidentielles compilées par l'un de ceux qui ont assisté à la réunion mais qui a demandé à rester anonyme :

"Si nous souhaitons nous attaquer ouvertement aux problèmes nationaux et sociaux de notre époque, il nous faut des troupes de choc, et celles-ci ne peuvent être fournies par une psychiatrie entièrement fondée sur les institutions.

Nous devons disposer d'équipes mobiles de psychiatres qui soient libres de se déplacer et de prendre contact avec la situation locale dans des régions particulières. Dans un monde rendu complètement fou, des groupes de psychiatres liés les uns aux autres, chacun capable d'influencer tout le champ de la politique et du gouvernement doivent être les arbitres, la cabale du pouvoir."

Y a-t-il quelque chose de plus clair ? Reese préconisait une conduite anarchique de la part d'un groupe de psychiatres reliés entre eux pour constituer les premières équipes de ses collèges invisibles, libres de toute contrainte sociale, éthique et juridique, qui pouvaient être déplacés dans des zones où se trouvaient des groupes de population mentalement bien portants, qui, de l'avis de Reese et de son équipe, devaient être rendus malades par un "traitement" de psychologie inversée. Était définie comme "saine" toute communauté qui avait réussi à résister au lavage de cerveau de masse, comme le montraient les résultats des "sondages".

"Les premières équipes" seraient suivies de "troupes de choc" telles que nous en voyons parmi les groupes écologistes. Et cela n'a rien d'étonnant puisque l'Agence de protection de l'environnement (EPA) est un monstre créé par les "préoccupations environnementales" de Tavistock, lesquelles préoccupations ont été générées par Tavistock lui-même et transmises à l'Agence de protection de l'environnement par le biais des troupes de choc.

L'EPA n'est pas la seule créature générée par Tavistock. L'avortement et l'homosexualité sont des aberrations créées et soutenues par Tavistock.

À cause des programmes créés et soutenus par Tavistock, nous avons subi aux États-Unis une terrible dégradation de notre vie morale, de notre vie religieuse ; un avilissement de la musique par l'aberration du rock and roll, qui s'est progressivement aggravée après une introduction relativement docile par les Beatles, suivis par le Rap et le Hip-Hop ; une destruction de l'art, comme nous le voyons poussé par PBS dans les objets de dérision dégénérés de Mapplethorpe. Nous avons assisté à une prolifération de la culture de la drogue et à une intensification de l'adoration du Veau d'or. La soif d'argent n'a jamais été aussi forte dans aucune civilisation que la civilisation actuelle.

Ce sont les fruits amers des politiques de Tavistock implantées dans notre société par des "diplômés invisibles", qui sont devenus membres de commissions scolaires et se sont insinués dans des rôles de direction dans nos églises. Ils se sont également insinués dans des postes politiques importants, au niveau de la ville et de l'État, partout où leur influence pouvait se faire sentir.

Les "diplômés" sont devenus membres de commissions de médiation du travail, de commissions scolaires, de commissions universitaires, de syndicats, de l'armée, de l'église, des médias de communication, des médias de divertissement et de la fonction publique, ainsi que du Congrès, à tel point qu'il devient évident pour l'observateur averti que Tavistock a pris les rênes du gouvernement.

Reese et ses collègues de Tavistock ont réussi au-delà de leurs rêves les plus fous, en prenant le contrôle des principales institutions sur lesquelles repose le gouvernement. Les parents — le Comité des 300 — doivent être ravis des progrès réalisés par le jeune Club de Rome.

Le 4 juillet a été vidé de son sens. Il n'y a plus d'"indépendance" américaine à célébrer. Les victoires de 1776 ont été niées, largement inversées, et ce n'est plus qu'une question de temps avant que la Constitution américaine ne soit rejetée au profit d'un Nouvel Ordre Mondial. Au cours du mandat de G.W. Bush, nous voyons ce processus s'accélérer.

CHAPITRE 30

Le non-choix des candidats aux élections

E xaminons la manière dont se déroule une élection. Le peuple américain ne vote pas pour un président. Ils votent pour un candidat de parti choisi par les élus du parti, le plus souvent sous le contrôle total du Comité des 300. Il ne s'agit pas d'un vote pour un candidat sous un libre choix, comme on nous le dit si souvent. En vérité, les électeurs n'ont pas d'autre choix que de choisir parmi des candidats pré-sélectionnés.

Les candidats pour lesquels le public pense qu'il vote par choix (notre choix) ont été soigneusement examinés par l'Institut Tavistock, et nous avons ensuite subi un lavage de cerveau pour les considérer comme vertueux.

De telles impressions ou extraits sonores sont créés dans les studios de groupes de réflexion comme Yankelovich, Skalley and White, dirigé par Daniel Yankelovich, diplômé de Tavistock. Les "groupes de réflexion" contrôlés par le Tavistock nous disent comment voter de la manière qu'ils ont choisie. Depuis l'avènement de Yankelovich, le nombre d'industries de "profilage" a proliféré pour atteindre plus de cent cinquante institutions de ce type. Prenons l'exemple de James Earl Carter et de George Bush. Carter est sorti d'une relative obscurité pour "remporter" la Maison-Blanche, ce qui, selon les magnats des médias, prouve que le système américain fonctionne.

En fait, ce que l'élection de Carter a prouvé, c'est que Tavistock dirige ce pays et peut amener la majorité des électeurs à voter pour un homme dont ils ne savent presque rien. Dire que "le système a fonctionné" en ce qui concerne Carter, et plus tard, en ce qui concerne William Jefferson Clinton, était exactement la réponse inadaptée que Tavistock attendait d'une population soumise à un lavage de cerveau de masse.

Ce que Carter a reflété, c'est que les électeurs voteront pour un candidat présélectionné pour eux. Aucune personne sensée n'aurait voulu de George Bush, l'homme des Skull and Bones, comme vice-président, mais c'est pourtant Bush que nous avons eu. Comment se fait-il que Carter ait pu atteindre la Maison-Blanche ? Cela s'est passé ainsi : Un certain Dr Peter Bourne, le psychologue social interne de Tavistock, a été chargé de trouver un candidat que Tavistock pourrait manipuler. En d'autres termes, Bourne devait trouver le "bon" candidat pour le poste selon la règle de Tavistock, un candidat qui pourrait être vendu aux électeurs.

Bourne, connaissant les antécédents de Carter, a proposé son nom pour examen. Une fois le dossier de Carter approuvé, les électeurs américains ont reçu "le traitement", c'est-à-dire qu'ils ont été soumis à une campagne soutenue de lavage de cerveau pour les persuader qu'ils avaient trouvé Carter comme choix. En fait, lorsque Tavistock a terminé son travail, il n'était plus vraiment nécessaire d'organiser une élection. C'est devenu une simple formalité. La victoire de Carter était une victoire personnelle pour Reese, tandis que celle de Bush était une victoire pour la méthodologie de Tavistock. Une "success story" encore plus grande allait suivre avec la vente de William Jefferson Clinton comme candidat à la Maison-Blanche, un exploit qui aurait été impossible dans n'importe quel autre pays.

Puis vint la vente de George W. Bush, un homme d'affaires raté, qui avait évité de servir comme soldat au Vietnam et possédant une expérience très mince de l'exercice des responsabilités.

Tavistock a dû passer à la vitesse supérieure, mais même cela n'a pas suffi. Lorsqu'il était certain que Bush n'allait pas gagner, la Cour suprême des États-Unis est intervenue illégalement dans une élection de l'ÉTAT et a attribué le prix au perdant.

Un électorat stupéfait (choqué) a laissé passer cette énorme violation de la Constitution américaine, assurant ainsi que leur avenir se déroulera dans un Nouvel Ordre Mondial — un gouvernement mondial dictatorial unifié communiste international.

Reese a continué à développer la base d'opérations de Tavistock, en prenant à son bord Dorwin Cartwright, un profileur de population hautement qualifié. L'une de ses spécialités était de mesurer la réaction de la population à une pénurie de nourriture. L'objectif est d'acquérir de l'expérience lorsque l'arme alimentaire est utilisée contre un groupe de population qui ne veut pas se conformer aux règles de Tavistock.

Tavistock l'a planifié de cette façon : Les cartels internationaux de l'alimentation vont accaparer la production et la distribution des ressources alimentaires de la planète. La famine est une arme de guerre, tout comme les modifications climatiques. Tavistock utilisera l'arme de la famine sans retenue, lorsque le moment sera venu. Poursuivant l'expansion de Tavistock, Reese recrute Ronald Lippert.

Ce que Tavistock avait en tête en engageant Lippert, c'était de prendre pied dans le futur contrôle de l'éducation, en commençant par les jeunes enfants. Lippert était un expert dans l'art de manipuler l'esprit des plus jeunes. Ancien agent de l'O.S.S., c'est un théoricien très compétent et un spécialiste du mélange des races comme moyen d'affaiblir les frontières nationales. Une fois installé à Tavistock, Lippert commence son travail en créant un "groupe de réflexion" consacré à ce qu'il appelle les "interrelations communautaires", ce qui implique la recherche de méthodes permettant de démanteler les barrières raciales naturelles.

La soi-disant législation sur les "droits civiques" est une pure création de Reese et Lippert, et n'a aucune base constitutionnelle en fait.

(Voir "Ce que vous devez savoir sur la Constitution des États-Unis" pour une explication complète sur les soi-disant "droits civiques").

En passant, je dois dire que toute la législation sur les droits civiques dans la Constitution américaine repose sur le 14ème amendement, mais le problème est que le quatorzième n'a jamais été ratifié. Il ne fait donc pas partie de la Constitution américaine et toutes les lois fondées sur lui sont nulles et non avenues. En fait, il n'existe aucune disposition constitutionnelle relative aux droits civiques.

Lippert a établi la justification des "droits civiques" de Martin Luther King en dépit du fait qu'il n'existait aucune base pour cela dans la Constitution fédérale. Le transport des enfants en dehors de leurs écoles était un autre succès du lavage de cerveau de Lippert-Reese. Le transport des enfants au-delà de leur destination n'était certainement pas un "droit". Pour vendre l'idée des "droits civiques" à l'ensemble de la population américaine, trois "groupes de réflexion" ont été créés :

➢ The Science Policy Research Center

➢ The Institute for Social Research

➢ The National Training Laboratories

Grâce à la Science Policy Research Unit, Lippert a pu placer des milliers de ses "diplômés" ayant subi un lavage de cerveau à des postes clés aux États-Unis, en Europe occidentale (y compris la Grande-Bretagne), en France et en Italie. Aujourd'hui, la Grande-Bretagne, la France, l'Italie et l'Allemagne ont toutes des gouvernements socialistes, dont les bases ont été préparées par Tavistock.

Des centaines de cadres supérieurs des sociétés les plus prestigieuses d'Amérique ont été formés dans l'une ou l'autre des institutions de Lippert. Les National Training Laboratories ont pris le contrôle de la National Education Association, forte de deux millions de membres, et ce succès leur a permis de contrôler totalement l'enseignement dans les écoles et les universités américaines.

Mais l'influence la plus profonde exercée sur l'Amérique est peut-être venue du contrôle de la NASA par Tavistock, en partie à cause du rapport spécial sur le programme spatial de la NASA, rédigé par le Dr Anatole Rappaport pour le Club de Rome. Ce rapport surprenant a été publié lors d'un séminaire en mai 1967, auquel n'ont été invités que les délégués les plus soigneusement sélectionnés et profilés, issus des échelons supérieurs des entreprises et des gouvernements des nations les plus industrialisées.

Parmi les participants figuraient des membres du Foreign Policy Institute, tandis que le département d'État a envoyé le conspirateur de l'ère du Verseau, Zbigniew Brzezinski, comme observateur. Dans son rapport final, le symposium contrôlé par Tavistock a tourné en dérision le travail de la NASA, le qualifiant d'"inapproprié", et a suggéré l'arrêt immédiat de ses programmes spatiaux. Le gouvernement américain s'est exécuté en coupant les fonds, ce qui a mis la NASA en sommeil pendant 9 ans, le temps pour le programme spatial soviétique de rattraper et de devancer les États-Unis.

Le rapport spécial de Rappaport sur la NASA indiquait que l'agence produisait "trop de personnes qualifiées, trop de scientifiques et d'ingénieurs", dont les services ne seraient pas nécessaires dans la société post-industrielle plus petite et plus belle, mandatée par le Club de Rome. Rappaport a qualifié nos scientifiques et ingénieurs de l'espace, hautement qualifiés et formés, de "redondants". Le gouvernement américain, qui, comme je l'ai déjà indiqué, semble être sous la coupe de Tavistock, a alors coupé les fonds. L'ingérence dans la NASA est un parfait exemple de la façon dont la Grande-Bretagne contrôle la politique intérieure et extérieure des États-Unis.

Le joyau de la couronne de Tavistock est l'Institut Aspen du Colorado, qui a été pendant des années sous la direction de Robert Anderson, un diplômé de l'Université de Chicago, prééminent pour le lavage de cerveau aux États-Unis. L'établissement d'Aspen est le siège nord-américain du Club de Rome qui enseigne qu'un retour de la monarchie serait très bon pour l'Amérique. John Nesbitt, un autre diplômé de Tavistock, a organisé assez régulièrement des séminaires à Aspen au cours desquels l'instauration d'une monarchie a été encouragée parmi les hommes d'affaires les plus importants.

L'un des étudiants de Nesbitt était William Jefferson Clinton, déjà considéré à l'époque comme un candidat à la présidence. Nesbitt, comme Anderson, est ébloui par la royauté britannique et suit leurs doctrines cathares de préoccupations écologiques bidon.

Les radicaux philosophiques avaient introduit les croyances des bogomiles et des cathares dans les cercles socialistes de Grande-Bretagne. Les protégés d'Anderson étaient Margaret Thatcher et George Bush, dont les actions lors de la guerre du Golfe ont montré que Tavistock avait plutôt bien fait ses devoirs. Anderson est typique des "leaders diplômés" dupés et soumis à un lavage de cerveau. Sa spécialité est d'enseigner à des groupes ciblés de chefs d'entreprise une formation à l'environnement.

Les questions d'écologie sont le point fort d'Anderson. Bien qu'Anderson finance certaines de ses activités grâce à ses propres ressources financières énormes, il reçoit également des dons du monde entier, notamment de la reine Elizabeth et de son époux, le prince Philip. Anderson a fondé le mouvement écologique militant des "Amis de la Terre" et la "Conférence des Nations unies sur l'environnement".

En dehors de ses activités à Aspen, M. Anderson est président et PDG de l'Atlantic Richfield Company-ARCO, dont le conseil d'administration compte les notables suivants :

Jack Conway.

On se souvient surtout de lui pour son travail pour le United Way Appeal Fund et en tant que directeur de la Fondation Ford de l'Internationale socialiste, tous deux aussi peu américains qu'il est possible de l'être. Conway est également directeur du "Center for Change", un centre d'échange spécialisé dans les troupes de choc du Tavistock.

Philip Hawley.

Il est président de la société de Los Angeles, "Hawley and Hale", qui est en relation avec "Transamerica", une société spécialisée dans la réalisation de films anti-chrétiens, anti-famille, pro-avortement, pro-lesbiens, pro-homosexuels, pro-drogue. Hawley est associé à la Bank of America, qui finance le Center for the Study of Democratic Institutions, un groupe de réflexion classique de l'institution de lavage de cerveau Tavistock pour la promotion de la consommation de drogues et la légalisation des drogues.

Dr. Joel Fort.

Ce ressortissant britannique, Fort était membre du conseil d'administration du journal londonien "Observer" aux côtés de l'honorable David Astor et de Sir Mark Turner, directeur du Royal Institute for International Affairs (RIIA), dont l'abject serviteur américain est Henry Kissinger.

L'Institut royal des affaires internationales (RIIA)

Le Conseil des relations étrangères (CFR) a été fondé en tant qu'organisation sœur, le gouvernement secret intermédiaire de facto de l'Amérique est le bras exécutif du Comité des 300. En mai 1982, Kissinger a fièrement annoncé le contrôle de l'Amérique par Tavistock.

L'occasion était un dîner pour les membres du RIIA. Kissinger a fait l'éloge du gouvernement britannique, comme on l'attend d'un diplômé de Tavistock. De sa meilleure voix grave, Kissinger a déclaré : "À l'époque où j'étais à la Maison-Blanche, je tenais le Foreign Office britannique mieux informé que le Département d'État américain."

Le dénominateur commun entre les trois instituts Lippert est la méthodologie de lavage de cerveau enseignée à l'origine à Tavistock. Les trois instituts de Lippert ont été financés par des subventions gouvernementales. Dans ces institutions, les principaux administrateurs et décideurs du gouvernement ont été et sont formés pour saper le mode de vie établi de l'Amérique, fondé sur la civilisation occidentale et sur la Constitution des États-Unis. L'intention est d'affaiblir et finalement de briser les institutions qui constituent le fondement des États-Unis.

L'Association nationale de l'éducation

Une indication de l'ampleur du contrôle exercé par Lippert sur la

National Education Association peut être mesurée par le vote en bloc en faveur de William Jefferson Clinton par ses membres-enseignants ayant subi un lavage de cerveau, conformément aux instructions de la direction.

Le groupe Corning.

La société a fait don de Wye Plantation à l'Institut Aspen, qui est devenu le principal terrain d'entraînement des recrues du Nouvel Âge et des "troupes de choc". James Houghton, le vice-président de Coming, est un messager de la famille Pierepoint Morgan de Morgan Guarantee and Trust à Wall Street. Morgan reçoit des briefings quotidiens de la RIIA directement de Londres, lesquels briefings deviennent des INSTRUCTIONS à transmettre au Secrétaire d'État américain.

L'ancien secrétaire au Trésor William Fowler faisait partie de l'interface Corning-Aspen. Il est le principal partisan du transfert des politiques fiscales américaines au Fonds monétaire international (FMI) et a constamment fait pression pour que la Banque des règlements internationaux contrôle les activités bancaires internes des États-Unis. Il est significatif que la plantation de Wye ait été le site des pourparlers de paix entre Arabes et Israéliens, connus sous le nom d'accords de Wye.

Centre de conférence exécutif.

Chargé d'enseigner les modifications du comportement sous la direction de Robert L. Schwartz, ce "centre de formation spécialisé" est géré sur le modèle de l'Institut Esalen.

Schwartz a passé trois ans à l'Institut Esalen et a travaillé en étroite collaboration avec Aldous Huxley, le premier "respectable" pousseur de culture de drogue de Tavistock, responsable de l'introduction du LSD auprès des étudiants américains. Schwartz était également un ami proche de l'anthropologue Margaret Meade et de son mari, Gregory Bateson. Après avoir quitté Stanford et Esalen, Schwartz s'est installé à Terrytown House, la propriété de Mary Biddle Duke à Westchester, où, grâce à d'importantes subventions d'IBM et d'AT&T, il a ouvert l'Executive Conference Center, la première "école supérieure" à plein temps de l'ère du Verseau et du Nouvel Âge pour les cadres supérieurs des entreprises provenant de tous les secteurs de l'Amérique, de l'industrie, du commerce et de la banque.

Des milliers de cadres supérieurs et de dirigeants d'entreprises américaines, en particulier de sociétés Fortune 500, la crème de la crème du monde des affaires, ont payé 750 dollars par tête pour obtenir une formation à la méthodologie de l'ère du Verseau dans le cadre de séminaires organisés par Schwartz, Meade, Bateson et d'autres spécialistes du lavage de cerveau du Tavistock.

Schwartz a été à un moment donné fortement allié à la Scientologie, et il a également été rédacteur en chef du magazine *TIME*.

Institut Aspen

-        Les centres New Age ont été généreusement financés par IBM et AT&T.

Il est difficile pour les Américains qui n'ont pas accès à ce type d'information de croire qu'IBM et AT&T, deux grands noms de l'Amérique des affaires, auraient quoi que ce soit à voir avec le contrôle mental, le lavage de cerveau, la modification du comportement et la méditation transcendantale, la formation à la sensibilité bahaïe, le bouddhisme zen, la psychologie inversée et tout le reste du New Age.

-        Les programmes de l'Age du Verseau sont conçus pour briser la morale du peuple américain et affaiblir la vie de famille. Le christianisme n'est pas enseigné.

Des doutes surgiraient dans l'esprit de la plupart des Américains qui ne savent pas à quel point les entreprises américaines font la loi dans leur pays et à l'étranger, d'une manière dangereuse pour la Constitution et la Déclaration des droits des États-Unis. Sans les entreprises américaines, nous n'aurions jamais connu la guerre du Vietnam, la guerre du Golfe, la guerre contre la Serbie et une deuxième guerre contre l'Irak. Carter et Clinton n'auraient pas non plus eu l'ombre d'une chance de s'asseoir à la Maison-

Blanche !

Si ce qui est écrit ici n'est pas exact, ces entreprises pourraient toujours nier ses vérités, mais jusqu'à présent, elles ne l'ont pas fait. Il serait choquant de découvrir qu'un grand nombre de géants de l'entreprise, qui sont des noms connus du public américain, envoient leurs cadres et leur personnel de direction de haut niveau se faire laver le cerveau par Schwartz, Meade, Bateson, John Nesbitt, Lewin, Cartwright et d'autres spécialistes de la modification du comportement et du contrôle de l'esprit de Tavistock : Au centre de conférence exécutif, les dirigeants d'entreprise rencontrent John Nesbitt, qui doit son allégeance à la noblesse noire et à la maison de Guelphe, mieux connue sous le nom de maison de Windsor ; le RIIA, les groupes Milner — Round Table, le Club de Rome et l'Institut Aspen. Nesbitt est typique des agents utilisés par le gouvernement britannique pour diriger les politiques américaines et étrangères.

Nesbitt est un monarchiste convaincu et un spécialiste du Club de Rome de la croissance zéro pour l'industrie, en particulier l'industrie lourde. Il croit en la croissance zéro post-industrielle au point de ramener le monde à un état féodal. Lors d'une de ses séances de lavage de cerveau, il a déclaré aux cadres membres éminents des affaires aux USA :

> "Les États-Unis se dirigent vers une monarchie comme la Grande-Bretagne et vers un système de gouvernement dans lequel le Congrès, la Maison-Blanche et la Cour suprême ne seront que symboliques et rituels. Cela constituera une véritable démocratie ; le peuple américain ne se soucie pas de savoir qui est président ; la moitié d'entre eux ne votent pas, de toute façon. L'économie américaine s'éloigne de celle d'un État-nation et se dirige vers des centres de pouvoir de plus en plus petits, voire vers de multiples nations. Nous devons substituer à l'État-nation un état d'esprit géographique et écologique."

> "Les États-Unis vont s'éloigner d'une concentration d'activités industrielles lourdes. L'automobile, l'acier, le logement ne renaîtront jamais plus. Buffalo, Cleveland, Detroit, les vieux centres industriels vont mourir. Nous nous dirigeons vers une société de l'information. Il y a et il continuera d'y avoir

beaucoup de douleur, mais dans l'ensemble, cette économie se porte mieux qu'il y a dix ans." Nesbitt se faisait en fait l'écho des sentiments mêmes exprimés par le comte Davignon en 1982.

CHAPITRE 31

Croissance zéro dans l'agriculture et l'industrie : La société post-industrielle de l'Amérique

En 1983, j'ai écrit une monographie intitulée "La mort de l'industrie sidérurgique" dans laquelle j'expliquais en détail comment l'aristocrate français Étienne Davignon, du Club de Rome, avait été chargé de réduire la taille de l'industrie sidérurgique américaine.

Au moment de la publication de cet ouvrage, beaucoup de gens étaient sceptiques, mais sur la base d'informations sur le Club de Rome — dont la plupart des Américains et des historiens internationaux n'avaient jamais entendu parler avant mon article de 1970 portant le même titre — j'étais sûr que la prédiction de Nesbitt pouvait se réaliser, et au cours des sept années suivantes, elle s'est avérée exacte, bien que pas à tous égards. Bien que certaines parties des prédictions de Nesbitt étaient erronées — leur temps n'était pas encore venu — à bien des égards, il avait raison, en ce qui concerne les intentions de notre gouvernement secret.

Aucun des capitaines d'industrie, qui ont assisté aux séances de lavage de cerveau de la CEE de Tavistock, n'a jugé bon de protester contre les propos de Nesbitt. Cela étant, comment pouvais-je espérer qu'un écrivain inconnu comme moi, dont personne n'avait jamais entendu parler, aurait un impact ?

Les conférences exécutives et les sessions de formation à Tarrytown House ont prouvé que les techniques de lavage de cerveau de Reese étaient sans faille. Il s'agissait d'un forum auquel participaient les capitaines d'industrie, l'élite du monde des affaires américain, tout à fait heureux de participer à la disparition de l'industrie sidérurgique américaine, de sacrifier son marché intérieur unique qui avait fait de l'Amérique une grande nation industrielle, de déchirer la Constitution et la Déclaration des droits et d'adopter des programmes génocidaires appelant à l'élimination de la moitié de la population mondiale ; de substituer le mysticisme oriental et la Kabale pour le christianisme ; applaudir des programmes qui aboutiraient à un effondrement des mœurs de la nation et à la destruction de la vie familiale ; une future Amérique balkanisée.

Personne ne peut nier, en regardant l'état de l'Amérique d'aujourd'hui en 2005, que Reese et ses méthodes Tavistock ont fait un travail étonnant de lavage de cerveau des dirigeants de notre monde des affaires, de nos dirigeants politiques et religieux, de nos juges et de nos éducateurs, et des gardiens de la morale de la nation, sans parler de la Chambre des représentants et du Sénat des États-Unis.

En 1974, le professeur Harold Isaacson du Massachusetts Institute of Technology (MIT), dans son livre *Idols of the Tribe*, a mis à nu le plan de Tavistock visant à combiner le Mexique, le Canada et les États-Unis en États de type balkanique. Je rappelle à mes lecteurs que le MIT a été fondé par Kurt Lewin, le même Kurt Lewin qui a été chassé d'Allemagne à cause de ses expériences de lavage de cerveau ; le même Lewin qui a planifié l'enquête sur les bombardements stratégiques ; le théoricien numéro un de Reese.

Tout ce qu'Isaacson a fait, c'est d'exposer le plan du Verseau d'une manière plus lisible et plus détaillée que l'étude Stanford-Willis Harmon sur le Verseau. En 1981, sept ans plus tard, les idées d'Isaacson (le plan du Verseau de Tavistock) ont été présentées au public par Joel Gallo, rédacteur en chef du *Washington Post*, porte-parole de la Maison de Windsor et du Club de Rome. Gallo a intitulé sa présentation "Les neuf nations d'Amérique du Nord". La version de Gallo du plan de Tavistock pour une Amérique future prévoyait :

> ➢ La mort de la sidérurgie et le déclin de l'industrie dans le Nord-Est industriel et la fondation de la "Nation du Nord-Est".

> ➢ Dixie, la nation émergente du Sud.

> ➢ Etopia, constituée des franges côtières du Pacifique Nord-Ouest. (Willis Harmon, dans son article sur l'ère du Verseau, a utilisé le terme "écotopie").

> ➢ L'équilibre du sud-ouest de l'Amérique à combiner avec le Mexique comme région "grenier à blé".

> ➢ Le Midwest sera désigné comme "le quartier vide".

> ➢ Certaines parties du Canada et des îles seront désignées "à des fins spéciales". (Peut-être ces territoires seront-ils les sites de futurs "goulags", maintenant que nous avons vu l'impensable — le centre de reconstruction de la prison de Guantanamo Bay où la manipulation mentale et la torture sont réellement pratiquées).

Dans toutes ces dernières zones, il n'y aurait pas de grandes villes, ce qui serait contraire à l'"écotopie". Pour être sûr que tout le monde comprenne bien de quoi il parlait, Gallo a présenté une carte avec son livre. Le problème est que le peuple américain n'a pas pris Gallo au sérieux. C'était précisément la façon dont Tavistock s'attendait à ce qu'ils réagissent, dans ce qu'il appelait une "réponse inadaptée parfaite".

La droite américaine a grandi avec les Rockefeller, les Warburg, la franc-maçonnerie, les Illuminati, le Council on Foreign Relations, la conspiration de la Réserve fédérale et la Commission trilatérale. On n'avait pas publié grand-chose sur les rouages internes.

Lorsque j'ai commencé à publier mes recherches en 1969, le peuple américain n'avait pour la plupart pas entendu parler du Comité des 300, de la Fondation Cini, du Fonds Marshall, du Club de Rome et certainement pas de l'Institut Tavistock, de la Noblesse Noire de Venise et de Gênes. Voici une liste des institutions de lavage de cerveau Tavistock aux États-Unis, qui ont été signalées dans mes monographies publiées en 1969 :

> Centre de recherche de Stanford. Emploie 4300 personnes et dispose d'un budget annuel de plus de 200 millions de dollars.

> MIT/Sloane. Emploie 5000 personnes et dispose d'un budget annuel de 20 millions de dollars.

> Université de Pennsylvanie Wharton School. Emploie entre 700 et 800 personnes et dispose d'un budget annuel de plus de 35 millions de dollars.

> Gestion et recherche comportementale. Emploie 40 personnes avec un budget annuel de 2 millions de dollars.

> Rand Corporation. Emploie plus de 2000 personnes avec un budget annuel de 100 millions de dollars.

> Laboratoires nationaux de formation. Emploie 700 personnes avec un budget annuel de 30 millions de dollars.

> L'Institut Hudson. Emploie entre 120 et 140 personnes et dispose d'un budget annuel estimé à 8 millions de dollars.

> Institut Esalen. Emploie entre 1800 et 2000 personnes avec un budget annuel de plus de 500 millions de dollars.

(Tous les chiffres datent de 1969)

Ainsi, rien qu'aux États-Unis, en 1989, nous disposions déjà d'un réseau Tavistock composé de 10 à 20 institutions majeures, plus 400 à 500 institutions moyennes avec plus de 5000 groupes satellites imbriqués, tous gravitant autour de Tavistock. Ensemble, ils emploient plus de 60 000 personnes, spécialisées d'une manière ou d'une autre dans le domaine des sciences du comportement, du contrôle de l'esprit, du lavage de cerveau, des sondages et de la création de l'opinion publique.

Et tous travaillaient contre les États-Unis, notre Constitution et la Déclaration des droits.

Depuis 1969, ces institutions ont été étendues et un grand nombre de nouvelles institutions ont été ajoutées au réseau. Elles sont financées non seulement par d'importantes donations privées et d'entreprises, mais aussi par le gouvernement des États-Unis lui-même. Parmi les clients de Tavistock figurent :

- Le Département d'État
- Le service postal américain
- Département de la Défense
- La CIA : La Marine américaine Département du renseignement naval
- Le National Reconnaissance Office
- Le Conseil de sécurité nationale
- Le FBI
- Kissinger Associates
- Université de Duke
- L'État de Californie
- Université de Georgetown et bien d'autres encore.

Parmi les clients de Tavistock, on compte des particuliers et des entreprises :

- Hewlett Packard
- RCA
- Couronne Zeilerbach
- McDonald Douglas
- IBM, Microsoft, Apple Computers, Boeing
- Kaiser Industries
- TRW
- Blythe Eastman Dillon

- Wells Fargo Bank of America
- Bechtel Corp
- Halliburton
- Raytheon
- McDonnell Douglas
- Pétrole Shell
- British Petroleum
- Conoco
- Exxon Mobil
- IBM et AT&T.

Il ne s'agit en aucun cas d'une liste complète, que Tavistock garde jalousement. Ces noms ne sont que ceux que j'ai pu obtenir. Je dirais que la majorité des Américains sont complètement inconscients du fait qu'ils se trouvent dans une guerre totale qui leur est menée depuis 1946 ; une guerre aux proportions dévastatrices et aux pressions incessantes ; une guerre que nous sommes en train de perdre rapidement et qui nous submergera à moins que le peuple américain ne puisse être secoué de sa position préconçue "cela ne peut pas arriver en Amérique".

CHAPITRE 32

Révéler le niveau supérieur du gouvernement secret parallèle

L a seule façon de vaincre cet ennemi puissant et insidieux est d'éduquer notre peuple, en particulier nos jeunes, à la Constitution et de rester ferme sur notre foi chrétienne. Sinon, notre héritage inestimable sera perdu, à jamais. Le pouvoir que Tavistock exerce sur cette nation doit être brisé.

Espérons que cet ouvrage deviendra un manuel d'entraînement entre les mains de millions d'Américains, qui veulent lutter contre l'ennemi, mais qui n'ont, jusqu'à présent, pas été capables d'identifier cet ennemi.

Les forces politiques contrôlées par les sociétés secrètes, toutes opposées aux idéaux républicains et constitutionnels de l'Amérique, n'aiment pas tout ce qui cherche à exposer l'Institut Tavistock et leur déloyauté envers l'Amérique, et encore moins, lorsque de telles révélations ne peuvent être ridiculisées et ignorées. Bien sûr, ceux qui s'engagent à démasquer les agissements de notre gouvernement secret paient invariablement un prix élevé pour de telles révélations.

Quiconque s'intéresse à l'avenir de l'Amérique ne peut se permettre d'ignorer la manière dont le Tavistock Institute a manipulé le peuple américain et le gouvernement, alors même que la majorité des Américains restent dans l'ignorance de ce qui se passe. Avec le contrôle presque total exercé sur notre nation par notre gouvernement supérieur, parallèle et secret, l'Amérique a cessé d'être une nation libre et indépendante. On peut généralement situer le début de notre déclin au moment où

Woodrow Wilson a été "élu" par l'aristocratie britannique.

La plupart des activités plus récentes de Tavistock aux États-Unis se sont concentrées autour de la Maison-Blanche et ont incité l'ancien président G.H.W. Bush, l'ancien président Clinton et le président G. W. Bush à s'engager dans une guerre contre l'Irak. Tavistock est à la tête de la campagne visant à détruire le droit des citoyens de garder et de porter des armes, conformément au deuxième amendement.

Il a également contribué à informer les principaux membres du corps législatif qu'ils n'ont plus besoin de la Constitution des États-Unis, d'où la masse de nouvelles lois adoptées qui ne sont pas des lois du tout, puisqu'elles ne répondent pas au test de constitutionnalité et sont donc nulles au regard de la Constitution des États-Unis telle que voulue par les pères fondateurs.

Tavistock reste la mère de toutes les installations de recherche en Amérique et en Grande-Bretagne, et le chef de file des techniques de modification du comportement, du contrôle de l'esprit et de la formation de l'opinion.

Le Rand Institute de Santa Monica, sous la direction de Tavistock, a créé le phénomène connu sous le nom de "El Niño" dans le cadre d'une expérience de modification du climat. Tavistock est également fortement impliqué dans les expériences "OVNI" du Nouvel Âge et dans l'observation d'extraterrestres, dans le cadre de ses contrats de contrôle de l'esprit avec la CIA.

Le Rand Institute dirige le programme ICBM et effectue des analyses primaires pour les gouvernements étrangers. Le Rand et le Tavistock ont réussi à établir le profil de la population blanche d'Afrique du Sud afin de tester les conditions d'une prise de pouvoir par le Congrès national africain communiste, avec l'aide et le soutien du département d'État américain. "L'évêque" Desmond Tutu, qui a joué un rôle de premier plan dans le préambule à la chute du gouvernement blanc, est une création de Tavistock.

L'université de Georgetown a été rachetée dans son intégralité par Tavistock, en 1938. Sa structure et ses programmes ont été reformatés pour s'adapter au plan du "brain trust" de Tavistock en tant que centre d'enseignement supérieur. Cela a eu une grande importance pour les États-Unis si l'on considère que c'est à l'université de Georgetown que M. Clinton a appris son art de la manipulation de masse et de la dissimulation.

Tous les agents de terrain du département d'État sont formés à Georgetown. Trois de ses diplômés les plus connus sont Henry Kissinger, William Jefferson Clinton et Richard Armitage. Les loyalistes de l'"armée invisible" de Georgetown ont fait un mal incalculable aux États-Unis et joueront sans doute pleinement leur rôle jusqu'à la fin, moment où ils seront déracinés, exposés et rendus inoffensifs.

Certaines des actions les plus horribles et horrifiantes menées contre l'Amérique ont été planifiées à Tavistock. Je fais référence au bombardement du complexe des Marines à l'aéroport de Beyrouth, qui a coûté la vie à 200 de nos meilleurs jeunes militaires. Une personne aurait été au courant de l'attaque imminente des terroristes libanais : le secrétaire d'État George Schultz. Selon des rapports non confirmés de l'époque, Schultz a été informé de l'attaque par le Mossad, l'agence des services secrets israéliens.

Si Schultz a reçu un tel avertissement en temps opportun, il ne l'a jamais relayé au commandant de la base des Marines à Beyrouth. Schultz était, et est toujours, un fidèle serviteur du Comité des 300 par l'intermédiaire de la société Bechtel.

Cependant, un an après que j'ai exprimé mes soupçons sur Schultz et Bechtel (1989), un agent du Mossad de haut rang mécontent a rompu les rangs et a écrit un livre sur ses expériences.

Certaines parties du livre contenaient les mêmes informations que celles que j'avais publiées un an plus tôt, ce qui m'a amené à penser que les soupçons que j'avais exprimés à l'égard de Schultz en 1989 n'étaient pas tout à fait sans fondement. Tout cet épisode me rappelle la trahison du général Marshall, qui a délibérément caché au commandant à Hawaï des informations sur une attaque aérienne japonaise imminente contre Pearl Harbor.

Il existe de plus en plus de preuves d'une augmentation de l'apport et de l'influence de Tavistock à la CIA. De nombreuses autres agences de renseignement reçoivent des instructions de Tavistock, notamment le National Reconnaissance Office (NRO), la Defense Intelligence Agency (DJA), le Treasury Intelligence et le State Department Intelligence.

Chaque année, à l'occasion de l'anniversaire de l'assassinat du président John Kennedy, je me rappelle le rôle prépondérant joué dans la planification de son exécution publique, en particulier le rôle joué par le MI6. Après une enquête approfondie de 20 ans sur l'assassinat de JFK, je pense m'être rapproché de la vérité, telle qu'elle est détaillée dans la monographie "The Assassination of President John F. Kennedy".

Le meurtre non résolu du président Kennedy reste une insulte grossière contre tout ce que les États-Unis représentent. Comment se fait-il que nous, une nation soi-disant libre et souveraine, permettions la dissimulation d'un crime, année après année ? Nos services de renseignements savent-ils qui sont les auteurs de ce crime ? Nous savons sûrement que le meurtre de Kennedy a été perpétré en plein jour devant des millions d'Américains, comme une insulte et un avertissement que la portée du Comité des 300 va bien au-delà de ce contre quoi même notre plus haut fonctionnaire élu n'a pu se défendre ?

Les auteurs du crime se moquent de notre confusion, sûrs qu'ils ne seront jamais traduits en justice, et se glorifient de la réussite de leur acte criminel et de l'incapacité de Nous, le Peuple, à percer le voile corporatif qui cache leurs visages.

La dissimulation massive de l'assassinat de Kennedy reste en place. Nous avons tous les détails sur la façon dont la Commission des assassinats de la Chambre des représentants a manqué à son devoir, ignorant les preuves solides et s'accrochant à des rumeurs peu convaincantes ; ignorant le fait évident que les radiographies de la tête de Kennedy, prises à l'hôpital de

Bethesda, ont été trafiquées.

La liste des péchés du Comité des 300 et de son serviteur, l'Institut Tavistock, est sans fin. Pourquoi la commission du Sénat n'a-t-elle fait aucun effort pour enquêter sur l'étrange disparition du certificat de décès de Kennedy ; une pièce à conviction vitale, qui aurait dû être trouvée, peu importe le temps que cela prendrait et peu importe le coût ? L'Amiral Burkely, l'officier de marine qui a signé le certificat, n'a pas non plus été sérieusement interrogé sur les circonstances entourant l'étrange — très étrange — disparition inexpliquée de cette pièce à conviction vitale.

Je dois laisser ici le sujet du meurtre de John F. Kennedy (qui, à mon avis, était un projet lié à Tavistock) réalisé par le MI6 et le chef de la division 5 du FBI, le major Louis Mortimer Bloomfield. La CIA est un client de Tavistock, tout comme un grand nombre d'autres agences gouvernementales américaines. Au cours des décennies qui se sont écoulées depuis le meurtre, pas une seule de ces agences n'a cessé de faire affaire avec Tavistock. En fait, Tavistock a ajouté de nombreux nouveaux noms d'agences gouvernementales à sa liste de clients.

En parcourant mes documents, j'ai découvert qu'en 1921, lorsque Reese a fondé Tavistock, il était sous le contrôle des services secrets britanniques SIS.

Ainsi, dès sa création, Tavistock a toujours été étroitement associé au travail de renseignement, comme il l'est encore aujourd'hui. Le cas de Rudolph Hess peut présenter un intérêt plus que secondaire pour certains de nos lecteurs. On se souviendra que Hess a été assassiné par deux agents du SIS dans sa cellule de la prison de Spandau, la nuit précédant sa libération.

La RIIA avait peur que Hess fasse sauter le couvercle de ce qui avait été gardé comme un sombre secret ; la relation étroite entre les membres de l'oligarchie britannique — y compris Winston Churchill — et la Société Thulé allemande, dont Hess avait été le chef.

Le fait que le Tavistock Institute ait été nommé en l'honneur du

11ème duc de Bedford, marquis de Tavistock, est plus qu'intéressant. Le titre a été transmis à son fils, la marquise de Bedford (12ème du nom). C'est sur son domaine que Hess a atterri pour tenter de mettre fin à la guerre. Mais Churchill ne l'entendait pas de cette oreille et ordonna que Hess soit arrêté et emprisonné. La femme du duc de Bedford s'est suicidée en prenant une surdose de somnifères, lorsqu'il est devenu évident que Hess ne serait jamais libéré, même lorsque la guerre serait terminée.

Dans mes travaux *Qui a assassiné Rudolph Hess ?* et *King Makers, King Breakers - The Cecils,* je révèle quel point cette parenté virtuelle avec Hess était étroite et d'autres membres importants du cercle rapproché d'Hitler jusqu'au début de la Seconde Guerre Mondiale. Si Hess avait réussi sa mission auprès du duc de Bedford, Churchill et presque toute l'oligarchie britannique auraient été dévoilés comme des fraudeurs.

La même chose se serait produite si Hess n'avait pas été gardé comme prisonnier solitaire à Spandau à Berlin, emprisonné à vue pendant des années après la fin de la Seconde Guerre mondiale par des troupes provenant de Grande-Bretagne, des États-Unis et de l'URSS, contre toute logique et à un coût énorme (estimé à 50 000 dollars par jour).

Parce que la Russie en voie de changement a senti qu'elle pouvait embarrasser l'Amérique et la Grande-Bretagne — surtout la Grande-Bretagne, elle a soudainement annoncé que Hess serait libéré. Les Britanniques ne pouvaient pas se permettre de courir le risque de voir leurs chefs de guerre exposés, alors l'ordre a été donné de tuer Hess.

Tavistock fournit des services de nature sinistre à ces gens que l'on trouve partout aux États-Unis, dans toutes les villes importantes. Ils ont les personnalités dirigeantes de ces villes dans la paume de leur main, que ce soit au sein de la police, du gouvernement municipal ou de toute autre autorité.

C'est également le cas dans chaque ville, où les Illuminati et les francs-maçons se joignent à Tavistock pour exercer leurs pouvoirs secrets et fouler aux pieds la Constitution et la

Déclaration des droits.

On ne peut que se demander combien de personnes innocentes sont en prison aujourd'hui parce qu'elles n'ont pas été informées de leur Constitution et de la Déclaration des droits ; toutes des victimes de Tavistock. Regardez attentivement la série télévisée "COPS".

Il s'agit d'un document standard de Tavistock sur le contrôle de l'esprit et la création d'opinions. On y trouve toutes les violations possibles des droits constitutionnels des personnes arrêtées ou détenues par la police. J'ai la ferme conviction que "COPS" a pour but de conditionner le public et de nous faire croire que les violations flagrantes des droits dont nous sommes témoins sont la norme, que la police a réellement des pouvoirs excessifs, et que les garanties constitutionnelles auxquelles tout citoyen a droit n'existent pas dans la pratique. Le programme "COPS" est un programme de lavage de cerveau et de contrôle de l'opinion des plus insidieux, et il ne serait pas du tout surprenant de trouver Tavistock mêlé à ce programme, quelque part.

CHAPITRE 33

Interpol aux États-Unis : son origine et sa finalité révélées

Parmi les nombreuses agences internationales que Tavistock sert, figure le service de renseignement privé de David Rockefeller, mieux connu sous le nom d'INTERPOL. C'est un manquement total à ses obligations légales que cette entité illégale soit autorisée à continuer à fonctionner sur une propriété fédérale à Washington, D.C. et sous la protection du gouvernement. (La loi américaine interdit aux agences de police étrangères privées d'opérer en Amérique. INTERPOL est une agence de police étrangère privée qui opère sur le sol américain pendant que le Congrès regarde ailleurs, de peur d'être un jour obligé de saisir cette ortie nuisible et de l'arracher par les racines).

Qu'est-ce qu'INTERPOL ? Le ministère de la Justice des États-Unis tente d'expliquer INTERPOL en éludant les questions cruciales. Selon son manuel de 1988,

> "Interpol mène des activités intergouvernementales, mais ne repose pas sur un traité ou une convention internationale ni sur des documents juridiques similaires. Il a été fondé sur une constitution élaborée et rédigée par un groupe de policiers qui ne l'a pas soumise à des signatures diplomatiques, et ne l'a jamais soumise à la ratification des gouvernements."

Comme c'est intéressant ! Quel aveu ! Si Interpol ne piétine pas la Constitution des États-Unis, alors rien ne le fait. Où sont les chiens de garde de la Chambre et du Sénat ? Est-ce qu'ils ont peur de Tavistock et de son puissant bailleur de fonds, David Rockefeller ? Le Congrès a-t-il peur du Comité des 300 ? C'est en tout cas ce qu'il semble. Interpol est une entité illégale qui opère à l'intérieur des frontières des États-Unis, sans la sanction et l'approbation de Nous, le peuple, en violation flagrante de la Constitution des États-Unis et des constitutions des 50 États.

Ses membres sont des personnes nommées par divers gouvernements nationaux sans aucune consultation avec le gouvernement des États-Unis. La liste des membres n'a jamais été soumise à une commission de la Chambre ou du Sénat.

Sa présence aux États-Unis n'a jamais été sanctionnée par un traité. Cela a donné lieu à une série d'accusations selon lesquelles certains gouvernements contrôlés par le trafic de drogue : Colombie, Mexique, Panama, Liban et Nicaragua, choisissent peut-être comme représentants des personnes impliquées dans le commerce de la drogue.

Selon Beverly Sweatman, du Bureau central national (BCN) du ministère américain de la Justice (dont l'existence est elle-même une violation de la Constitution), cette agence du gouvernement américain existe uniquement pour échanger des informations avec Interpol.

Détenu et contrôlé par David Rockefeller, Interpol est une agence privée dotée d'un réseau de communication s'étendant sur toute la planète, fortement impliquée d'une manière ou d'une autre dans le trafic de drogue, de l'Afghanistan aux États-Unis en passant par le Pakistan.

L'interaction du lieutenant-colonel Nivaldo Madrin du Panama, du général Guillermo Medina Sanchez de Colombie et de certains éléments de la police fédérale mexicaine ayant le statut d'Interpol va dans ce sens. L'histoire de leur implication dans le trafic de drogue alors qu'ils étaient au service d'Interpol est trop longue pour être reprise ici, mais il suffit de dire que cette histoire est sordide.

Pourtant, malgré le fait qu'Interpol soit une organisation privée, elle s'est vue accorder le "statut d'observateur" par les Nations unies (ONU) en 1975, statut qui lui permet (en totale violation de la Charte de l'ONU) de siéger aux réunions et de voter les résolutions, même si elle n'est pas une organisation de pays membre de l'ONU et n'a pas de statut de gouvernement. Selon la charte de l'ONU, seuls les États (dans la pleine définition du mot) peuvent être membres de l'ONU. Étant donné qu'Interpol n'est pas un État, pourquoi l'ONU viole-t-elle sa propre charte ?

On pense que l'ONU compte beaucoup sur les réseaux d'Interpol pour l'aider à trouver des armes privées entre les mains de citoyens américains qui les détiennent en vertu de leurs droits du deuxième amendement, une fois que l'ONU aura signé un "traité" avec l'Union européenne.

Le gouvernement américain doit désarmer toutes les populations civiles des États membres.

Où sont les législateurs américains qui sont censés soutenir et défendre la Constitution des États-Unis ? Où sont les grands hommes d'État d'antan ? Interpol démontre que ce que nous avons à leur place, ce sont des politiciens devenus législateurs qui n'appliquent pas les lois qu'ils font, terrifiés à l'idée de corriger les erreurs évidentes qui abondent de toutes parts, parce que, s'ils devaient respecter leur serment, ils se retrouveraient plus que probablement sans leur emploi confortable.

Pour récapituler certaines des informations déjà fournies : Le Tavistock Institute a été créé dans le Sussex, en Angleterre, en 1921, sur ordre de la monarchie britannique, dans le but de contrôler les esprits et de former l'opinion publique, et d'établir, sur une base scientifique soigneusement étudiée, à quel moment l'esprit humain s'effondrerait s'il était soumis à des épisodes prolongés de détresse psychologique. Nous montrerons plus loin qu'il a été fondé avant la guerre par le 11ème duc de Bedford, le marquis de Tavistock.

Au début des années 1930, la fondation des frères Rockefeller a également apporté une contribution importante à Tavistock.

Il convient de noter qu'un grand nombre des principaux praticiens du contrôle de l'esprit et des modifications du comportement étaient, et sont toujours, étroitement associés aux sociétés secrètes qui embrassent les cultes de nombreuses idées et croyances différentes, notamment Isis-Orsiris, la Kabala, le mysticisme soufi, cathare, bogomile et bahaï (manichéen).

Pour les non-initiés, l'idée même que des institutions prestigieuses et leurs scientifiques soient impliqués dans des sectes, voire dans le satanisme et les illuministes, est difficile à croire. Mais le lien est bien réel. Nous pouvons voir pourquoi Tavistock était si intéressé par ces sujets.

Les incidents de tirs aléatoires dans les écoles par des jeunes gens soumis à des périodes prolongées de stress et sous l'influence de drogues accoutumantes sont remarquables dans la mesure où, dans un grand nombre de ces événements tragiques, les auteurs affirment presque toujours qu'ils ont été dirigés "par des voix" pour accomplir leur travail mortel. Il ne fait aucun doute que le contrôle mental était à l'œuvre dans ces cas tragiques. Malheureusement, nous verrons encore beaucoup d'autres épisodes dramatiques de ce genre avant que le public ne se rende compte de ce qui se passe.

Le culturalisme, le contrôle de l'esprit, l'application du stress psychologique et les modifications comportementales font partie intégrante de ce qui est enseigné par les scientifiques de Tavistock. En fait, alarmée par des fuites montrant son lien avec les scientifiques de Tavistock, la Chambre des communes britannique a adopté une loi rendant légal pour des endroits comme Tavistock de mener ce que le projet de loi appelle "la recherche physique".

Or, l'expression "recherche physique" est si ambiguë qu'elle suscite de sérieux doutes quant à sa signification réelle ou si, comme l'ont affirmé certains critiques, elle n'est qu'un terme utilisé pour couvrir ce qui se passe réellement.

Quoi qu'il en soit, Tavistock n'était pas prêt à mettre le public dans sa confidence. Mais je peux affirmer avec une certitude absolue que les agents du MI6 et de la CIA des services de renseignements britanniques reçoivent à Tavistock une formation en métaphysique, contrôle de l'esprit, modifications du comportement, perception extrasensorielle, hypnotisme, occultisme, satanisme, illuministes et cultes manichéens.

Il ne s'agit pas seulement de croyances basées sur des reliques du Moyen-Âge. Il s'agit d'une force maléfique enseignée d'une manière qui fera une différence au niveau du contrôle de l'esprit, tel qu'on ne l'aurait pas cru possible il y a quelques années à peine. Je vais faire cette prédiction sans crainte d'être contredit : Dans les années à venir, nous découvrirons que toutes les fusillades survenues au hasard dans des écoles, des bureaux de poste, des centres commerciaux, n'étaient pas du tout des fusillades au hasard. Elles ont été perpétrées par des sujets conditionnés, contrôlés par l'esprit, qui ont été soigneusement recherchés et mis sous de dangereux médicaments altérant l'humeur comme le Prozac, l'AZT et le Ritalin.

Le dénominateur commun entre plusieurs de ces fusillades aléatoires, à commencer par David Berkowitz, le meurtrier dit "Fils de Sam" ; tous sans exception ont déclaré aux enquêteurs qu'ils "entendaient des voix" leur disant de tirer sur des gens.

Le cas de Klip Kinkel, le jeune de l'Oregon qui a tiré sur sa mère et son père, avant de tirer sur son lycée, est la confession qu'il a faite aux enquêteurs qui l'ont interrogé. À la question de savoir pourquoi il avait tiré sur son père et sa mère, Kinkel a répondu qu'il avait entendu des "voix" lui disant de les abattre. Personne ne pourra jamais prouver que Kinkel et les autres ont été victimes d'expériences de contrôle mental menées par la CIA ou qu'ils ont effectivement "entendu des voix" induites par un transfert effectué par des programmeurs informatiques de la DARPA.

La commission de surveillance de la Chambre des représentants doit réclamer les documents de la CIA sur le contrôle mental et les examiner pour trouver un lien avec les fusillades dans les écoles. Je crois qu'il est impératif qu'un tel ordre soit envoyé à la CIA sans autre perte de temps.

Outre mes propres recherches sur le sujet de la "recherche physique", Victor Marachetti, qui a travaillé à la CIA pendant 14 ans, a révélé l'existence d'un programme de recherche physique conçu par Tavistock, dans le cadre duquel les agents de la CIA tentaient de contacter les esprits d'anciens agents décédés. Comme je l'ai dit dans ma monographie susmentionnée, j'ai eu une grande expérience personnelle dans les domaines "métaphysiques" et je sais pertinemment qu'un grand nombre d'agents de renseignements britanniques et américains y sont endoctrinés.

Tavistock l'appelle "science du comportement", et elle a progressé si rapidement au cours des dix dernières années qu'elle est devenue l'un des types de formation les plus importants que les agents puissent suivre. Dans les programmes de perception extrasensorielle de Tavistock, chaque participant est un "volontaire", qui accepte que sa personnalité soit "corrélée" à la perception extrasensorielle, c'est-à-dire qu'il accepte d'aider Tavistock à trouver une réponse à la question de savoir pourquoi certaines personnes sont psychiques et d'autres sont douées de perception extrasensorielle.

Le but de l'exercice est de rendre chaque agent du MI6 et de la CIA hautement psychique et doté de 1 ESP très développé. Comme un certain nombre d'années se sont écoulées depuis que j'ai été directement impliqué dans ces questions, j'ai consulté un collègue qui est toujours dans le "service", pour savoir dans quelle mesure les expériences de Tavistock ont été couronnées de succès ? Il m'a dit que Tavistock avait effectivement perfectionné ses techniques et qu'il était maintenant possible de rendre certains agents du MI6 et de la CIA "ESP-Parfaits". Il est nécessaire d'expliquer ici que la CIA et le MI6 maintiennent un très haut degré de secret sur ces questions.

La majorité des agents de renseignements qui participent aux programmes sont pour la plupart des membres des Illuminati ou de la franc-maçonnerie, ou les deux. En bref, la technique de "pénétration à longue distance" appliquée avec tant de succès au monde normal est maintenant appliquée au monde des esprits !

Le programme "Long Range Penetration and Inner Directional Conditioning" de Tavistock, développé par le Dr Kurt Lewin, que nous avons déjà rencontré à quelques reprises, est principalement un programme où le contrôle de la pensée est pratiqué sur des groupes de masse. Ce qui a donné naissance à ce programme, c'est l'utilisation omniprésente de la propagande par le Bureau de guerre psychologique de l'armée britannique pendant la Première Guerre mondiale. Cette propagande intensive visait à convaincre les travailleurs britanniques que la guerre était nécessaire. Elle visait également à convaincre le public britannique que l'Allemagne était un ennemi et que son chef était un véritable démon.

Cet effort massif a dû être lancé entre 1912 et 1914 parce que la classe ouvrière britannique ne croyait pas que l'Allemagne voulait la guerre, pas plus que le peuple britannique ne la voulait, et ne détestait même pas les Allemands. Il fallait changer toute cette perception publique. Une tâche secondaire, mais non moins importante, du bureau était de faire entrer l'Amérique dans la guerre. Un élément clé de ce plan était de provoquer l'Allemagne pour qu'elle coule le "Lusitania", un grand paquebot transatlantique construit sur le modèle du Titanic.

Malgré des avertissements dans des annonces parues dans la presse d'un journal new-yorkais, selon lesquels le navire avait été transformé en croiseur marchand armé (AMC) et était donc une proie idéale pour les Conventions de Genève, le Lusitania a fait route vers Liverpool avec un équipage complet de passagers, parmi lesquels plusieurs centaines de passagers américains.

Les cales du navire étaient remplies d'un grand nombre de munitions destinées à l'armée britannique, dont le transport par les paquebots était interdit par les règles internationales de la guerre.

Au moment où il a été touché par une seule torpille, le Lusitania était essentiellement un croiseur marchand armé (AMC). La presse des deux côtés de l'Atlantique fut inondée de récits de la barbarie allemande et de l'attaque non provoquée d'un paquebot sans défense, mais le public américain et britannique, qui a encore besoin d'être "conditionné", ne croyait pas à cette histoire. Ils estimaient qu'il y avait "quelque chose de pourri dans l'État du Danemark". Le naufrage du Lusitania, avec de lourdes pertes en vies humaines, était le type de "situation artificielle" dont le président Wilson avait besoin et il a enflammé l'opinion publique américaine contre l'Allemagne.

Profitant de cette expérience, le Bureau de guerre psychologique de l'armée britannique a créé l'Institut Tavistock pour les relations humaines sur les ordres de la monarchie britannique et a placé le magnat de la presse britannique, Alfred Harmsworth, fils d'un avocat né à Chapelizod près de Dublin. Il reçut plus tard le titre de 12ème duc de Bedford, Lord Northcliffe.

En 1897, à l'approche de la guerre, Harmsworth a envoyé en Allemagne l'un de ses rédacteurs, G.W. Steevens, afin d'écrire un article en seize parties intitulé *Under the Iron Heel*.

Dans une véritable psychologie inversée, les articles font l'éloge de l'armée allemande tout en avertissant que la nation britannique serait vaincue si la guerre éclatait contre l'Allemagne.

En 1909, Northcliffe a chargé Robert Blatchford, un socialiste chevronné, de se rendre en Allemagne et d'écrire des articles sur le danger que représentait l'armée allemande pour la Grande-Bretagne. Le thème de Blatchford était qu'il croyait, d'après ses observations, que l'Allemagne "se préparait délibérément à détruire l'Empire britannique." Cela correspondait à la prédiction de Northcliffe publiée dans le *Daily Mail* (l'un de ses journaux) en 1900, selon laquelle il y aurait une guerre entre l'Allemagne et la Grande-Bretagne. Northcliffe a écrit un éditorial disant que la Grande-Bretagne devait consacrer une plus grande partie de son budget aux dépenses de défense.

Lorsque la guerre éclata, Northcliffe fut accusé par le rédacteur en chef du journal *The Star* d'avoir propagé un climat de guerre.

> "Après le Kaiser, Lord Northcliffe a fait plus que tout autre homme vivant pour provoquer la guerre."

Le pauvre rédacteur ne savait pas qu'il était lui-même devenu une victime de la propagande, car le Kaiser n'avait pas fait grand-chose pour promouvoir la guerre et était considéré avec un certain dédain par l'establishment militaire britannique. Les historiens s'accordent à dire que le Kaiser n'était pas en mesure de contrôler l'armée allemande. C'est au général Ludendorff que *The Star* aurait dû faire référence. C'est Northcliffe qui a commencé à militer pour la conscription le jour même où la guerre a éclaté entre les deux nations.

Il s'agissait d'une institution où tous les aspects du lavage de cerveau de masse et du conditionnement du public seraient portés au rang d'art raffiné. Une politique et un ensemble de règles ont été établis, dont le point culminant a été la "pénétration à longue portée et le conditionnement directionnel intérieur" de 1930 de Tavistock, qui a été déclenché contre l'Allemagne en 1931.

Au cours de la période précédant les premières années de la Seconde Guerre mondiale, Roosevelt (lui-même franc-maçon au 33ème degré et membre des Illuminati par le biais de la Société de Cincinnati) a demandé l'aide de Tavistock pour faire entrer les États-Unis en guerre. Roosevelt était chargé par les "300" d'aider à tirer les marrons britanniques du feu, mais pour ce faire, il avait besoin d'un incident majeur sur lequel s'accrocher.

Tout au long de la période 1939-1941, les sous-marins de la marine américaine basés en Islande ont attaqué et coulé des navires allemands, bien que les lois sur la neutralité interdisent d'engager des hostilités avec les combattants. Mais l'Allemagne ne se laissa pas entraîner à riposter. L'incident majeur qui allait précipiter l'entrée de l'Amérique dans la Seconde Guerre mondiale était l'attaque du Japon sur Pearl Harbor. Il s'agissait d'une conspiration de Tavistock contre les deux nations. Afin de favoriser cette attaque, le secrétaire d'État Marshall refuse de rencontrer les émissaires du Japon qui cherchent à éviter le conflit à venir.

Marshall a également délibérément retardé l'avertissement de son commandant à Pearl Harbor jusqu'à ce que l'attaque ait commencé. En bref, Roosevelt et Marshall étaient tous deux au courant de l'attaque imminente, mais ont délibérément ordonné que l'information ne soit pas communiquée à leurs officiers sur le terrain à Pearl Harbor. Tavistock avait dit à Roosevelt que "seul un incident majeur" ferait entrer l'Amérique dans la Seconde Guerre mondiale. Stimson, Knox et Roosevelt sont au courant de l'attaque imminente, mais ne font rien pour l'arrêter.

De temps en temps, des personnes réfléchies m'ont demandé :

> "Mais des dirigeants comme Lord Haig, Churchill, Roosevelt et Bush ne se rendraient-ils pas compte du nombre de vies qui seraient perdues dans une guerre mondiale ?"

La réponse est qu'en tant qu'individus programmés, les "grands hommes" ne se souciaient pas du coût élevé en vie humaine. Le général Haig — un franc-maçon, illuministe et sataniste notoire — a déclaré à plus d'une occasion son aversion pour les classes inférieures britanniques, et il l'a prouvé en envoyant vague après vague des "simples soldats britanniques" contre des lignes allemandes imprenables, une tactique que tout stratège militaire décent aurait évitée.

En raison du mépris insensible de Haig pour ses propres troupes, des centaines de milliers de jeunes soldats britanniques issus des "classes inférieures" sont morts tragiquement et inutilement. Cela a amené le public britannique à détester l'Allemagne, exactement comme le Bureau de guerre psychologique de l'armée britannique l'avait prédit. Une grande partie de ce que j'ai inclus dans ce livre a été délibérément laissée de côté lors de la première exposition. Je ne pensais pas que le peuple américain était prêt à comprendre le côté métaphysique de Tavistock. Vous ne pouvez pas nourrir un bébé avec de la viande ; le lait vient d'abord. En introduisant Tavistock de cette manière, de nombreux esprits ont été ouverts, qui autrement seraient restés fermés.

CHAPITRE 34

Les cultes de la Compagnie des Indes Orientales

Pendant des siècles, l'oligarchie britannique a été le foyer de l'occultisme, de la métaphysique, du mysticisme et du contrôle des esprits. Bulwer Lytton a écrit *Les secrets du livre des morts égyptien*, et tant d'adhérents de la société théosophiste d'Annie Besant venaient des classes supérieures britanniques, qui, aujourd'hui encore, ont la côte auprès d'elles. Les descendants des cathares et des albigeois du sud de la France et du nord de l'Italie avaient émigré en Angleterre et adopté le nom de "Savoyard". Avant eux, il y avait les Bogomiles des Balkans et les Pélicans d'Asie Mineure. Toutes ces sectes avaient pour origine les manichéens de Babylone.

L'Institut Tavistock a fait des incursions dans ce type d'occultisme en utilisant certaines de ses techniques de contrôle de l'esprit développées par Kurt Lewin et son équipe de chercheurs. (Voir *Le Comité des 300* pour plus de détails).

La Compagnie des Indes orientales (EIC) et, plus tard, la Compagnie britannique des Indes orientales (BEIC) constituaient les membres originels des "300", dont les descendants gouvernent le monde aujourd'hui. L'opium et le commerce de la drogue étaient alors la base du commerce, et le sont restés. De cette structure complexe et hautement organisée sont nés le socialisme, le marxisme, le communisme, le national-socialisme et le fascisme.

À partir de 1914, de vastes expériences de contrôle de l'esprit ont été menées à Cold Spring Harbor, dans l'État de New York, le centre d'eugénisme racial parrainé par Mme E.E. Harriman, mère d'Averill Harriman, le gouverneur de l'État de New York à l'époque, qui est devenu une personnalité publique et politique de premier plan aux États-Unis et Europe.

La grande dame a versé des millions de dollars de son argent dans le projet et a invité des scientifiques allemands à participer au forum. Un grand nombre des techniques de manipulation mentale de Tavistock, en particulier la technique de "psychologie inversée" enseignée par Reese, sont issues de Tavistock et constituent aujourd'hui la base des exercices de manipulation mentale visant à implanter dans l'esprit du public américain l'idée que les races noires et de couleur sont supérieures à la race blanche, le "racisme" à l'envers.

Des scientifiques allemands ont été invités à assister aux endoctrinements de Cold Harbor par Mme Harriman et son groupe, composé de certains des principaux citoyens de l'époque (1915). Après un an ou deux à Cold Spring Harbor, le contingent allemand est retourné en Allemagne et, sous Hitler, a mis en pratique l'eugénisme racial appris à Cold Spring Harbor. Toutes ces informations sont restées cachées au peuple américain jusqu'à ce qu'elles soient exposées dans mon livre *Codeword Cardinal* et dans plusieurs monographies qui ont précédé ce livre, puis dans mon ouvrage *Aids-The Full Disclosure*.

Tavistock et la Maison-Blanche

Les techniques de conditionnement de l'esprit de Tavistock ont été constamment utilisées aux États-Unis par certaines des personnalités politiques les plus élevées et les plus importantes de notre histoire, en commençant par Woodrow Wilson et en poursuivant avec le président Roosevelt. Chaque président américain après Roosevelt a été sous le contrôle des "300" et de l'Institut Tavistock.

Roosevelt était un sujet programmé typique mentalement contrôlé et formé à la méthodologie Tavistock. Il parlait de paix tout en préparant la guerre. Il s'est emparé de pouvoirs auxquels il n'avait pas droit en vertu de la Constitution américaine, citant les actions illégales du président Wilson comme autorité, et a ensuite expliqué ses actions par des "discussions au coin du feu", ce qui était une idée de Tavistock pour tromper le peuple américain. Comme un autre robot de Tavistock, James Earl Carter, et le président Bush, son successeur, ont convaincu le peuple américain que tout ce qu'il faisait, même si c'était manifestement inconstitutionnel, était fait dans leur intérêt. Ce n'était pas comme Roosevelt, qui savait parfaitement qu'il agissait mal, mais qui, néanmoins, se délectait de sa tâche et exécutait son mandat de la famille royale britannique de Tavistock avec enthousiasme, et avec un mépris total pour la vie humaine, comme c'est le cas pour tous les occultistes.

Lorsque le président Bush, l'aîné, a ordonné l'invasion du Panama, il s'agissait d'une action manifestement inconstitutionnelle qui a coûté la vie à 7000 Panaméens, ce qui n'a pas empêché M. Bush de dormir, pas plus qu'il n'a cligné des yeux sur la mort de 150 000 soldats irakiens lors de la guerre non déclarée (illégale) contre l'Irak qui devait suivre son "essai" pour sonder l'opinion publique.

Carter n'est pas étranger à l'occultisme ; l'une de ses sœurs était une sorcière de premier plan en Amérique. Carter croyait être un "born again Christian", même si toute sa carrière politique a été traversée par des idéaux et des principes socialistes et communistes, qu'il n'a jamais hésité à mettre en pratique. Carter est l'exemple d'un véritable dédoublement de la personnalité, un pur produit de Tavistock. C'est ce qu'a noté Hugh Sidey, un chroniqueur bien connu des médias grand public, qui a écrit en juillet 1979 :

> "Le Jimmy Carter qui travaille maintenant derrière les portes closes de la Maison-Blanche n'est pas le Jimmy Carter que nous avons appris à connaître au cours des 30 premiers jours de sa présidence."

Carter, programmé par le Dr Peter Bourne, diplômé de Tavistock, était passé entre les mains d'un autre psychologue de Tavistock, l'amiral Hymen Rickover, pendant le séjour de Carter à

Annapolis.

Carter a été présélectionné par les Rothschild comme étant admirablement apte à recevoir une formation spéciale, et comme étant quelqu'un qui serait "adaptable aux circonstances changeantes", prêt à s'écarter des principes.

John Foster Dulles est une autre personnalité endoctrinée par Tavistock qui était proche de la Maison-Blanche, occupant le poste de secrétaire d'État. Dulles a menti de manière flagrante à une commission sénatoriale américaine lors des auditions des Nations unies (ONU), témoignant effrontément sous serment de la constitutionnalité de l'appartenance des États-Unis à cet organisme mondial.

Dulles a ébloui et trompé les sénateurs quant à la constitutionnalité de l'adhésion des États-Unis à l'ONU et a influencé suffisamment de sénateurs pour qu'ils votent en faveur du prétendu traité, qui n'est pas un traité, mais un accord ambigu.

La Constitution américaine ne reconnaît pas les "accords", seulement les traités signés par les nations concernées. Cependant, le problème de Dulles était que l'ONU n'est pas un pays. Tavistock a donc contourné cet obstacle en conseillant au Département d'État d'appeler le document "accord". Dulles était un sataniste, un illuministe et un membre d'un certain nombre de sociétés occultes.

George Herbert Walker Bush est un autre diplômé certifié "formé au produit" du système de contrôle de l'esprit de Tavistock. Les actions de ce maçon du 33ème degré, au Panama et en Irak, en disent long.

Au Panama, agissant sous les ordres du RIIA et du CFR, Bush, l'aîné, a pris des mesures pour protéger l'argent de la drogue dans les banques appartenant aux Rockefeller au Panama, après que le général Noriega ait révélé que deux d'entre elles étaient des installations de blanchiment d'argent dans la chaîne du commerce de la drogue.

Bush a ordonné aux forces armées américaines d'envahir le Panama sans avoir l'autorité exprimée de la seule manière constitutionnelle, une déclaration de guerre conjointe de la Chambre et du Sénat du Congrès des États-Unis, et en violation flagrante de ses pouvoirs constitutionnels en tant que président.

Les Pères fondateurs ont expressément interdit au président d'exercer des pouvoirs de guerre. Mais en dépit de ce manque de pouvoir, Bush a répété ses violations flagrantes de la Constitution américaine en ordonnant aux forces armées américaines d'envahir l'Irak, une fois de plus sans la déclaration de guerre obligatoire et en outrepassant ses pouvoirs. Le public américain "conditionné de l'intérieur", les victimes choquées de la guerre de Tavistock, n'a pas bougé d'un poil en regardant la Constitution être mise en lambeaux.

Sa Majesté la reine Elizabeth II a chaleureusement félicité Bush père pour sa guerre "réussie" contre l'Irak, et l'a fait chevalier pour ses actes de défi à la Constitution américaine. Ce n'est pas la première fois qu'Élisabeth récompense par de hautes distinctions des transgresseurs de lois américains.

Les occultistes et les illuministes britanniques et américains des cartels du pétrole mènent toujours une guerre d'usure contre l'Irak en 2005. Ils ne s'arrêteront pas tant qu'ils n'auront pas posé leurs mains avides et tachées de sang sur les richesses pétrolières de l'Irak, de la même manière que Milner a volé l'or des Boers pendant la guerre anglo-boer (1899-1903).

Vous trouvez-vous en train de répondre à cette information d'une "manière inadaptée" ? Dites-vous : "Ces actions ne peuvent pas être celles d'un président américain ? C'est absurde.

Si c'est là votre réponse inadaptée, portez votre attention sur la guerre des Boers et vous verrez rapidement que Bush ne faisait qu'imiter la barbarie satanique des généraux Lord Kitchener et Lord Milner dans leur guerre d'extermination contre la nation boer. De même, il est bon de rappeler que la tragédie de Waco a commencé sous la direction de Bush, et que la vendetta contre David Koresh a été menée par le chef du parti républicain.

Alors que le procureur général Reno et Clinton ont mené à bien la politique de destruction pour laquelle Koresh était condamné,

George Bush a joué un rôle de premier plan dans la préparation de l'opération épouvantable au cours de laquelle Koresh et 87 de ses partisans ont trouvé la mort.

Bien que cela ne soit pas généralement connu, Tavistock a participé à la planification et pourrait même avoir dirigé l'assaut du FBI et de l'ATF contre Koresh et les davidiens. Tavistock était représenté par des unités des SAS britanniques qui avaient participé à l'entraînement de l'ATF et du FBI sur la manière de détruire Koresh et ses partisans et de réduire leur église en cendres. Waco, c'était le satanisme impie des arts noirs en action, ni plus ni moins.

La fin flamboyante de Koresh et de ses partisans est typique du satanisme à l'œuvre, même si la plupart de ceux qui ont participé à ce crime odieux et à ces violations des droits de l'homme et des droits des victimes en vertu des amendements 1er, 2ème, 5ème et 10ème ne savaient pas qu'ils étaient entre les mains de satanistes. Ils n'avaient pas la moindre idée qu'ils étaient utilisés par des forces spirituelles de l'espèce la plus sombre.

Le lavage de cerveau massif de l'Amérique par Tavistock a retourné le public contre Koresh et les davidiens, préparant le terrain pour la destruction de vies et de biens à Waco, au mépris total de la Constitution et de la Déclaration des droits.

La destruction gratuite de vies et de biens innocents par des agents du gouvernement fédéral qui n'avaient aucune juridiction dans l'État du Texas (ni dans aucun autre État d'ailleurs) et, par conséquent, aucune autorité pour faire ce qu'ils ont fait, a violé le 10ème Amendement, la protection des citoyens contre les excès du gouvernement fédéral. L'État du Texas n'est pas intervenu pour mettre fin à la violation du 10ème Amendement qui était en cours à Waco, comme il était du devoir du gouverneur de le faire en vertu de la Constitution des États-Unis et de la Constitution de l'État du Texas.

Tavistock a parcouru un long chemin depuis que Ramsey McDonald a été envoyé aux États-Unis en 1895 pour "espionner le pays pour le rendre conforme à l'instauration du socialisme".

Ramsey a rapporté aux Fabiens que pour que les États-Unis deviennent un État socialiste, il fallait détruire les constitutions des États puis la constitution fédérale (dans cet ordre) ; Waco était l'incarnation de cet objectif.

John Marshall, troisième président de la Cour suprême des États-Unis, et l'affaire Lopez, jugée par la 9ème Cour d'Appel, ont clairement établi, une fois pour toutes, que les agents fédéraux n'avaient aucune compétence à l'intérieur des frontières des États, sauf en cas d'enquête sur la contrefaçon de dollars américains. Il s'agit en soi d'un oxymore, car les soi-disant "dollars américains" ne sont pas des dollars américains, mais des "billets de la Réserve fédérale" — pas la monnaie des États-Unis, mais les billets d'une banque centrale privée non gouvernementale.

Pourquoi protéger la fraude, même si elle est perpétrée par le gouvernement américain ? Lorsque la Constitution a été rédigée, les Pères fondateurs ont estimé que leur refus d'une banque centrale empêcherait toute opération bidon comme la Réserve fédérale de voir le jour. La disposition constitutionnelle protège les billets du Trésor américain contre la contrefaçon. Il est douteux qu'un billet de la Réserve fédérale, qui n'est pas un dollar américain, bénéficie de la protection de la Constitution américaine.

À Waco, le shérif a manqué à son devoir d'ordonner aux agents de Tavistock et au FBI de quitter le comté, car le FBI n'enquêtait pas sur la contrefaçon conformément à la Constitution des États-Unis. Le FBI était à Waco en toute illégalité. Tout cela faisait partie d'un exercice soigneusement planifié pour déterminer jusqu'où le gouvernement fédéral pouvait aller dans la violation de la Constitution avant d'être pris de court.

Tout comme les classes moyennes et inférieures britanniques se sont enflammées contre l'Allemagne au début de la Première Guerre mondiale, grâce à la propagande mensongère selon laquelle le Kaiser avait ordonné à ses soldats de couper les bras des petits enfants lorsqu'ils ont envahi la Belgique et la Hollande, Tavistock a programmé les Américains pour qu'ils haïssent

Koresh.

Les mensonges de Tavistock sur Koresh ont été diffusés sur les ondes, jour et nuit : Koresh avait des relations sexuelles avec de très jeunes enfants dans le "complexe". Son église, une simple structure en bois, a été qualifiée de "complexe" par les contrôleurs d'esprit de Tavistock. Un autre des mensonges grossiers de Tavistock était que les Davidians avaient un laboratoire d'amphétamines dans le "compound". Le terme de "compound" est ainsi devenu un mot à la mode chez Tavistock.

Il n'est pas surprenant que M. Clinton ait donné son feu vert pour que les davidiens soient gazés, abattus, soumis nuit et jour à une musique diabolique, et enfin brûlés vifs. Par l'intermédiaire de feu Pamela Harriman, M. Clinton a été introduit à Tavistock et a passé son initiation à l'endoctrinement par le contrôle de l'esprit, pendant son séjour à Oxford. Par la suite, il été initié au socialisme/marxisme/communisme avant d'être approuvé par Tavistock pour succéder à M. Bush père qui avait assez servi.

Tavistock a planifié et exécuté une campagne médiatique massive en utilisant son profilage de sondage pour implanter Clinton dans l'esprit du peuple américain, comme étant la personne la plus apte à diriger la nation.

C'est Tavistock qui a organisé l'interview strictement contrôlée de Clinton avec CBS, après que Geniffer Flowers ait révélé qu'il avait été son amant pendant les 12 dernières années, et c'est Tavistock qui a pris le contrôle de la réaction du peuple américain à la suite de l'interview de CBS. Ainsi, grâce à son vaste réseau de sondages et d'opinion, la présidence Clinton n'a pas été torpillée, mais si Tavistock n'avait pas contrôlé de bout en bout l'interview de CBS, il est certain que Clinton aurait été contraint de démissionner en disgrâce.

Si vous cherchez des preuves ; si vous êtes toujours dans le "déni", alors comparez l'évasion de Clinton avec la condamnation de Gary Hart pour une accusation bien moindre. Le premier avocat de la Maison-Blanche de la "nouvelle ère du Verseau" à être formé à la méthodologie Tavistock fut Mark

Fabiani. Son habileté à gérer des situations, dont tous les observateurs s'attendaient à ce qu'elles fassent sombrer Clinton, est devenue le sujet de conversation de Washington.

Seules 13 personnes du cercle restreint des Illuminati et de la hiérarchie franc-maçonne connaissaient le secret de la réussite de Fabiani Lanny Davis, qui a pris la relève de Fabiani, a connu un succès encore plus grand. Connu sous le nom de "Dr. Spin", Davis a déjoué les plans de deux procureurs spéciaux, le juge Walsh et Kenneth Starr, et a repoussé toutes les attaques lancées par les républicains au Congrès, laissant le parti républicain dans un désarroi total.

Cet avocat formé au Tavistock a mené un raid audacieux contre la multitude d'ennemis de Clinton au Congrès. Le coup de maître de Davis est intervenu avec les auditions de la commission Thompson sur le financement de la campagne du DNC et une foule de scandales en Arkansas.

Le plan Tavistock était simple, et comme tous les plans simples, c'était un coup de génie. Davis a rassemblé tous les journaux du pays qui avaient publié la moindre histoire sur les méfaits de Clinton, les scandales liés à la collecte de fonds et Whitewater. Le jour même où la commission Thompson était en pleine effervescence, réclamant le sang du président, l'un des nombreux assistants de Davis s'est faufilé dans la salle d'audience bondée et a remis à chacun des membres de la commission un dossier de coupures de presse compilées par Davis.

Le dossier était accompagné d'un mémo signé par Davis : ce sur quoi la commission enquêtait à coups de millions de dollars n'était rien d'autre qu'une collection de "vieilles nouvelles". Qu'y avait-il à enquêter alors que les accusations contre Clinton étaient des nouvelles d'hier ?

La commission Thompson avait été mise en échec, puis s'est essoufflée et s'est retirée de la circulation, ce fut une grande victoire pour Tavistock et la Maison-Blanche. Le Premier ministre Blair devait utiliser la même formule pour désarmer les critiques parlementaires qui l'accusaient d'avoir menti sur les raisons de son entrée en guerre aux côtés de Bush le jeune. Les comptes rendus du *Daily Mirror* étaient tous "de vieilles nouvelles", a déclaré Blair en répondant à ce qui aurait pu être une question accablante. Le député qui posait la question était à la tête d'un mouvement visant à mettre Blair en accusation. Au lieu de répondre, Blair a détourné la question. Selon les règles parlementaires, le député avait eu son "tour" et n'aurait pas d'autre occasion d'essayer de forcer Blair à dire la vérité.

CHAPITRE 35

L'industrie musicale, le contrôle des esprits, la propagande et la guerre

Il convient de noter que l'influence de Tavistock en Amérique s'est étendue depuis qu'il y a ouvert ses propres bureaux en 1946. Tavistock a perfectionné l'art de la désinformation. Ces campagnes de désinformation commencent par des rumeurs soigneusement élaborées. Celles-ci sont, en général, semées dans les cercles de droite, où elles se développent et se répandent comme une traînée de poudre. Tavistock sait depuis longtemps que l'aile droite est un terreau fertile pour la croissance et la diffusion des rumeurs.

D'après mon expérience, il ne se passe pas un jour sans que l'on me demande de confirmer une rumeur ou une autre, généralement par des personnes qui devraient être mieux informées. La stratégie astucieuse consistant à répandre la désinformation par la rumeur présente un double avantage :

1)   Cela donne un semblant de crédibilité aux histoires implantées sur les conservateurs.

2)   Au moment où il est prouvé que l'information est fausse, la désinformation a entaché ses pourvoyeurs au point qu'ils peuvent être qualifiés sans risque de "cinglés", de "frange paranoïaque des conservateurs", d'"extrémistes" et bien pire encore.

La prochaine fois que vous entendrez ce genre de rumeur, réfléchissez longuement à la source de la rumeur avant de la transmettre. Rappelez-vous comment fonctionnent les manipulateurs de Tavistock : Plus la rumeur est juteuse, plus vous serez enclin à la répandre, ce qui fera de vous, sans le vouloir, un élément de la machine insidieuse de désinformation de Tavistock.

Pour en venir maintenant à un autre domaine d'expertise dans lequel Tavistock initie ses diplômés, nous faisons référence à l'assassinat de politiciens d'importance qui ne peuvent être achetés, et qui doivent être réduits au silence. Les assassinats des présidents américains Lincoln, Garfield, McKinley et Kennedy sont tous liés aux services secrets britanniques MI6, et depuis 1923, associés à l'Institut Tavistock.

Le président Kennedy s'est avéré imperméable au contrôle mental de Tavistock, il a donc été choisi pour une exécution publique comme un avertissement à ceux qui aspirent au pouvoir, que personne n'est plus haut que le Comité des 300.

Le spectacle macabre de l'exécution publique de Kennedy était un message au peuple américain, un message dont ils ne sont peut-être pas conscients, même maintenant. Peut-être que le Tavistock Institute a fourni le plan de l'exécution de Kennedy. Peut-être a-t-il également sélectionné avec soin chacun des participants, en commençant par Lee Harvey Oswald, dont l'esprit était manifestement contrôlé, jusqu'à Lyndon Johnson, dont le contrôle mental n'était pas si évident. Ceux qui ne se soumettaient pas ou qui cherchaient à faire éclater la vérité subissaient diverses sanctions, de la disgrâce au bannissement de la vie publique, voire la mort.

Nous quittons le contrôle exercé par Tavistock sur les présidents américains, passés et futurs, pour nous intéresser à l'industrie de la musique et du divertissement. Nulle part ailleurs le lavage de cerveau d'énormes segments du public américain n'est aussi visible que dans "l'industrie de la musique et du divertissement". Des décennies plus tard, des personnes malavisées et non initiées se mettent encore en colère contre moi parce que j'ai révélé que les "Beatles" étaient un projet de Tavistock. Maintenant, je m'attends à ce que les mêmes personnes qui me disent qu'elles savent tout de l'histoire des "Beatles", qu'ils sont des musiciens et que je ne le suis pas remettent en question ce qui suit :

Saviez-vous que la musique dite "Rap" est un autre programme de Tavistock ? Tout comme le "Hip-Hop". Aussi ineptes et idiots que soient les mots (on peut difficilement les appeler des "paroles"), ces mots ont été conçus par le technicien du contrôle mental et de la modification du comportement, afin qu'ils s'intègrent et deviennent une partie intégrante du programme de guerre des gangs de Tavistock pour les grandes villes américaines. Les principaux pourvoyeurs de cette "musique" et, en fait, de toute la musique dite "rock" et "pop" (excusez l'utilisation du jargon de Tavistock) sont :

➤ Time Warner

➤ Sony

➤ Bertelsman

➤ EMI

➤ Le groupe Capital

➤ Seagram Canada

➤ Philips Electronic

➤ The Indies

Time Warner

Leurs revenus annuels s'élèvent à 23,7 milliards de dollars (chiffres de 1996). Son activité d'édition musicale possède un million de chansons par le biais de sa filiale Warner Chappell. Parmi celles-ci figurent des chansons de Madonna et de Michael Jackson. Elle imprime et publie des partitions de musique. Les labels "Rap" et "Pop" de Time Warner comprennent Amphetamine Reptile, Asylum Sire, Rhino, Maverick, Revolution, Luka Bop, Big Head Todd et The Monsters commercialisés par Warner REM.

Time Warner distribue également des labels de musique alternative par le biais de sa filiale. Alternative Distribution Alliance, qui couvre la majeure partie de l'Europe, et qui est particulièrement forte en Angleterre et en Allemagne. Ce n'est pas un hasard si ces deux pays ont été ciblés par les manipulateurs de Tavistock.

L'incitation, le plus souvent subliminale, mais de plus en plus ouverte, à la violence, au sexe débridé, à l'anarchisme et au satanisme, se retrouve en abondance dans les chansons propagées par Time Warner. Cette domination presque sectaire de la jeunesse d'Europe occidentale (et depuis la chute de l'URSS, elle s'insinue également en Russie et au Japon) menace la civilisation européenne qui a mis des milliers d'années à se construire et à mûrir. L'immense popularité de la jeunesse et son appétit apparemment insatiable pour ce genre de "musique" de pacotille sont effrayants à voir, tout comme l'emprise de Tavistock sur l'esprit de ceux qui l'écoutent.

Time Warner distribue de la musique par le biais de clubs de musique, qu'elle possède en propre ou en partenariat avec d'autres. Columbia House en est un exemple. Sony détient une part de 50% dans Columbia House.

La division de fabrication de Time Warner, WEA, fabrique des CD ; CD-ROMS, audios, vidéos, disques numériques polyvalents, tandis qu'une autre filiale, Ivy Hill, imprime des pochettes et des encarts pour CD. American Family Enterprises, une autre filiale, commercialise de la musique, des livres et des magazines dans le cadre d'une participation de 50% avec Heartland Music.

Time Warner Motion Pictures possède des studios et des sociétés de production, dont Warner Bros, Castle Rock Entertainments et New Line Cinemas. Time Warner Motion Pictures possède 467 salles aux États-Unis et 464 salles en Europe. (Chiffres de 1989 : les chiffres sont beaucoup plus importants aujourd'hui en 2005).

Son réseau de diffusion comprend WB Network, Prime Star ; Cinemax, Comedy ; Central Court TV ; SEGA Channel ; Turner Classic Movies (Ted Turner possède 10% des actions de Time Warner).

Elle diffuse en Chine, au Japon, en Nouvelle-Zélande, en France et en Hongrie. Sa franchise de câble compte 12,3 millions d'abonnés.

TV/Production/Distribution: Warner Bros Television ; HBO Independent Productions, Warner Bros. Television Animations ; Telepictures Productions ; Castle Rock Television ; New Line Television, Citadel Entertainment ; Hanna Barbara Cartoons ; World Championship Wrestling ; Turner Original Productions ; Time Warner Sports ; Turner Learning ; Warner Home Videos. Sa bibliothèque compte 28 500 titres télévisés et courts métrages d'animation.

Time Warner possède la radio CNN, acquise auprès de Ted Turner. Elle possède également 161 magasins de détail, Warner Books, Littel, Brown, Sunset Books, Oxmoor House et le Book of the Month Club.

Time Warner possède les magazines suivants : People ; Sports Illustrated ; Time ; Fortune ; Life ; Money ; Entertainment ; Weekly ; Progressive Farmer ; Southern Accents ; Parenting ; Health ; Hippocrates ; Asiaweek ; Weight Watchers ; Mad Magazine ; D.C. Comics ; American Express Travel and Leisure ; Food and Wine. Time Warner possède également un certain nombre de parcs à thème : Six Flags ; Warner Bros ; Movie World ; Sea World of Australia.

J'espère qu'à ce stade, le lecteur prendra le temps de réfléchir à l'énorme pouvoir en bien ou en mal qui repose entre les mains de Time Warner. De toute évidence, ce géant peut faire ou défaire n'importe qui. Et puis, rappelez-vous, c'est un client de l'Institut Tavistock. Il est effrayant de contempler ce que cette puissante machine pourrait faire à l'opinion publique et façonner l'esprit des jeunes, comme nous l'avons vu avec les "Gay Days" à Disney World.

SONY

Les revenus de Sony en 1999 ont été estimés à 48,7 milliards de dollars. Il s'agit de la plus grande entreprise d'électronique au monde. Sa division musicale contrôle Rock/Rap/Pop ; Columbia ; Rutthouse ; Legacy Recordings ; Sony Independent Label ; MIJ Label ; (Michael Jackson) ; Sony Music Nashville ; Columbia Nashville. Sony possède des milliers de labels Rock/Pop dont Bruce Springsteen ; So-So Def ; Slam Jazz ; Bone Thugs in Harmony ; Rage Against the Machine ; Razor Sharp ; Ghost-Face Killa ; Crave ; et Ruthless Relativity.

Si vous vous êtes déjà demandé comment cette horrible idiotie, avec ses mots très suggestifs et son incitation à la violence, a pu prendre une telle ampleur en si peu de temps, vous le savez maintenant. Elle est soutenue à bout de bras par Sony. Tavistock a longtemps considéré le Rap comme un messager utile pour précéder l'anarchie et le chaos — qui se rapproche de plus en plus.

Sony distribue le label de rock alternatif punk Epitaph Record ; Hell Cat ; Rancid ; Crank Possum Records et Epitome Surf Music de Blue Sting Ray. En outre, Sony publie de la musique par le biais de Sony/ATV Music Publishing. Sony possède toutes les "chansons" de Michael Jackson et la quasi-totalité de la gamme des "Beatles".

Sony est propriétaire de Loews Theatres, des Sony Theatres, et ses intérêts télévisuels comprennent des jeux télévisés. Elle détient environ 15% du marché des ventes de musique, de partitions, et est la plus grande société internationale de musique au monde. Les autres produits de Sony sont les disques CD, les disques optiques, les cassettes audio et vidéo.

La propriété de l'hôtel Loews à Monte-Carlo est un centre d'information pour le trafic de drogue, et ses employés signalent directement à la police de Monte-Carlo, toute "activité suspecte" se déroulant dans l'hôtel.

(Par "suspect", on entend toute personne extérieure qui tente de s'introduire dans le commerce.) Plusieurs des employés de la réception de haut niveau sont formés par la police de Monte-Carlo pour garder un œil sur les choses.

Il ne s'agit pas d'éradiquer le trafic de drogue, mais simplement d'empêcher les "arrivistes" de se lancer dans le commerce de la drogue. Les "outsiders" qui arrivent à l'hôtel Loews sont informés et sont rapidement arrêtés. Ces événements sont vendus à la presse et aux médias mondiaux comme des "descentes de police". La division Motion Pictures de Sony se compose de Columbia Pictures ; Tri-Star Pictures ; Sony Pictures ; Classic Triumph ; Triumph Films avec les droits sur les films Columbia Home Tri-Star. Ses intérêts télévisuels incluent les jeux télévisés.

Bertelsman

Société privée allemande détenue par Reinhard Mohn, son chiffre d'affaires était estimé à 15,7 milliards de dollars en 1999. Bertelsman possède 200 labels musicaux dans 40 pays, qui couvrent Rap/Rock/Pop. Whitney Houston ; The Grateful Dead: Bad Boys: Ng Records, Volcano Enterprises ; Dancing Cat ; Addict ; Gee Street (Jungle Brothers) et Global Soul. Tous ces titres contiennent des incitations explicites aux aberrations sexuelles, à la prise de drogue, à l'anarchie et à la violence. Bertelsman possède les propriétés Country & Western Arista Nashville (Pam Tillis) ; Career (LeRoy Parnell) RCA Label Group ; BNA (Lorrie Morgan.) D'autres titres qu'elle possède sont la bande sonore de Star Wars ; Boston Pops ; New Age et Windham Hill, etc. La société publie des partitions musicales par l'intermédiaire de BMG Music, qui contrôle les droits de 700 000 chansons, dont celles des Beach Boys, de B.B. King, de Barry Manilow et 100 000 musiques célèbres des studios Paramount. Elle possède sept clubs de musique aux États-Unis et au Canada, et fabrique des cartes de crédit pour la banque MBNA.

Bertelsman A.G. fait un énorme travail de librairie dans le monde entier et est un affilié du Comité des 300.

Les holdings de Bertelsmann comprennent Doubleday ; Dell Publishers ; Family Circle ; Parent and Child ; Fitness ; American Homes and Gardens, avec 38 magazines en Espagne, France, Italie, Hongrie et Pologne. Les chaînes de télévision et de satellite de Bertelsman se trouvent en Europe, où elle est le plus grand diffuseur. Cette société est très vindicative et n'hésitera pas à s'en prendre à quiconque ose révéler ce qu'elle pense ne pas être dans son intérêt.

EMI

Société britannique dont le chiffre d'affaires était estimé à 6 milliards de dollars en 1999, elle possède soixante labels de musique dans quarante-six pays : Rock/Pop/Rap ; Beetle Boys ; Chrysallis ; Grand Royal ; Parlaphone ; Pumpkin Smashers ; Virgin ; Point Blank.

EMI possède et contrôle les Rolling Stones, Duck Down, No Limit, N00 Tribe, Rap-A-Lot (The Ghetto Boys) ainsi qu'une immense entreprise d'édition de partitions. Elle détient une participation directe ou totale dans 231 magasins dans sept pays, dont HMV, Virgin Megastores : Dillons (USA). EMI possède des stations de réseau dans toute la Grande-Bretagne et en Europe, dont certaines travaillent en collaboration avec Bertelsmann.

Le groupe Capital

Ce groupe d'investissement basé à Los Angeles a vendu 35% de ses actions à Seagram's, la société de spiritueux des Bronstein et un haut responsable du Comité des 300. Seagram's détient une participation de 80% dans Universal Music Group (anciennement MCA), désormais propriété de Matushita Electric Industries.

Ses revenus de 1999 ont été estimés à 14 milliards de dollars. Seagram possède plus de 150 000 droits d'auteur, dont ceux d'Impact : Mechanic ; Zebra ; Radioactive Records ; Fort Apache Records ; Heavy D and the Boys.

The Capital Group a des coentreprises avec Steven Spielberg, Jeffrey Katzenburg et David Geffen. Dans sa division Country et Western, la société possède Reba McIntyre, Wynona, George Straight ; Dolly Parton ; Lee Anne Rimes et Hank Williams.

Par l'intermédiaire de Seagram, la société est propriétaire des salles de concert Fiddler's Green (Denver) ; Blossom Music Center (Cleveland) ; Gorge Amphitheater (État de Washington) ; Starplex (Dallas). Il s'est étendu à Toronto et à Atlanta. Le Capital Group, par le biais de sa division Motion Pictured, est propriétaire de Demi Moore, Danny De Vito, Penny Marshall et d'une foule de petites figures de l'industrie cinématographique. Universal Films Library est une propriété du Capital Group, tout comme Universal Films Library. La société possède 500 magasins de détail, plusieurs hôtels ainsi que les Universal Studios à Hollywood.

The Indies

L'une des plus petites entreprises du secteur de la musique et du divertissement, ses revenus annuels sont estimés à 5 milliards de dollars. La société dispose d'un portefeuille substantiel de labels Rock/Rap/Pop, principalement du genre le plus bizarre.

Sa division Country and Western possède Willie Nelson et la distribution se fait par le biais des "Big Six". Même sans posséder de magasins de détail ou de points de vente indépendants, la société a réussi à s'emparer d'une part étonnante de 21% des ventes de musique aux États-Unis.

Ce qui est important, c'est que la plupart de ses revenus proviennent des ventes de Rap/Pop/Rock bizarres aux titres violents, abusifs, au langage grossier, aux titres sexuellement suggestifs, à l'anarchie — ce qui montre la direction que prend la jeunesse américaine.

Philips Electronic

Cette société néerlandaise a réalisé un chiffre d'affaires de 15,8 milliards de dollars en 1996. Bien qu'il s'agisse principalement d'une société d'électronique, elle fait partie de la catégorie des "Big Six", principalement parce qu'elle possède 75% de Polygram Music. Son portefeuille de labels est dans le domaine du Rock/Pop/Rap. Elton John est l'une de ses propriétés. Philips occupe la troisième place dans le domaine de l'édition musicale avec 375 000 titres de droits d'auteur.

Grâce à ses filiales en Europe et en Grande-Bretagne, Philips a produit en 1998 540 millions de CD et de cassettes VHS. Sa division Motion Pictures est propriétaire de Jodi Foster, tandis que Philips Television est propriétaire des sociétés Sundance Films et Propaganda Films de Robert Redford.

Les informations qui précèdent devraient vous donner, à vous, le lecteur, une idée de l'immense pouvoir que cette industrie géante exerce sur notre vie quotidienne ; comment elle façonne l'esprit des jeunes Américains. Sans le contrôle et les techniques avancés mis à la disposition de ces entreprises par Tavistock, les pas de géant que l'industrie a faits n'auraient pas été possibles. Les informations que j'ai fournies devraient vous faire trembler jusqu'à vos fondations lorsque vous réaliserez que Tavistock contrôle les "nouvelles" que nous voyons, les "films familiaux" et les films des chaînes de télévision que nous sommes autorisés à voir, la musique que nous écoutons.

Derrière cette gigantesque entreprise se trouve l'Institut Tavistock pour les relations humaines. Comme je l'ai clairement démontré, l'Amérique marche au pas avec la gigantesque industrie du cinéma et de la musique ; des forces jusqu'ici inconnues — des forces puissantes dont le seul but et l'objet est de pervertir, de tordre et de déformer l'esprit de nos jeunes, afin de faciliter l'introduction du Nouvel Ordre Mondial Socialiste par le Comité des 300 — L'instauration d'un gouvernement mondial unique, dans lequel les nouveaux communistes gouvernent le monde.

Les informations que je vous ai présentées devraient être une source de grande inquiétude alors que vous contemplez l'avenir de vos enfants et de la jeunesse de l'Amérique, ayant appris et compris qu'ils sont nourris d'idées anarchistes, de ferveur révolutionnaire et d'incitation à la prise de drogues, au sexe libre, à l'avortement, au lesbianisme et à l'acceptation de l'homosexualité.

Sans cette industrie géante de la musique et du divertissement, Michael Jackson n'aurait été qu'une entité puérile et insipide, mais il a été "gonflé" et Tavistock a dit à la jeunesse de notre pays à quel point il est génial et combien elle, la jeunesse du monde occidental, l'aime ! Cela a également à voir avec le pouvoir de contrôler les médias.

Dans la mesure où l'industrie de la musique et du divertissement est ce que j'appelle un "secret de polichinelle" conçu par Tavistock, je ne m'attends pas à ce que mon travail sur ce sujet vital soit accepté comme l'entière vérité, du moins jusqu'en 2015, qui est l'année où je prévois le déclenchement de "l'Armageddon", la guerre nucléaire totale de la CAB, lorsque la colère de Dieu s'abattra sur les États-Unis d'Amérique. Mais en ce qui concerne le contrôle massif des médias, il n'est pas difficile, même pour un observateur non averti, de voir, d'entendre et de lire qu'en effet, les États-Unis ont des médias contrôlés, produits par l'Institut Tavistock. C'est ce facteur qui a fait élire le président Bush, puis, à la stupéfaction de toute l'Europe et d'au moins la moitié des électeurs américains, l'a fait élire pour un second mandat en dépit de son bilan déplorable.

Comment cela est-il arrivé ? La question est facile à répondre : En raison de l'effondrement des médias nationaux américains. Les diffuseurs traditionnels ont abandonné leur obligation de promouvoir l'intérêt public ; ils ne se sont plus sentis obligés de rapporter les deux côtés des questions.

Les médias nationaux ont intensifié leur politique de "mélange de l'information et de la fiction" qui a débuté avec "La guerre des mondes".

Si cela a permis d'attirer des téléspectateurs et d'augmenter les revenus, cela n'a rien changé à la doctrine de longue date de l'équité dans la radiodiffusion, si essentielle à la circulation de l'information dans une société libre. Au cours des dernières années, ce grave problème a été exacerbé par la montée en puissance de la "brigade du tonnerre" de droite, qui ne tolère aucune contre-opinion. Ils ne diffusent que l'opinion de l'administration Bush et ne se privent pas de déformer et de "tourner" les nouvelles à la manière de Tavistock.

Cela a été confirmé par une enquête conjointe réalisée en 2004 par le Center on Policy Studies, le Center on Policy Attitudes, le Program on International Policy Attitudes et le Center for International and Security Studies. Ce qu'ils ont trouvé est vraiment la clé de la raison pour laquelle Bush est toujours à la Maison-Blanche, et un hommage au pouvoir de la propagande professionnelle :

> ➤ 75% des fidèles de Bush n'ont pas été convaincus par la conclusion de la Commission présidentielle selon laquelle l'Irak n'avait rien à voir avec Al-Qaïda.

> ➤ La majorité des partisans de Bush pensaient qu'une grande partie du monde islamique soutenait les États-Unis dans leur invasion de l'Irak. Ceci est en totale contradiction avec les faits. L'Égypte, un État musulman, ne soutient pas les États-Unis et la majorité des Égyptiens veulent que les États-Unis quittent l'Irak. La Turquie, qui, bien qu'étant un État laïque, est en grande majorité musulmane, s'oppose à la présence des États-Unis en Irak par un vote de 87% et rejette les raisons invoquées pour l'invasion.

> ➤ Soixante-dix pour cent des fidèles de Bush croient que l'Irak possédait des ADM.

Ce que j'ai écrit ici est la vérité indiscutable, mais il faudra un événement majeur pour le confirmer comme tel, tout comme il a fallu 14 ans pour que mon livre du Comité des 300 et 25 ans pour que mon rapport du Club de Rome soit confirmé par Alexander King lui-même. Mais il ne fait aucun doute que Tavistock, aujourd'hui, en 2005, contrôle tous les aspects de la vie en Amérique. Pas une seule chose ne lui échappe.

En 2005, nous sommes témoin de l'influence et du pouvoir étonnants de l'Institut Tavistock et de ses maîtres supérieurs, le Comité des 300, dans la manière dont les États-Unis sont dirigés par le président George Bush et dans l'acceptation de ce que Bush dit et fait sans question ni doute.

Les raisons de ces croyances erronées ne sont pas difficiles à trouver. En 1994, l'administration Bush a déclaré à plusieurs reprises au public américain que l'Irak disposait d'armes nucléaires prêtes à être utilisées. Les rapports de l'administration Bush selon lesquels le président Hussein soutenait les unités d'Al-Qaïda en Irak et qu'Al-Qaïda était responsable de l'attaque du World Trade Center (WTC) sont également passés pour des vérités, sans aucun fondement. Pourtant, les membres du Roaring Right Radio Network (RRRN) ont joyeusement répété ces erreurs, notamment Hannity et Combs et Fox News. M. Hannity a obligeamment dit à son public que les armes avaient été transférées en Syrie. Il n'a jamais offert l'ombre d'une preuve à l'appui de sa déclaration. En outre, Fox News et d'autres émissions de radio débitent des masses de propagande. Les principaux représentants de la propagande radiophonique en faveur de l'administration Bush sont :

- Rush Limbaugh
- Matt Drudge
- Sean Hannity
- Bill O'Reilly
- Tucker Carlson
- Oliver North
- John Stossell
- Gordon Liddy
- Peggy Noona
- Larry King
- Michael Reagan
- Gordon Liddy
- Dick Morris
- William Bennett
- Michael Savage

> ➢ Joe Scarborough

Larry King est l'une des marionnettes de Tavistock les mieux formées. Lorsque, dans les rares occasions où il reçoit un opposant à la guerre de Bush dans son émission, il lui donne environ deux minutes pour exposer son point de vue, immédiatement suivi par cinq "experts" pro-Bush pour réfuter le dissident audacieux.

Presque toutes les personnalités de la radio mentionnées ci-dessus ont reçu une formation plus ou moins poussée des experts de Tavistock. Lorsque l'on étudie leur méthodologie, on constate une nette ressemblance avec les méthodes de présentation perfectionnées à Tavistock. Il en va de même pour les personnalités de la télévision, les "présentateurs de journaux télévisés" et leurs "nouvelles" qui ne diffèrent ni par leur contenu ni par leur style. Tous, sans exception, portent la marque de l'Institut Tavistock.

Les États-Unis sont sous l'emprise du plus grand et du plus durable des programmes de contrôle mental de masse (lavage de cerveau) et de "conditionnement", et cela se reflète à tous les niveaux de notre société. Les maîtres de la manipulation, de la tromperie, de la connivence, de la dissimulation, des demi-vérités et de leur frère jumeau, les mensonges purs et simples, tiennent le peuple américain à la gorge.

Churchill, avant d'être "transformé", a déclaré à la Chambre des communes que les bolcheviks "ont saisi la Russie par les cheveux de sa tête". Nous osons dire que "Tavistock a saisi la tête et l'esprit du peuple américain".

À moins d'un grand réveil de l'esprit de 1776 et du renouveau qui a eu lieu parmi la génération qui a suivi les Pères fondateurs, les États-Unis sont condamnés à s'effondrer, tout comme les civilisations grecque et rosnéenne se sont effondrées.

Ce qu'il faut, c'est la formation de notre propre "armée invisible" de "troupes de choc" qui se rendront dans chaque village, chaque ville, chaque cité, sur toute la longueur et la largeur des États-Unis, pour mener la contre-offensive qui fera battre en retraite les troupes de Tavistock et les conduira à la défaite finale.

APPENDICE

LA GRANDE DÉPRESSION

Montagu Norman, alors gouverneur de la Banque d'Angleterre, et ami proche de la famille de la socialiste fabienne Beatrice Potter Webb, a effectué une visite surprise aux États-Unis, prélude à l'avènement de la Grande Dépression. Comme on peut le voir, il s'agissait d'un "événement artificiel" comme le naufrage du Lusitania qui a entraîné les États-Unis dans la Première Guerre mondiale.

Les événements qui ont conduit à la Grande Dépression mondiale des années 1930.

1928

23 février — Montagu Norman rend visite à M. Moreau, président de la Banque de France.

14 juin — Herbert Hoover est désigné comme candidat à la présidence par le parti républicain.

18 août — Montagu Norman est réélu président de la Banque d'Angleterre.

6 nov. — Herbert Hoover est élu président des États-Unis.

17 novembre — Montagu Norman est réélu gouverneur de la Banque d'Angleterre.

1929

1er janvier —Le *New York Times* déclare que l'on s'attend à une forte fuite d'or des États-Unis en 1929.

14 janvier — Eugene R. Black a été réélu gouverneur de la Federal Reserve Bank d'Atlanta, en Géorgie.

26 janvier —Les rapports de presse indiquent que la visite prochaine de Montagu Norman n'a aucun rapport avec le mouvement de l'or de New York à Londres.

30 janvier — Montagu Norman arrive à New York ; il affirme qu'il ne fait que rendre une visite de courtoisie à G.L. Harrison.

31 janvier — Montagu Norman passe une journée avec des responsables de la Federal Reserve Bank.

4 février — Montagu Norman déclare que sa visite ne devrait entraîner aucun changement immédiat dans la situation de la livre sterling ou de l'or. Le membre du Congrès Loring M. Black, Jr. présente une résolution demandant au Conseil de la Réserve fédérale s'il s'est entretenu avec Montagu Norman au moment où il a émis son avertissement sur le crédit ou à peu près.

10 février —Le représentant Black présente une résolution demandant au président Coolidge et au secrétaire Mellon de clarifier la visite de Norman, qui n'est pas un fonctionnaire de la Banque d'Angleterre.

12 février — Andrews déclare que l'affirmation selon laquelle la Federal Reserve Bank a perdu le contrôle de la situation monétaire est une illusion et affirme que la Banque peut réguler le marché à volonté en agissant sur les réescomptes. Sa déclaration "a déclenché des accusations répétées selon lesquelles le système de la Réserve fédérale a perdu le contrôle de l'économie. "

19 février — Les résolutions de Black sont rejetées par le Comité des banques et de la monnaie.

26 février —Le *New York Times* rapporte que de nombreuses banques ont demandé au Conseil consultatif fédéral de coopérer pour limiter les prêts destinés à la spéculation boursière.

4 mars — Herbert Hoover prête serment en tant que président.

12 mars —Le secrétaire au Trésor Mellon déclare qu'il

n'interférera pas avec la politique du Conseil.

21 mars —La Federal Reserve Bank of Chicago prend des mesures pour réduire les prêts d'actions en réduisant de 25 à 50% les emprunts destinés à la spéculation.

1er avril —Dans son rapport d'avril sur l'économie, la National City Bank demande que le taux d'escompte soit porté à 6% afin de freiner la spéculation boursière excessive. Une banque appartenant aux Rockefeller !

Le 5 mai, la Réserve fédérale de Kansas City augmente le taux de réescompte à 5%.

14 mai — La Federal Reserve Bank de Minneapolis porte les taux de réescompte à 5%.

19 mai — La hausse du taux de réescompte à 5% est déclarée uniforme ; la demande de taux de 6% par New York et Chicago est refusée.

23 mai — Le Conseil consultatif recommande un taux de réescompte de 6%.

9 août —La Banque fédérale de réserve de New York a porté son taux à 6% ; cette mesure a été qualifiée d'" adroite ".

3 septembre —La National City Bank (une banque de Rockefeller-Standard Oil) dans son bulletin mensuel déclare que l'effet de l'augmentation du taux de réescompte est incertain.

29 octobre —Le krach boursier met fin à la prospérité de l'après-guerre ; 16 000 000 d'actions, y compris les ventes à découvert sans restriction, changent de mains.

À la fin de l'année, la baisse de la valeur des actions atteint 15 000 000 000 $; à la fin de 1931, les pertes de stocks atteignent 50 000 000 000 $.

Nov. — La Banque fédérale de réserve de New York ramène le taux de réescompte à 5%.

11 novembre — Montagu Norman est élu gouverneur de la Banque d'Angleterre pour un onzième mandat.

15 novembre — Le taux de réescompte est réduit à 4,5%.

Tout au long de la première partie de 1929, il y a eu des rapports constants d'expéditions d'or vers les États-Unis depuis et vers Londres, créant ainsi l'impression que le rapport du 1er janvier était exact. Cependant, avec le krach boursier, la fuite de l'or des États-Unis a commencé pour de bon.

Kurt Lewin

Les travaux de Kurt Lewin (1890-1947) ont eu un impact profond sur la psychologie sociale et l'apprentissage par l'expérience, la dynamique de groupe et la recherche-action. Lewin est né le 9 septembre 1890 dans le village de Mogilno en Prusse (qui fait maintenant partie de la Pologne). Il était l'un des quatre enfants d'une famille juive de classe moyenne (son père possédait un petit magasin général et une ferme).

Ils déménagent à Berlin quand il a quinze ans et il est inscrit au Gymnasium. En 1909, Kurt Lewin entre à l'université de Freiberg pour étudier la médecine. Il passe ensuite à l'université de Munich pour étudier la biologie. À cette époque, il s'engage dans le mouvement socialiste. Ses préoccupations particulières semblent être la lutte contre l'antisémitisme et la démocratisation des institutions allemandes.

Il a obtenu son doctorat à l'université de Berlin, où il s'est intéressé à la philosophie des sciences et a découvert la psychologie Gestalt. Son doctorat a été décerné en 1916, mais il servait alors dans l'armée allemande (il a été blessé au combat). En 1921, Kurt Lewin rejoint l'Institut de psychologie de l'université de Berlin, où il donne des séminaires de philosophie et de psychologie. Il commence à se faire un nom dans l'édition et l'enseignement. Ses travaux sont connus en Amérique et il est invité à passer six mois comme professeur invité à Stanford (1930). La situation politique s'aggravant considérablement en Allemagne en 1933, il part pour les États-Unis avec sa femme et sa fille.

Par la suite, il s'est engagé au Tavistock Institute dans diverses initiatives de recherche appliquée liées à l'effort de guerre (la Seconde Guerre mondiale), notamment pour influencer le moral des troupes combattantes et la guerre psychologique. Il a toujours été un socialiste convaincu. Il a fondé le Center for Group Dynamics au MIT. Il était également engagé dans un programme — la Commission of Community Interrelations à New York. Les "groupes T" pour lesquels Lewin est devenu célèbre sont issus de ce programme qui visait à résoudre les préjugés religieux et raciaux.

Lewin a obtenu le financement de l'Office of Naval Intelligence et a travaillé étroitement à la formation de ses agents. Le National Training Laboratories est un autre de ses programmes de lavage de cerveau de masse qui a joué un rôle important dans le monde de l'entreprise.

Niall Ferguson

Niall Ferguson est un professeur d'histoire qui a enseigné à Cambridge et qui est maintenant titulaire d'un poste à Oxford. Ce sont les références d'un "historien de cour" dont le but principal est de protéger les mythes patriotiques et politiques de son gouvernement.

Le professeur Fergusson a cependant écrit une attaque iconoclaste contre l'un des mythes patriotiques les plus vénérables des Britanniques, à savoir que la Première Guerre mondiale était une grande guerre nécessaire dans laquelle les Britanniques ont accompli le noble acte d'intervenir pour protéger la neutralité belge, la liberté française et les empires français et britannique contre l'agression militaire des Huns détestés. Des hommes politiques comme Lloyd George et Churchill ont fait valoir que la guerre était non seulement nécessaire, mais aussi inévitable. Ils furent habilement aidés en cela par l'usine de propagande de Wellington House, "la maison des mensonges" comme l'appelle Toynbee.

Ferguson pose et répond à dix questions spécifiques sur la Première Guerre mondiale, l'une des plus importantes étant de savoir si la guerre, avec son total de dix millions de victimes, en valait la peine.

Non seulement il répond par la négative, mais il conclut que la guerre mondiale n'était ni nécessaire ni inévitable, mais qu'elle était plutôt le résultat de décisions grossièrement erronées des dirigeants politiques britanniques, fondées sur une perception inappropriée de la "menace" que représentait l'Allemagne pour l'Empire britannique. Ferguson la considère comme "rien de moins que la plus grande erreur de l'histoire moderne".

Il va plus loin et rejette la plus grande partie de la responsabilité sur les Britanniques, car c'est le gouvernement britannique qui a finalement décidé de transformer la guerre continentale en une guerre mondiale.

Il affirme que les Britanniques n'avaient aucune obligation légale de protéger la Belgique ou la France et que le renforcement de la marine allemande ne les menaçait pas vraiment.

Les dirigeants politiques britanniques, soutient Ferguson, auraient dû se rendre compte que les Allemands craignaient surtout d'être encerclés par la puissance industrielle et militaire croissante de la Russie, ainsi que par l'importante armée française. Il affirme en outre que le Kaiser aurait honoré sa promesse faite à Londres à la veille de la guerre de garantir l'intégrité territoriale de la France et de la Belgique en échange de la neutralité de la Grande-Bretagne.

Ferguson conclut que "la décision de la Grande-Bretagne d'intervenir était le résultat d'une planification secrète de ses généraux et de ses diplomates, qui remontait à 1905" et qu'elle était fondée sur une mauvaise interprétation des intentions allemandes, "que l'on imaginait être d'une ampleur napoléonienne". Les calculs politiques ont également joué un rôle dans le déclenchement de la guerre. Ferguson note que le ministre des Affaires étrangères Edward Grey a donné l'impulsion qui a mis la Grande-Bretagne sur la voie belliqueuse. Même si une majorité des autres ministres étaient hésitants. "Finalement, ils ont accepté de soutenir Grey, en partie par crainte d'être chassés du pouvoir et de laisser entrer les torys à la chambre."

Telle était la puissance des mensonges et de la propagande qui émanaient de la Wellington House, l'ancêtre du Tavistock Institute of Human Relations.

La Première Guerre mondiale continue de perturber les Britanniques aujourd'hui encore, tout comme la guerre de Sécession continue de hanter les Américains. Les pertes britanniques pendant la guerre s'élèvent à 723 000, soit plus du double du nombre de victimes de la Seconde Guerre mondiale. L'auteur écrit :

> "La Première Guerre mondiale reste la pire chose que le peuple de mon pays ait jamais eu à endurer."

L'un des coûts les plus importants de la guerre, qui a été prolongée par la participation britannique et américaine, a été la destruction du gouvernement russe.

Ferguson soutient qu'en l'absence d'intervention britannique, le résultat le plus probable aurait été une victoire allemande rapide avec quelques concessions territoriales à l'est, mais pas de révolution bolchevique.

Il n'y aurait pas eu de Lénine — et pas d'Hitler non plus.

> "C'est finalement à cause de la guerre que les deux hommes ont pu s'élever pour établir des despotismes barbares qui ont perpétré encore plus de massacres."

Selon Ferguson, si les Britanniques étaient restés sur la touche, leur empire serait encore fort et viable. Il estime que les Britanniques auraient pu facilement coexister avec l'Allemagne, avec laquelle ils entretenaient de bonnes relations avant la guerre. Mais la victoire des Britanniques a eu un prix "bien supérieur à leurs gains" et "a anéanti le premier âge d'or de la "mondialisation" économique". Mais une propagande anti-allemande impitoyable a transformé ces bonnes relations en inimitié et en haine.

La Première Guerre mondiale a également entraîné une grande

perte de liberté individuelle. "La Grande-Bretagne du temps de la guerre... est devenue par étapes une sorte d'État policier", écrit Ferguson. Bien sûr, la liberté est toujours une victime de la guerre et l'auteur compare la situation britannique aux mesures draconiennes imposées en Amérique par le président Wilson.

La suppression de la liberté d'expression en Amérique "tournait en dérision la prétention des puissances alliées à se battre pour la liberté". Ce que le professeur Fergusson savait, c'est que Wilson avait imposé les pires restrictions à la liberté d'expression. Il a même essayé de faire arrêter le sénateur La Follette pour s'être opposé à la guerre.

Bien que Ferguson se soit adressé principalement à des publics britanniques, il est pertinent pour les Américains qui ont tragiquement suivi les Britanniques, hébétés par la propagande et complètement manipulés, dans les deux guerres mondiales, au prix d'une énorme perte de liberté, résultat de la centralisation du pouvoir au sein du gouvernement Léviathan de Washington.

De nombreux enseignements précieux peuvent être tirés de cet avertissement opportun selon lequel l'Institut Tavistock, successeur de Wellington House, a montré à quel point il est facile de conditionner et de contrôler l'esprit de larges segments de la population.

"La Grande Guerre" : Le pouvoir de la propagande

Les fruits de la guerre dont les gens ordinaires de Grande-Bretagne, de France, d'Allemagne, de Belgique et de Russie ne voulaient pas : tués dans la fleur de l'âge :

La Grande-Bretagne et l'Empire	2 998 671
France	1 357 800
Allemagne	2 037 700
Belgique	58,402

Il s'agit principalement des décès sur le "front occidental" et le "front oriental" et n'inclut pas les pertes subies sur d'autres fronts par d'autres nations. Le coût s'éleva à 180 000 000 000 $ en comptabilité directe et de 151 612 500 000 $ en comptabilité indirecte.

Les deux batailles de la Première Guerre mondiale mentionnées dans ce livre :

Passchendaele. Commencée le 31 juillet 1917, la bataille a fait rage pendant trois mois. Les pertes s'élèvent à 400 000 hommes.

Verdun. Commence le 21 février 1916 et se termine le 7 juin. 700.000 hommes tués.

Efforts de propagande ultérieurs

L'Institut Tavistock a tellement perfectionné ses techniques que, selon des avis d'experts récents, 70% de tous les capitaux et ressources humaines que les programmes de publicité/propagande du gouvernement américain consacrent à des objectifs stratégiques, vont à des opérations psychologiques, la propagande dont ces opérations psychologiques sont composées est devenue la partie la plus significative de ce que signifie être américain et britannique.

Le niveau de la propagande est maintenant si élevé, si global, que les chercheurs en sciences sociales comptent sur elle comme étant la totalité de la vie américaine, et comme résultat de cette propagande soutenue, la vie dans ces deux pays est devenue une simulation. Tavistock prédit, comme les philosophes et les sociologues, de Beaudrilliard à McLuhan, que cette simulation sera bientôt substituée à la réalité.

La perception publique de la propagande l'associe à la publicité et au type de propagande partisane diffusée par les talk-shows radio, ou à un prédicateur radio zélé. En effet, ce sont toutes des formes de propagande, mais pour la plupart, elles sont reconnues comme telles.

L'annonceur tente d'inculquer son produit ou service particulier dans l'esprit du public. Les commentaires politiques font exactement la même chose et, de même, les émissions religieuses visent autant à motiver les adeptes à adopter une ligne de conduite particulière, comme soutenir la guerre ou un pays qu'ils considèrent comme "biblique" et que nous devons soutenir à l'exclusion des autres, qu'à changer l'orientation spirituelle des auditeurs non engagés. Ainsi, ils espèrent que les auditeurs seront persuadés d'adopter les idées des orateurs ou de suivre leur exemple pour soutenir tel ou tel objectif. Tout "prêche" sur le Moyen-Orient sur les ondes de la radio américaine en particulier révèle rapidement cet objectif.

D'autres types de communication, dans toutes les formes de médias, sont beaucoup plus intrusifs, comme les reportages délibérément biaisés ou faux, incomplets, présentés comme la vérité ou des faits objectifs. En réalité, c'est de la propagande pure et simple déguisée en informations, dans laquelle les diplômés de Tavistock excellent.

La propagande forcée, introduite pour la première fois par Bernays à la Wellington House pour persuader avec force la population non consentante, se fait par répétition scientifique. La Première Guerre mondiale a été un grand jour pour la Wellington House, avec des milliers de réputations comme "le boucher de Berlin", etc.

Lors de la dernière guerre du Golfe, le peuple américain n'était pas enclin à s'inquiéter d'une invasion par Saddam Hussein, mais Powell, Rice, Cheney et une succession d'"autorités" ont fait croire au peuple américain que Saddam Hussein pourrait bientôt faire apparaître un "champignon atomique" au-dessus des États-Unis, même si leurs affirmations n'étaient pas fondées.

La déclaration selon laquelle "Saddam était une menace pour ses voisins" a été répétée à l'envi par les agents du gouvernement et les chefs militaires, bientôt rejoints par un grand nombre de personnes.

Les organisations privées, les commentateurs politiques, les intellectuels, les artistes et, bien sûr, les médias d'information ont fait la une, même si elle repose sur des couches de mensonges.

Les messages de propagande diffèrent, mais le message de base est toujours le même. Le volume des avertissements et la diversité des sources impliquées ont servi à confirmer dans l'esprit des gens que la menace est bien réelle. Les slogans aident les auditeurs et les lecteurs de ce matériel de propagande à visualiser le "danger", orchestré non pas tant pour protéger le pays que pour susciter une participation active en élevant le niveau d'hystérie.

Il s'agit d'une pratique courante utilisée par la Grande-Bretagne et les États-Unis dans toutes les guerres auxquelles ils ont participé depuis 1900 jusqu'à aujourd'hui. Le climat de peur qui en a résulté a eu l'effet escompté : une expansion rapide de la recherche militaire et du stockage d'armes et des "frappes préventives" en Serbie et en Irak.

La propagande a connu une chute brutale pendant la guerre du Vietnam, lorsque les Américains ont vu la brutalité des combats dans leur salon et que la notion de guerre "défensive" s'est effondrée. Les pourvoyeurs des guerres en Serbie et en Irak ont pris soin de ne pas laisser l'erreur se répéter.

L'effet de la propagande a été si important que la plupart des Américains croient encore que le Vietnam était une guerre "anticommuniste". De la guerre froide en général — la crise des missiles de Cuba — à la Serbie, la propagande a permis aux hostilités de s'épanouir et de se multiplier.

La propagande de l'ère anticommuniste a été taillée sur mesure par Tavistock et conçue pour faciliter le développement d'une expansion militaire mondiale des États-Unis qui se poursuit depuis la création de l'Institut des relations pacifiques dans les années 1930 et sur laquelle McCarthy a buté.

Il existe d'autres types de propagande insidieuse ; d'autres types de propagande sont dirigés vers le comportement social ou les loyautés de groupe. Nous le voyons dans l'émergence du déclin des mœurs qui a balayé le monde sur une vague de propagande bien dirigée du type de celle favorisée par H. V. Dicks, R. Bion,

Hadley Cantril et Edward Bernays, les spécialistes des sciences sociales qui, à un moment donné, ont dirigé les opérations à Tavistock. Leur produit, la propagande, est l'illusion de la vérité fabriquée par ces prostitués propagateurs de la tromperie et du mensonge.

Bibliographie

Journey Into Madness, Gordon Thomas

MK. Ultra 90; CIA

American Journal of Psychiatry, Jan. 1956 ; Dr. Ewan Cameron.

Documents relatifs aux activités de "The Society for the Investigation of Human Psychology". C'était une couverture pour les expériences de la CIA sur le contrôle de l'esprit.

Ethics of Terror, Prof. Abraham Kaplan.

The Psychiatrist and Terror, Prof. John Gun.

The Techniques of Persuasion, I.R.C. Brown.

The Psychotic; Understanding Madness, Andrew Crowcroft.

(Lorsque vous comprenez la "folie", elle peut être recréée chez n'importe quel sujet).

The Battle for the Mind, Invicta Press.

The Mind Possessed, Invicta Press.

The Collected Works of Dr. Jose Delgado

The Experiments of Remote Mind Control (ESB) : Dr. Robert Heath.

Le Dr Heath a mené des expériences réussies avec le BSE qui ont prouvé qu'il pouvait créer des trous de mémoire, provoquer des impulsions soudaines (comme des tirs aléatoires), évoquer la peur, le plaisir et la haine sur son ordre.

ESB Experiments, Gottlieb.

Le Dr Gottlieb a déclaré que ses expériences conduisaient à la création d'une personne psycho-civilisée, puis d'une société psycho-civilisée entière, dans laquelle chaque pensée, émotion, sensation et désir humains sont complètement contrôlés par des stimulations électriques du cerveau.

Le Dr. Gottleib a déclaré qu'il pouvait arrêter un taureau en train de charger dans sa course ; programmer les humains pour qu'ils tuent sur commande.

Documentation détaillée des expériences menées par la CIA à l'aide du CSE, sous le contrôle du Dr Stephen Aldrich.

The Collected Research Papers of Dr. Alan Cameron.

Ils ont été trouvés avec l'énorme collection de documents sur les expériences de manipulation mentale, emballées dans 130 boîtes, menées par le Dr Gottleib et qu'il n'avait pas détruits comme l'avait ordonné la CIA.

Le *New York Times*, décembre 1974. "Un exposé sur les expériences de contrôle mental de la CIA."

En dehors de ce qui précède, il y a les propres travaux du Dr Coleman, *Metaphysics, Mind Control, ELF Radiation and Weather Modifications* publiés en 1984, et mis à jour en 2005.

Dans ce même ouvrage, le Dr Coleman explique comment fonctionne le contrôle mental et en donne des exemples clairs. Il a élargi son travail précédent avec *Mind Control in the 20th Century,* qui détaille explicitement comment les techniques de contrôle de l'esprit ont progressé.

A Dynamic Theory of Personality. Dr. Kurt Lewin

Time Perspective and Morale

The Neurosis of War. W.R Bion. (Macmillan Londres 1943)

'Experiences in Groups' (*Lancet*, 27 novembre 1943)

Leaderless Groups (Londres 1940)

Experiences in Groups (Bulletin du Messager)

Catastrophic Change, (The British Psychoanalytical Soc.)

Elements of Psychoanalysis, Londres 1963

Borderline Personality Disorders, Londres

Force and Ideas, Walter Lippmann

Public Opinion, Walter Lippmann

Crystallizing Public Opinion, Edward Bernays

Propaganda, Edward Bernays

Le *Daily Mirror,* Alfred Harmsworth 1903/1904

Le *Sunday Mirror,* Alfred Harmsworth 1905/1915

Human Quality, Aurelio Peccei 1967

The Chasm Ahead, Aurelio Peccei

Guillaume II, empereur d'Allemagne. Correspondance de Guillaume II

Mémoires de Lénine, N. Krupskaya (Londres 1942)

The World Crisis, Winston Churchill

How We Advertised America, George Creel, New York 1920

Wilson, The New Freedom, Arthur S. Link 1956

The Aquarian Conspiracy, Marilyn Fergusson

Some Principles of Mass Persuasion, Dorwin Cartwright

Journal of Humanistic Psychology, John Rawlings Reese

Understanding Man's Behavior, Gordon Alport

Invasion from Mars, Hadley Cantrill

War of Worlds, H. G. Wells

Terror by Radio, Le *New York Times*

Psychology of Science, Aldous Huxley

A Kings' Story, Le duc de Windsor

My Four Years in Germany, James W. Gerard

Under the Iron Heel, G. W. Stevens

The Technotronic Era, Zbigniew Brzezinski

Institute for Development and Management Publications, Ronald Lippert,

Quand la recherche-action devient une méthodologie de la guerre froide

The Science of Coercion, Renses Likert

Systèmes et style de gestion.

Mental Tensions. H.V. Dicks

The State of Psychiatry in British Psychiatry, H.V. Dicks

The Jungle, Upton Sinclair

Appeal to Reason The Money Changers

Propaganda Techniques in the World War, Harold Lasswell

Imperial Twilight, Berita Harding

Innocence and Experience, Gregory Bateson

For God's Sake, Bateson et Margaret Meade

They Threw God Out Of the Garden, R.D. Laing

Étapes vers une écologie de l'esprit. Les faits de la vie.

On Our Way, Franklin D. Roosevelt

Comment les démocraties périssent, Jean François Revel

Disraeli, Stanley Weintraub

Brute Force : Allied Strategy Tactics WWII. John Ellis

The Concentration Camps in South Africa, Napier Davitt

The Times History of the War in South Africa, Sampson Low 7 Vols.

The Organization's Man, Jorgen Schleiman 1965

Stalin and German Communism, Jorgen Schleiman 1948

Willi Munzenberg A Political Biography, Babetta Gross 1974

Propaganda Technique in the World War, Harold Lowell

The Propaganda Menace, Frederick E. Lumley 1933

History of the Russian Communist Party, Leonard Schapiro 1960

Neue Zurcher Zeitung, 21 décembre 1957

The Bolshevik Rise to Power and the November Revolution, A.P. Kerensky 1935

Ten Days That Shook The World, John Reed 1919

Déjà parus

C'est clairement Israël et son Mossad, la seule force reliant tous les présumés conspirateurs les plus fréquemment mentionnés : la CIA, les forces cubaines anti-castristes, le crime organisé et, plus spécifiquement le syndicat du crime de Meyer Lansky.

OMNIA VERITAS LTD PRÉSENTE :

JUGEMENT FINAL
Le chaînon manquant de l'assassinat de JFK
de Michael Collins Piper
Volume I

Le rôle du Mossad et d'Israël dans le crime du siècle

Les faits sont les faits : sur les 22 avocats de la *Commission Warren*, neuf étaient juifs. Un autre était marié à une femme juive. Plusieurs autres avaient des liens avec le lobby israélien.

OMNIA VERITAS LTD PRÉSENTE :

JUGEMENT FINAL
Le chaînon manquant de l'assassinat de JFK
de Michael Collins Piper
Volume II

Ce que la plupart des chercheurs n'a jamais pris la peine d'examiner

Aucun autre livre au cours de ce siècle n'a été l'objet d'autant de commentaires dans la presse mondiale.

Omnia Veritas Ltd présente :

2000 ans
de complots
contre l'Église
de
MAURICE PINAY

Une compilation de documents d'Histoire et de sources d'indiscutable *importance et authenticité*

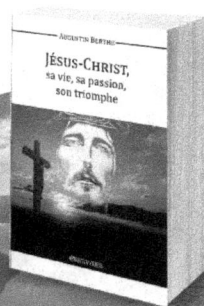

Un livre singulièrement dangereux, à ne surtout pas mettre entre toutes les mains

Élevé comme juif orthodoxe, il devint par la suite l'adepte d'une secte kabbaliste

« Jack l'Éventreur... Un nom d'anthologie qui brille au noir panthéon des criminels de légende – probablement le meurtrier anonyme le plus connu de la planète. Sa célébrité durable repose sur son anonymat bien gardé. »

Omnia Veritas Ltd présente :

Jack l'Éventreur la solution finale

par Stephen Knight

Cette lecture offre de façon alarmante une solution finale des plus convaincantes...

Omnia Veritas Ltd présente :

Pierre-Antoine Cousteau
Lucien Rebatet

Dialogues de "vaincus"

«Pour peu qu'on décortique un peu le système, on retrouve toujours la vieille loi de la jungle, c'est-à-dire le droit du plus fort.»

Le Droit et la Justice sont des constructions métaphysiques

Omnia Veritas Ltd présente :

Lucien Rebatet

Les décombres

La France est gravement malade, de lésions profondes et purulentes. Ceux qui cherchent à les dissimuler, pour quelque raison que ce soit, sont des criminels.

Mais que vienne donc enfin le temps de l'action !

OMNIA VERITAS
OMNIA VERITAS LTD PRÉSENTE :
JULIUS EVOLA
LE MYTHE DU SANG &
SYNTHÈSE DE DOCTRINE DE LA RACE
ÉLÉMENTS POUR UNE ÉDUCATION RACIALE
La conscience de la valeur de la race se révèle dans un ensemble de normes que l'on peut retrouver dans les anciennes civilisations.
Les forces mystiques qui étaient à l'origine des forces du sang et de la gens

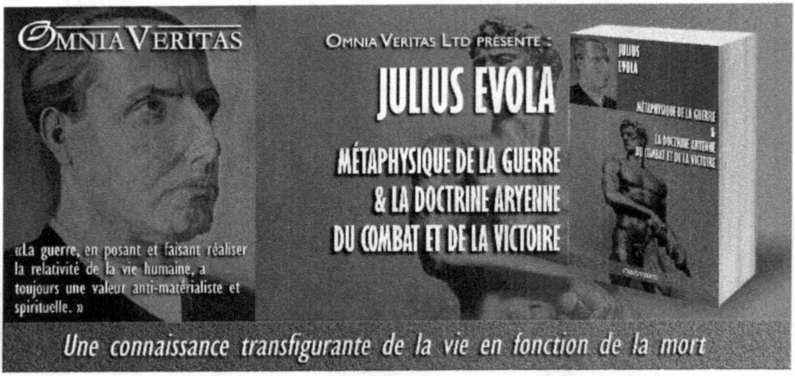
OMNIA VERITAS
OMNIA VERITAS LTD PRÉSENTE :
JULIUS EVOLA
MÉTAPHYSIQUE DE LA GUERRE
& LA DOCTRINE ARYENNE
DU COMBAT ET DE LA VICTOIRE
«La guerre, en posant et faisant réaliser la relativité de la vie humaine, a toujours une valeur anti-matérialiste et spirituelle. »
Une connaissance transfigurante de la vie en fonction de la mort

OMNIA VERITAS
OMNIA VERITAS LTD PRÉSENTE :
JULIUS EVOLA
MÉTAPHYSIQUE DU SEXE
Une vaste fresque tout entière consacrée à l'expression spirituelle et mythique de l'amour sexuel.
Les significations essentielles de la puissance qui anime cet univers de l'Eros

www.ingramcontent.com/pod-product-compliance
Lightning Source LLC
Chambersburg PA
CBHW070743270326
41927CB00010B/2084